Baedeker

Allianz Reiseführer

Prag

www.baedeker.com
Verlag Karl Baedeker

TOP-SEHENSWERTES ★ ★

Die Liste der Sehenswürdigkeiten ist lang in Prag. Altstädter Ring, Hradschin oder Karlsbrücke werden Sie auf gar keinen Fall versäumen. Für das weitere Besichtigungsprogramm haben wir Ihnen die Highlights zusammengestellt. So sorgen wir dafür, dass Sie bei Ihrem Pragbesuch am Ende nichts vergessen haben.

★★ Altstädter Ring
Neben dem Hradschin der historisch bedeutsamste Ort in Prag. ► **Seite 128**

★★ Altstädter Rathaus
Hauptattraktion ist die Astronomische Uhr aus dem 16. Jh. und vom 69 m hohen Rathausturm hat man den schönsten Blick auf den Altstädter Ring. ► **Seite 130**

★★ Hradschin
Fast alle Herrscher haben sich über Jahrhunderte in verschiedenen Bauprojekten verewigt. ► **Seite 156**

★★ St.-Veits-Dom
Der seinerzeit noch junge Peter Parler schuf sein Meisterwerk und setzte sich gleich selbst ein Denkmal. ► **Seite 161**

★★ Königspalast
Ein weiteres Highlight auf dem Hradschin – der Fenstersturz aus einer seiner Amtsstuben schrieb einst Geschichte. Nicht nur Kunsthistoriker geraten beim Anblick des Vladislav-Saals ins Schwärmen. ► **Seite 168**

Karlsbrücke
Sie wäre nur halb so schön ohne ihre barocken Heiligenfiguren

Josefstadt
Grabsteine auf dem Alten Jüdischen Friedhof

★★ Josefstadt
Heute ist der ehemalige Stadtteil der Juden fast ein Museum und die vielen Synagogen erzählen die lange Geschichte.
► **Seite 182**

★★ Karlsbrücke
Die Karlsbrücke, die die Stadtteile Kleinseite und Altstadt miteinander verbindet, verdankt ihre großartige Wirkung der Statuenallee aus der Barockzeit. Beliebter Treffpunkt von Kleinkünstlern und Flaneuren. ► **Seite 195**

★★ Burg Karlstein
40 km südwestlich von Prag entstand die berühmteste mittelalterliche Burganlage Böhmens als Aufbewahrungsort für die böhmischen Kroninsignien. Die Hl.-Kreuz-Kapelle mit den Tafeln vom Meister Theoderich sollten Sie sich nicht entgehen lassen. ► **Seite 202**

★★ St. Niklas
Am Kleinseitner Ring kann man den Hochbarock in Formvollendung auf sich wirken lassen und den schönsten Ausblick auf die Dächer der Kleinseite genießen.
► **Seite 208**

Kloster Strahov
Idyllisch auf einer Anhöhe oberhalb der Kleinseite gelegen

★★ Loretoheiligtum
Der Marienkult ließ eine Kopie der Casa Santa entstehen, die Skulpturen und Reliefs erzählen die Lebensgeschichte Marias. ► **Seite 216**

★★ Kloster Strahov
Die 25 Fresken im Theologischen Bibliothekssaal symbolisieren das Ringen um Weisheit im Zusammenhang mit der Liebe zur Wissenschaft und Literatur. Der Philosophische Saal besitzt ein gewaltiges Deckenfresko von Franz Anton Maulbertsch. ► **Seite 251**

★★ Vyšehrad
Auf dem Ehrenfriedhof ruhen die größten Komponisten des Landes und die besten Maler ihrer Zeit. ► **Seite 261**

Loretoheiligtum
Mariä Verkündigung in Stein gemeißelt

DIE BESTEN BAEDEKER-TIPPS

Von allen Baedeker-Tipps in diesem Buch haben wir hier die interessantesten für Sie zusammengestellt! Erleben und genießen Sie die Moldaumetropole Prag von ihrer schönsten Seite.

! Auf königlichen Pfaden

Noch heute kann man den Weg nachvollziehen, den die böhmischen Könige und Kaiser einst zur Krönung gingen. Er führt vom Pulverturm über den Altstädter Ring zum Hradschin. ► **Seite 118**

! Sightseeing

Mit der Straßenbahnlinie 22 kann man in 30 Minuten die wichtigsten Sehenswürdigkeiten im Vorbeifahren sehen. ► **Seite 120**

! Kafkas Prag

Kein anderer Schriftsteller ist so eng mit der Stadt verbunden. Seine Spuren lassen sich an sehr vielen Stellen wunderbar nachverfolgen. ► **Seite 137**

! Vergangenheitsbewältigung

Das Museum des Kommunismus lädt zu einem Rundgang durch die jüngste Geschichte des Landes ein. Kommunistisches Einkaufsflair mit aufgestapelten Konservendosen und ein Stasiverhörraum rufen die Vergangenheit wach. ► **Seite 139**

Grand Hotel Evropa
Erinnerungen an die Vergangenheit

Steingutdosen
aus der Zeit des Prager Kubismus

! In-Lokal

Mit seinem Gewölbekeller und dem mit einem Sonnenschirm überspannten Hof gehört der gemütliche »Klub architektů« zu Prags angesagtesten Kneipen (Betlemské námestí 5a, geöffnet tgl. 11.30 bis 24.00 Uhr). ► **Seite 147**

! Shakespeare auf der Burg

Hamlet oder Romeo und Julia werden als Marionettentheater vor historischer Hradschin-Kulisse aufgeführt und sind bereits ausgezeichnet worden. ► **Seite 161**

Kindheitserinnerungen
Das Spielzeugmuseum auf dem Hradschin lockt Jung und Alt. ► Seite 178

Faszination Golem
Der sagenumwobene Golem, die berühmteste Prager Sagengestalt, die vom Rabbi Löw aus Lehm erschaffen wurde, ist Gegenstand in der Literatur von Meyrink bis Kisch. ► Seite 192

Kanu ahoi!
Auf der Insel Kampa kann man Prager Kanuten bei ihren Geschicklichkeitsübungen an dramatischen Stromschnellen bewundern. ► Seite 195

Burgführung mit Highlight
Rechtzeitig buchen: Wer die fantastische Hl.-Kreuz-Kapelle auf Burg Karlstein sehen will, muss sich frühzeitig eine Reservierung besorgen. ► Seite 204

Kaffee mit Václav Havel
Außerhalb der Touristensaison kehrt im Café Slavia gegenüber dem Nationaltheater die Prager Bohème ein. Die tschechischen Models und Ex-Präsident Václav Havel sind Slavia-Schwärmer und gelegentlich dort anzutreffen. ► Seite 229

Himmel voller Geigen
Der kriegslüsterne Albrecht von Waldstein liebte auch Musik. Die Sala terrena schützte das Kammerorchester. Auch heute noch finden hier Konzerte vor der Traumkulisse des Hradschin statt.
► Seite 241

Sich zurückversetzen ...
in die Zeit der Přemyslidenherrscher, das kann man auf den Befestigungsanlagen des Vyšehrad, dem Sitz der Fürstin Libussa. ► Seite 263

Hotel Evropa
Das Hotel entstand um die vorletzte Jahrhundertwende. Ein Besuch in seinem Jugendstilcafé ist nicht nur etwas für Nostalgiker. ► Seite 267

Hausgemachte Knödel
In Tschechien unübertroffen

Palais Waldstein
Konzerte vor Traumkulisse

Jugendstil allerorten
► **Seite 45**

HINTERGRUND

Karl IV. am Altstädter Brückenturm
► **Seite 55**

PRAKTISCHE INFORMATIONEN VON A BIS Z

Hauszeichen
▸ **Seite 234**

Gotik in Vollendung: Königspalast
▸ **Seite 168**

TOUREN

SEHENSWERTES VON A BIS Z

Wachablösung auf dem Hradschin
▸ **Seite 156**

Altstädter Ring
▸ **Seite 128**

Jugendstil von Mucha und anderen
▸ **Seite 46**

Hl. Wenzel im St.-Veits-Dom
▸ **Seite 168**

Hintergrund

KURZ UND KNAPP, VERSTÄNDLICH GESCHRIEBEN UND SCHNELL NACHZUSCHLAGEN: WISSENSWERTES ÜBER LAND UND LEUTE, WIRTSCHAFT, POLITIK UND GESCHICHTE IN DER STADT DER 1000 TÜRME

AUF DEM WEG NACH EUROPA

Der Aufbruch in die neue Zeit vollzieht sich in Prag mit atemberaubender Geschwindigkeit. Bot die Stadt an der Moldau einst das Bild der romantischen Idylle einer Schwarz-Weiß-Fotografie, so ist die Atmosphäre heute einer aufgeregten, farbenfrohen Dynamik gewichen. Aber der Weg bis dorthin war lang und führte über Krönungen und Kriege, Heiligenstürze und Triumphe.

Am Hradschin nahm die Geschichte ihren Ausgang. Neben dem Präsidentenpalast überragen die Türme des Veitsdoms – einst von Karl IV. in Auftrag gegeben und vom schwäbischen Architekten Peter Parler zum Meisterwerk der Gotik geführt – das gesamte Areal. Die Herrscher auf der Prager Burg schienen sich zum Ziel gesetzt zu haben, durch zum Teil umfassende Baumaßnahmen ihr Andenken zu wahren, und so ist der Besuch der Prager Burg für uns heute ein Gang durch alle Epochen und Baustile.

Moderne
Von der Idylle in Schwarz-Weiß findet der Aufbruch in die neue Zeit statt. In Prag oriertiert man sich gen Westen.

Am Königspalast werden wir an den »Prager Fenstersturz« erinnert, bei dem die beiden kaiserlichen Statthalter 1618 von den böhmischen Ständen aus dem Fenster gestoßen wurden und zu ihrem Glück auf einem Misthaufen landeten. Der dadurch ausgelöste Dreißigjährige Krieg machte den Feldherren Albrecht von Waldstein zu einem der wohlhabendsten Männer jener Zeit. Er ließ unterhalb des Hradschin das erste Barockpalais der Stadt errichten. Nicht weit von hier verbindet die Karlsbrücke Kleinseite und Altstadt miteinander. Die Historie der Moldaustadt ist auch hier präsent: vorbei an den steinernen Brückenheiligen Johannes von Nepomuk und Wenzel gelangt man auf dem historischen Krönungsweg ins urbane Zentrum.

Dort angekommen hat man die Wahl zwischen der Josefstadt mit ihren vielen Synagogen, wo der Golem einst zu Staub zerfiel, und dem Altstädter Ring, wo ein Denkmal an den Reformer Jan Hus erinnert, der auf dem Scheiterhaufen für seine Ansichten büßen musste. Sein Tod löste heftige Streitigkeiten zwischen Hussiten und königstreuen Katholiken aus, die schließlich in den blutigen Hussitenkriegen mündeten. Vielleicht fällt die Wahl auch auf einen Ort der jüngeren Geschichte: 1968 setzten russische Panzer dem »Prager

Stadt am Wasser

Die Moldau fließt mitten durch Prag, 18 Brücken verbinden die Ufer miteinander.

Bewegte Geschichte

Von ihr erzählen die Häuserfassaden am Altstädter Ring, die romanischen oder gotischen Ursprungs sind.

Zeitsprung

Prag bezeichnet sich gerne als westlichste Stadt des Ostens. Mit der EU-Osterweiterung hat sie den Anschluss geschafft.

Zeitlos?
Am Altstädter Ring warten die Fiaker auf Kundschaft, die Prag noch einmal auf diese Weise erleben will.

Zentrum der Macht
Über die Karlsbrücke hinweg führte einst der Krönungsweg der böhmischen Kaiser und Könige zum Hradschin.

Wachposten
Die Paradeuniformen der Wachen am Hradschin ziehen die Blicke der Touristen auf sich und demonstrieren Disziplin und Stärke.

Frühling« auf dem Wenzelsplatz ein Ende. Erst 1989 führte die »Samtene Revolution« an gleicher Stelle zum Ende der Kommunistenherrschaft.

Und heute? Mit der EU-Mitgliedschaft Tschechiens bestätigt sich endlich, so der Schriftsteller Milan Kundera, »dass das tschechische Volk seit dem 11. Jh. ein westliches Volk war und seine Kultur eine westliche Kultur ist«. Bereits 1348 gründete Karl IV. in Prag mit dem Carolinum die erste Universität Mitteleuropas. Die Stadt an der Moldau sollte sich zu einem »Rom des Nordens« entwickeln. Rudolf II. versammelte zu Beginn des 17. Jh.s hier die bedeutendsten Wissenschaftler und Künstler der Zeit. Gelehrte wie Tycho Brahe und Johannes Kepler unterrichteten an der hiesigen Universität. Architekten schufen Meisterwerke der Renaissance, des Barock, des Jugendstils und des Kubismus. Jan Kotěra, der Otto-Wagner-Schüler hatte Ende des 19. Jh.s die Devise »Öffnet die Fenster nach Europa!« ausgegeben. Erst später geriet Prag durch den Eisernen Vorhang in den Einflussbereich des Ostens. Da Prag im Zweiten Weltkrieg nicht zerstört wurde, setzte die UNESCO den gesamten historischen Kern auf die Liste der zu schützenden Baudenkmäler.

Prager Hauszeichen
Die Prager Altstadthäuser haben nicht nur Nummern, sondern auch Hauszeichen wie »Zu den drei kleinen Geigen«

Prag ist angekommen

Auch kulinarisch hat sich einiges getan. Mittags und abends mischen sich die Düfte von Knödel und Schweinebraten mit frischen Kräutern, die italienische, französische und asiatische Küche hat längst Einzug gehalten. In der Josefstadt haben die interessantesten Restaurants eröffnet, im Retrodesign wird westliche und fernöstliche Küche mit tschechischer Würze kombiniert. Bistros, Cocktailbars und Cross-Kulturelle Küche finden sich gleich neben den edlen Läden der Designermarken. Prag ist elegant geworden.

Ein einstiger Volksheld hat jedoch ausgedient: der brave Soldat Schwejk, die einstige Symbolfigur der Nation. Die Sympathien für ihn beruhten, wie sich nun heraustellte, auf einem Irrtum. Im Gegensatz zur landläufigen Vorstellung vom Schwejk als lustigem Spaßvogel verkörpert er für die Tschechen nun den bitterbösen Ernst, den man nur mit beißendem Sarkasmus erträgt. Das alte Rezept zum Überleben gilt nicht mehr. Mit dem Eintritt der globalen Franchise-Regeln ist der passive Widerstand kontraproduktiv. Nun heißt es ultimativ: Schweijk ade – und keiner weint ihm nach.

Fakten

Im 14. Jahrhundert war Prag die Hauptstadt des Kaiserreichs und gehörte zu den größten Städten in Europa. Der nächste Aufschwung kam mit der Industrialisierung im 19. Jahrhundert. Heute gehört diese vielfältige Stadt mit Recht zu den beliebtesten Reisezielen Europas.

Bevölkerung · Politik · Wirtschaft

Stetiges Wachstum der Bevölkerung

Entwicklung

Im 14. Jh., als Kaiser Karl IV. Prag erstmals zur Hauptstadt des Deutschen Reichs machte, zählte man an der Moldau rund 40 000 Einwohner. Damit gehörte Prag mit Rom, Konstantinopel und Paris zu den größten Städten Europas. Unter den Nachfolgern Karls sank die Bedeutung Böhmens für das Reich, und so lag nach den Verlusten im Dreißigjährigen Krieg gegen Ende des 17. Jh.s die Einwohnerzahl noch immer bei 40 000. Von da an jedoch ging es aufwärts. 1786 zählte Prag 73 000 Einwohner und 1890 bereits 193 000. Dieser Aufschwung ist vor allem auf die Industrialisierung zurückzuführen. Tausende kamen aus den böhmischen Dörfern nach Prag, um hier ihr Glück zu machen. Vollkommen neue Stadtviertel wie Karlín oder Žižkov entstanden. 1920 wurde ein Gesetz über die Eingemeindung weiterer Vororte beschlossen: Groß-Prag zählte somit bereits 677 000 Einwohner. Zu Beginn der 1960er-Jahre des letzten Jh.s wurde die Millionengrenze überschritten. Nach weiteren Eingemeindungen in den 1970er-Jahren hat Prag schließlich seine heutige Größe mit 1,2 Mio. Einwohnern erreicht. Auch nach der politischen Wende von 1989 bleibt die Einwohnerzahl weitgehend stabil.

Ethnische Zusammensetzung

Die böhmischen Herrscher hatten schon früh deutsche Siedler ins Land gerufen, sie sollten eine schnelle wirtschaftliche Entwicklung garantieren. So galt seit der Zeit Kaiser Karls IV. die Altstadt als das Wohnviertel der Deutschen, die Tschechen lebten dagegen überwiegend in der Neustadt. Als nach dem Dreißigjährigen Krieg die Gegenreformation die aufständischen Hussiten in die Knie zwang, wuchs auch die politische Bedeutung der Deutschen in Prag weiter. Erst in der Mitte des 19 Jh.s verloren sie die Mehrheit im Stadtrat. Zu Beginn des 20. Jh.s waren unter den 400 000 Einwohnern Prags etwa 30 000 Deutsche, darunter viele Juden. Nach der Gründung der Tschechoslowakei 1918 verließen viele Deutsche die Stadt oder wurden 1945 nach dem Zweiten Weltkrieg vertrieben. Von den Prager Juden überlebten nur 4000 den Holocaust.

Zu Beginn des 21. Jh.s sind die Tschechen in Prag fast unter sich. Fast. Die größte Minderheit bilden heute die Roma, deren Zahl auf 45 000 bis 50 000 geschätzt wird. Die jüdische Gemeinde zählt rund 1600 Mitglieder. Eine Prager Besonderheit ist die starke US-amerikanische Gemeinde. Angelockt von der Samtenen Revolution und dem »Dichter-Präsidenten« Václav Havel, kamen nach 1989 rund 20 000 junge Amerikaner in die Moldaustadt. Mehrere Tausend leben bis heute hier.

← Barockhäuser an der Südseite des Altstädter Rings: Sie tragen klangvolle Namen wie »Zu den Störchen« oder »Zum Blauen Fuchs«.

Staat und Gesellschaft

Parlament, Senat, Präsident

Anders als die Tschechoslowakei ist die Tschechische Republik kein föderaler Staat. Sie setzt sich zwar aus den beiden historischen Landesteilen Böhmen und Mähren zusammen, doch Mähren hat keine eigene Regierung und so gibt es auch keinen Bundesrat wie in Deutschland. Dennoch ist das parlamentarische System zweigeteilt: Das Abgeordnetenhaus – tschechisch: Sněmova – zählt 200 für vier Jahre über Parteilisten gewählte Mitglieder, für die Wahl gilt die Fünfprozenthürde. Die 81 Senatoren werden mit Mehrheitswahlrecht für sechs Jahre bestimmt, alle zwei Jahre wird jeweils ein Drittel der Sitze neu besetzt. Beide Kammern können – ebenso wie die Regierung – Gesetze initiieren. Der Staatspräsident wird nicht von den Bürgern, sondern von beiden Kammern des Parlaments für fünf Jahre gewählt.

Parteien

Die treibende Kraft der »Samtenen Revolution« war das »Bürgerforum«, das in den bewegten Novembertagen 1989 entstand. An dessen Spitze stand der Dramatiker Václav Havel als Symbolfigur, der der erste Staatspräsident nach der Wende war. Dieser »Revolutionsbund« zerfiel bald in mehrere Splittergruppen. Eine neue breite Basis sicherte sich die ODS (bürgerlich-demokratische Partei). Der damalige Vorsitzende, der Ökonom Václav Klaus, galt als Vater der Privatisierung. Als Ministerpräsident (1993 – 1997) wurde er von seinem einstigen Weggefährten und späteren Kritiker Václav Havel wegen einer Korruptionsaffäre zum Rücktritt gezwungen. 1998 übernahmen die Sozialisten (CSSD) das Ruder. Sie war keine Neugründung, sondern bereits 1878 entstanden und 1948 von den Kommunisten verboten. Mit Miloš Zeman hatten sie ihren ersten Premier, sein Nachfolger Jiří Paroubek verspielte die Position der Sozialdemokraten. Zugleich gerieten auch alle anderen Parteien in eine tiefe Glaubwürdigkeitskrise. Innenpolitisch zerrissen trat Tschechien am 1. Januar 2009 die EU-Ratspräsidentschaft an. Vier Monate später stürzte die Regierung in Prag über ein Misstrauensvotum. Europa verlor die Führung – die Tschechen fühlten sich blamiert. Die Abrechnung kam mit der Wahl: Fürst Karel Schwarzenberg wurde als Parteichef der 2009 neu gegründeten TOP mit seinem erdrutschartigen Wahlsieg zum Königsmacher der neue Regierung – und selbst zum zweiten Mal Außenminister. Als Premier übernahm der Spitzenkandidat der bürgerlichen ODS, Petr Nečas, dieses Amt. Das Innenresort ergatterte ein ehemaliger Fernsehmoderator: Radek John. Als eine Art tschechischer Stefan Raab konnte er seine TV-Popularität für seine Parteineugründung VV (Kürzel für »Öffentliche Angelegenheiten«)

? WUSSTEN SIE SCHON ...?

- wie die tschechischen Kommunisten den roten Parteistern von einst transformierten? In zwei rote Kirschen am grünen Stiel mit Blättern. Rot-grün als neues Kollektivsymbol.

wählerwirksam bündeln. Er verkündete kein Programm, sondern bot sich lediglich als Kontrolleur an, »um nach dem Richtigen zu sehen«. Schwarzenberg, »der Alte«, bürgt hingegen mit seinem 600-jährigen Adelsstamm für Integrität. Im Volksmund heißt es: »Er ist so reich, dass man ihn nicht bestechen kann« – so definiert sich in Tschechien ein Garant gegen die Korruption.

Tschechien und die EU

Die Teilung der Tschechoslowakei zum 1. Januar 1993 lief weitgehend problemlos ab und brachte Tschechien mehr Vor- als Nachteile. Denn nun war die wirtschaftlich stärkere Republik von Ausgleichszahlungen an die Slowakei befreit und konnte ihr Tempo auf dem Weg in die Europäische Union beschleunigen.
Am 1. Mai 2004 erfolgte der EU-Beitritt Tschechiens als eines der zehn neuen Länder der Osterweiterung. Über die Einführung des Euro, über die im Land sehr kontrovers diskutiert wird, wurde noch nicht entschieden. Im Jahr 2007 trat Tschechien dem Schengen-Raum bei, alle Grenzkontrollen wurden dadurch abgeschafft. Nur auf internationalen Flughäfen werden Reisende, die nicht aus dem Schengen-Raum kommen, kontrolliert.
Prag hat sich ein ehrgeiziges Ziel vorgenommen: die Hauptstadt der EU-Informatik zu werden. Aus dem EU-Topf sind bereits viele Millionen Euro geflossen, um in der »Goldenen Stadt« Karls IV. die größte Internetinfobank Europas zu errichten: Wer künftig bei einem Produkt, Buch oder Event nach einer Bezugsquelle sucht, erhält sofort die gesamten zum jeweiligen Thema verfügbaren Daten auf den Bildschirm. Europa auf einen Klick, Prag macht es möglich.

Der Wenzelsplatz ist ein Zentrum des Konsums: Geschäfte und Restaurants laden zum Geldausgeben ein.

Wirtschaft

Die Wirtschaftspolitik Tschechiens galt in der ersten Hälfte der 1990er-Jahre als vorbildlich für ganz Osteuropa. Die Arbeitslosigkeit lag gerade mal bei 3,5 %, es gab Exportüberschüsse, und der Staatshaushalt verzeichnete ein Plus. In Prag, wo sich über etwa 10 % der Industrieproduktion konzentrieren, gab es einen Arbeitskräftemangel. Hier lieferten sich die

Zahlen und Fakten Prag

Fläche
- 496 km², knapp ein Fünftel davon UNESCO-Welterbe

Lage
- 50°05' nördliche Breite, 14°27' östliche Länge

Sprache
- Tschechisch

Einwohnerzahl
- 1,2 Mio.
- 80 % Tschechen, 10 % Slowaken und Mähren, 5 % Roma, eine Minderheit Russen, Ukrainer und Amerikaner

Im Vergleich
- Tschechische Republik 10,5 Mio. Einw.
- Berlin 3,3 Mio. Einw.
- Budapest 1,7 Mio. Einw.

Religion
- 58,3 % Konfessionslose, 26 % Katholiken, 1 % Hussiten, 0,05 % Mitglieder der jüdischen Gemeinde, 14,65 % Sonstige

Verwaltung
- Die 70-köpfige Stadtvertretung wählt aus ihren Reihen für 5 Jahre Prags Oberbürgermeister (Primátor), der an der Spitze eines 11-köpfigen Stadtrates (Rada) steht.
- 57 Stadtteile und 22 Verwaltungsbezirke – Altstadt (Staré Město), Neustadt (Nové Město), Kleinseite (Malá Strana), Hradschin (Hradčany) und Josefstadt (Josefov) bilden den Bezirk Praha 1.

Wirtschaft
- Gut 4 Mio. Touristen mit durchschnittlich 3 Übernachtungen (2009)
- Pro-Kopf-Einkommen umgerechnet ca. 1000 €
- Arbeitslosenquote in Prag ca. 6 %, Tschechien: ca. 9 %
- Beschäftigungsstruktur: Industrie 37 %, Bauwesen 12 %, Öffentlicher Dienst 39,5 %, Tourismus 9 %, Landwirtschaft 2,5 %
- Haupthandelspartner: Deutschland (ca. 70 % des Umsatzes)

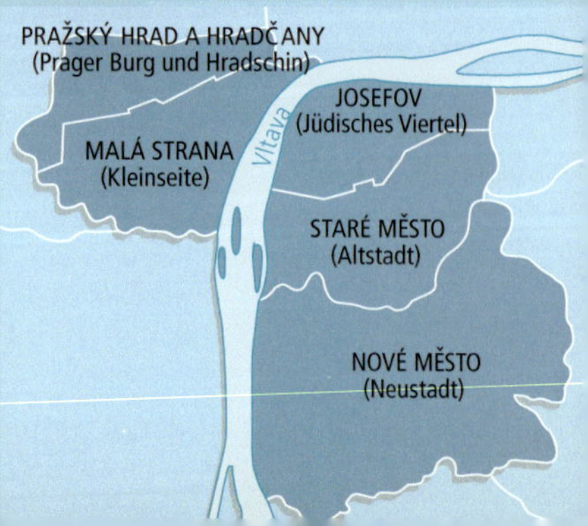

unzähligen ausländischen Unternehmen, die nach 1989 Niederlassungen in Tschechien gegründet hatten, einen Wettbewerb um hoch qualifizierte junge Mitarbeiter. Nach Tschechiens EU-Beitritt war Prag die einzige Region des Landes, deren Lebensstandard über dem Durchschnitt der EU lag. Doch der Aufstieg der tschechischen Wirtschaft war nicht problemlos: Die großen Staatsbetriebe waren zwar in Aktiengesellschaften umgewandelt worden, aber der Staat oder die von ihm kontrollierten Banken hielten große Aktienpakete. Um seine Wiederwahl nicht zu gefährden, verhinderte Ministerpräsident Václav Klaus den Konkurs dieser Betriebe. Auch die Löhne stiegen stärker als die Produktivität, der Preisvorteil tschechischer Produkte im Ausland ging so verloren. Bis Ende der 1990er-Jahre stieg die Arbeitslosigkeit bis auf 10 % an. Ein Rückgang setzte erst ein, als die Sozialdemokraten, die 1998 die Parlamentswahlen für sich entschieden, den Privatisierungsprozess wieder in Gang setzten. Der Boom der exportorientierten tschechischen Wirtschaft wurde erst durch die globale Wirtschaftskrise 2008/2009 gebremst. Der monatliche Durchschnittslohn in Prag liegt heute bei rund 25 000 Kronen.

Tourismus

Der **erfolgreichste Wirtschaftszweig** Tschechiens ist seit der Wende der Tourismus. Von den jährlich rund 12,5 Mio. Besuchern kommen ca. 1,6 Mio. aus Deutschland. Im Jahr 2009 besuchten gut 4 Mio. Touristen, davon rund 500 000 Besucher aus Deutschland, die tschechische Hauptstadt. Nicht zuletzt die vielen Filmproduktionen mit hoher Quote amerikanischer Stars brachten eine wirkungsvolle PR. Dank starker Standortpräsenz im Kino und in Musik-Videos hat sich das mittelalterliche Prag den Ruf erworben, eine junge Stadt zu sein.

Stadtgeschichte

Warum ist im Zusammenhang mit Prag vom »Rom des Nordens« die Rede? Wieso löste der Zweite Prager Fenstersturz den Dreißigjährigen Krieg aus und warum spricht man 1968 vom Prager Frühling? Die Samtene Revolution führte 1989 schließlich zum Sturz der Herrschaft der Kommunisten. Welche Rolle wird Prag als tschechische Hauptstadt in der EU spielen?

Vorgeschichte

um 800	Gründung Prags durch die Fürstin Libussa
921	Wenzel (Václav) der Heilige übernimmt die Regierung
973	Boleslav II. gründet das Bistum Prag und das erste Kloster
1198	Der Přemysl Ottokar (Otakar) wird zum König erhoben
1230	Prag erhält das Stadtrecht
1306	Ende der Přemyslidenherrschaft

Erste Siedlungen

Das Gebiet der heutigen Stadt Prag ist vermutlich schon seit der Altsteinzeit (Paläolithikum) besiedelt; die ältesten bekannten Siedlungsspuren datiert man etliche hunderttausend Jahre vor unserer Zeitrechnung. 4000 v. Chr. rücken aus dem europäischen Siedlungskernland Böhmen einzelne Stämme über die Moldauhöhen in den Bereich des späteren Prag vor. In den nächsten 3000 Jahren wird das Gebiet an der Moldaufurt unterhalb des Hradschin zur Kaufmannssiedlung; hier kreuzen sich die Bernsteinstraße und die Salzstraße.
Mit Beginn der Jüngeren Eisenzeit ab 400 v. Chr. (Latène-Kultur) fallen die **keltischen Bojer** (sie gaben der Region Böhmen ihren Namen) in Böhmen ein und machen sich die Urbevölkerung allmählich untertan; großes keltisches Oppidum am Berg Závist (am südlichen Rand von Prag).
Während der Römerzeit werden die Bojer von den Markomannen 10 v. Chr (wahrscheinlich mit germanischer Oberschicht) unterworfen. Im Zuge der Völkerwanderung im 6. Jh. besiedeln **Westslawen** das Gebiet der heutigen tschechischen Hauptstadt. Siedlungskerne entstehen auf dem heutigen Burgberg sowie auf der Kleinseite.

Gründungsmythos

Libussa

Nach der Legende wird Prag, das um 800 aus mehreren befestigten Höfen besteht, von der seherisch begabten **Fürstin Libussa** (Libuše) gegründet. Gemäß ihrer Vision von einer Stadt, deren Ruhm einst bis zu den Sternen reichen sollte, fand das Gefolge der Fürstin, wie sie es vorhergesehen hatte, an der Moldau den Gründungsort von Prag, eben dort, wo ein Mann gerade die Schwelle (práh) seines Hauses zimmerte. Als das Volk nach einigen Jahren der weiblichen Herrschaft überdrüssig wurde, sandte Libussa ihre Gefährten an den Fluss Biela. Dort begegneten sie bei Staditz, wie die Fürstin es vorausgesagt hatte, einem jungen Pflüger (**Přemysl Oráč**), ihrem zukünftigen Gemahl und ersten Fürsten der Přemysliden.

← *Die »Samtene Revolution« im November 1989 trägt zu Recht ihren Namen. Sie führte zum gewaltlosen Sturz der Kommunisten.*

Přemyslidenherrschaft

Entstehung des Hradschin

Herzog **Bořivoj**, der erste historisch belegte Vertreter der **Přemyslidendynastie**, unterwirft die tschechischen Stämme. Die Prager Burg (Hradschin) entsteht. 874 lässt sich Bořivoj von dem Slawenapostel Methodius taufen. Nach dem Tod Bořivojs wird seine ebenfalls getaufte Witwe **Ludmilla** im Verlauf von Familienzwistigkeiten ermordet. Sie gilt als erste Märtyrerin des Landes und wird als Schutzpatronin Böhmens verehrt.

Herzog **Wenzel (Václav) der Heilige**, ein Enkel Ludmillas, übernimmt 921 die Regierung. Der christliche Herrscher schließt sich eng an die sächsische Hausmacht König Heinrichs I. an. Er wird 935 von seinem Bruder Boleslav I., dem Grausamen, in Altbunzlau (Stará Boleslav) ermordet. Nach seiner Heiligsprechung als Schutzpatron Böhmens verehrt, wurde er zum Symbol der Einheit und Unabhängigkeit des oft unter fremder Willkür leidenden Landes.

Boleslav II.

Unter Boleslav II., dem Frommen, wird das **Bistum Prag** 973 etabliert und das erste Kloster (St. Georg) gegründet. Der böhmische Herrschaftsbereich dehnt sich bis an die Grenzen des Kiewer Reichs aus. Jüdische und deutsche, aber auch italienische und französische Kaufleute lassen sich in Prag nieder. Der heilige Adalbert, Bischof von Prag, gründet 993 die **Benediktinerabtei Břevnov**.

Herzog Vratislav II., ab 1085 als Vratislav I. erster böhmischer König, verlegt seine Residenz vom Hradschin auf den Vyšehrad.

Vladislav II.

Herzog Vladislav II. wird 1158 zum **König von Böhmen** erklärt. Mit dem Bau der **ersten steinernen Moldaubrücke** (Judithbrücke; später durch die Karlsbrücke ersetzt) sichert sich Prag auf lange Zeit seine Vorrangstellung als Handelsmetropole.

1178 verfügt Herzog Soběslav II., dass deutsche Kaufleute nach deutschem Recht behandelt werden, keinen Kriegsdienst leisten müssen und Steuerprivilegien erhalten. Durch diese Maßnahmen sollen die Siedler in Prag gehalten werden.

Der Kaiser erhebt 1198 den Herzog von Böhmen, **Přemysl Ottokar (Otakar)** I., zum König. Damit ist die Königswürde der Herrscher de facto und seit 1212 (Sizilianische Goldene Bulle) auch de jure erblich. Von 1289 bis 1806 trägt der böhmische König außerdem den Titel eines Kurfürsten des Heiligen Römischen Reichs (Deutscher Nation). Die Siedlung Prag wird 1230 befestigt und erhält das **Stadtrecht**. König Přemysl Ottokar (Otakar) II. gründet 1257 für deutsche Kolonisten die nach Magdeburger Recht verwaltete **Kleinstadt (Kleinseite)**. In den Folgejahren kann Ottokar sein Reich zwar auf Österreich und weite Teile Oberitaliens ausdehnen, um die Kaiserkrone bewirbt er sich jedoch vergeblich.

Um 1300 werden die ersten **Prager Groschen** geprägt. Sie kommen dann in weiten Teilen Deutschlands in Umlauf und werden zum unmittelbaren Vorbild für den deutschen Groschen.

Mit der **Ermordung König Wenzels III.** 1306 erlischt die über 400 Jahre andauernde Přemyslidendynastie. Mit ihm sterben die Přemysliden in direkter Linie aus.

Die Luxemburger

1344	Errichtung des St.-Veits-Doms
1346	Karl IV. wird König von Böhmen, Prag wird zum »Rom des Nordens«
1348	Gründung der Karlsuniversität
1355	Karl IV. wird Kaiser des Heiligen Römischen Reichs
1419	Erster Prager Fenstersturz
1420	Schlacht am Veitsberg
1458	Mit Georg von Podiebrad verliert Prag seine Stellung als Wirtschaftszentrum

Prager Erzbistum

Nach einer Periode der Wirren, in der sich durch Rudolfs I. kurzer Herrschaft (gest. 1307) die Habsburger ein erstes Anrecht auf den böhmischen Thron erwerben, gelingt es dem deutschen König Heinrich VII. aus dem Haus Luxemburg 1310, seinen Sohn Johann mit der Přemyslidenerbin Elisabeth zu vermählen und so, dank französischer und kirchlicher Unterstützung, den Luxemburgern die Wenzelskrone zu sichern.

Karl IV.

Karl IV. verwaltet Böhmen. Auf dem Burgberg beginnt man 1344 mit der Errichtung des St.-Veits-Doms, der Kathedrale des neu geschaffenen Prager Erzbistums.

Karl IV. wird 1346 König von Böhmen, 1347 offiziell deutscher König (seit 1346 Gegenkönig). Der in Frankreich erzogene, gebildete, kunstsinnige und reliquienfromme Herrscher macht Böhmen zum Kernland des Deutschen Reichs und fasst Böhmen, Mähren und Schlesien als Länder der böhmischen Krone zusammen. Als Metropole des Heiligen Römischen Reichs (Deutscher Nation) wird Prag zum **»Rom des Nordens«**. Die Stadt zieht Gelehrte und Künstler aus ganz Europa an. In rastloser Bautätigkeit lässt Karl IV., insbesondere durch den im Alter von 22 Jahren aus Deutschland berufenen **Peter Parler** als führendem Baumeister, in rascher Folge jene gotischen Bauwerke errichten, die den Ruhm des mittelalterlichen Prag ausmachen. Karl lässt die Kirche Maria Schnee (1347 Baubeginn) und die Burg Karlstein (1348 – 1357) bauen.

1348 wird die **Karlsuniversität** als erste Universität in Mitteleuropa gegründet. Die Neustadt wird im großzügigen Stil angelegt mit gewaltigen Plätzen (Wenzelsplatz, Karlsplatz), breiten Straßen, harmonischen Kirchen- und Klosteranlagen sowie umfangreichen Befes-

1618 werden zwei kaiserliche Statthalter aus den Fenstern des Hradschins geworfen.

tigungen, die den gotischen Umbau des Vyšehrad einschließen. So kann das Siedlungsgebiet die wachsende Bevölkerung, vor allem Handwerker und Gewerbetreibende, über mehrere Jahrhunderte ohne Erweiterungen aufnehmen, und Prag wird sowohl flächenmäßig als auch der Einwohnerzahl nach die größte Stadt Mitteleuropas. 1355 wird Karl IV. Kaiser des Heiligen Römischen Reiches (Deutscher Nation), zwei Jahre später beauftragt er den Bau der **Karlsbrücke** und des **Altstädter Brückenturms**.

Politische und religiöse Spannungen

Nach dem Tod Karls IV. (1378) kommt es unter der Regentschaft von Wenzel IV. zu starken sozialen und religiösen Spannungen sowie zu Thronstreitigkeiten. Im Jahr 1400 wird Wenzel als deutscher König abgesetzt, bleibt aber König von Böhmen. Auf Betreiben des Magisters Jan Hus beschneidet Wenzel 1409 die Rechte der Deutschen an den Universitäten zugunsten der Tschechen, weshalb rund 2000 deutsche Studenten und viele Professoren außer Landes gehen und u. a. die Universität Leipzig gründen.

Hussitenkriege

Jan Hus wird auf dem Scheiterhaufen verbrannt

Aus den zunächst maßvollen Bestrebungen des Reformators **Jan Hus** und zahlreicher Gesinnungsgenossen, welche die christliche Lehre auf ihre Ursprünge zurückführen und Missstände in der Kirche abschaffen wollen, entwickelt sich eine immer radikalere Forderungen stellende religiöse, soziale und nationale Erhebung, die noch weiter

entfacht wird, als Hus sich auf dem Konstanzer Konzil weigert, seine Ansichten zu widerrufen und in Konstanz auf dem Scheiterhaufen öffentlich verbrannt wird. Sein Tod 1415 löst in Böhmen eine antikirchliche nationale Bewegung aus.
Am 30. Juli 1419 stürmt eine von **Jan Želivský** geführte Volksmenge das Neustädter Rathaus, befreit die dort gefangen gesetzten Hussiten und stürzt zwei katholische Ratsherren aus dem Fenster. Dieser **Erste Prager Fenstersturz** setzt das Signal für die bis 1436 dauernden Hussitenkriege. Im gleichen Jahr stirbt Wenzel IV.
Papst Martin V. erlässt 1420 die Kreuzzugsbulle gegen die Ketzer in Böhmen. Das Hussitenheer unter **Jan Žižka** schlägt am 14. Juli das zahlenmäßig weit überlegene Kreuzfahrerheer König Sigismunds in der Schlacht am Veitsberg (► Žižkov) und kann damit die Einnahme Prags verhindern. In der Folgezeit eröffnen die Hussiten unter Prokop Holý sogar die Offensive, unternehmen Gegenfeldzüge nach Bayern, Brandenburg, Sachsen und Österreich. Die Hussiten verlieren den Krieg, können aber einige Forderungen durchsetzen (u. a. Enteignung des weltlichen Kirchenbesitzes).

◄ Sieg der Hussiten am Veitsberg

Bedeutungsverlust

Nach einer kurzen Zwischenherrschaft Albrechts von Habsburg und einer dreizehnjährigen Thronvakanz wird der hussitisch gesinnte böhmische Adlige **Georg von Podiebrad** zunächst Regent und ab 1458 König von Böhmen (bis 1471). Unter seiner Herrschaft wird die Bautätigkeit in Prag fortgesetzt (Teynkirche). Die durch die Enteignung des Kirchenbesitzes reich gewordenen Fürsten gewinnen auf Kosten der Städte an Einfluss und die Stellung Prags als Wirtschaftszentrum geht zugunsten grenznaher Städte zurück. Auch die Bedeutung der Universität nimmt weiter ab.
1490 werden die Länder der böhmischen Krone mit Polen und Ungarn vereinigt. König **Vladislav Jagiello** (Vladislav II.) verlegt die Residenz von Prag nach Budapest. Prag verliert während dieser Zeit massiv an Bedeutung. Zwistigkeiten zwischen Adel und städtischer Intelligenz verhindern eine Weiterentwicklung.

Habsburgerdynastie

1526	Prag fällt an die Habsburger
1556	Ferdinand I. wird deutscher Kaiser
1618	Der Zweite Prager Fenstersturz führt zum Dreißigjährigen Krieg
1621	Die 27 Anführer der Adelsrevolte werden hingerichtet
1641	Prag hat seine kulturelle und wirtschaftliche Bedeutung eingebüßt
1784	Hradschin, Kleinseite, Altstadt und Neustadt werden zu einer Verwaltungseinheit zusammengefasst

Schlacht bei Mohács

Nach dem Tod von Vladislavs II. Sohn Ludwig 1526 in der Türkenschlacht bei Mohács fällt das Land durch die Wahl von dessen Schwager **Ferdinand I.** zum König von Böhmen an die Habsburger. Dabei werden dem Land und besonders der Stadt Prag (Wiederherstellung des Erzbistums, Wahl zur Residenzstadt) umfangreiche Rechte zugestanden. Als diese eingeschränkt werden sollen, bricht 1547 unter der Führung Prags ein **Städte- und Ständeaufstand** gegen den König aus, nach dessen Niederwerfung die Hauptstadt und viele andere böhmische Städte durch Verlust ihrer Privilegien, Befugnisse und Einkünfte empfindlich bestraft werden.

Gegenreformation

Ab 1549 wandern lutherisch gesinnte Deutsche ein und verstärken die Opposition gegen die unter den katholischen Habsburgern einsetzende Gegenreformation. **Ferdinand I.** wird 1556 deutscher Kaiser. Er ruft die Jesuiten nach Prag, die eine rege Bautätigkeit entfalten und eine neue Generation von streng katholischen Adligen und Bürgern heranbilden.

Diese Maßnahmen und die wiederholten Versuche des Königshauses, die 1436 verbürgte Religionsfreiheit einzuschränken, legen den Grundstein zu andauernden **Zwistigkeiten zwischen den böhmischen Ständen und den Habsburgern**, die auch die Regierungszeit von Maximilian II. (1564–1576) überschatten.

Maximilians Sohn **Rudolf II.** lebt auf dem Hradschin für seine Kunstsammlungen und für seine naturwissenschaftlich-astronomischen Studien, zu denen er die Gelehrten **Tycho Brahe** und **Johannes Kepler** berufen hat. Er muss gegen einen Angriff seines Neffen, des Erzherzogs Leopold, seinen Bruder Matthias und die böhmischen Stände zu Hilfe rufen. Als Gegenleistung bestätigt er dem Adel die im **»Majestätsbrief«** von 1609 zugesicherte freie Religionsausübung. 1611 tritt Rudolf II. zurück; König wird sein Bruder Matthias.

? WUSSTEN SIE SCHON ...?

- wie die Tschechen die verhasste k.u.k. Monarchie Österreich-Ungarn im politischen Jargon apostrophierten? »Gefängnis der Nationen«.

Zweiter Prager Fenstersturz

Beginn des Dreißigjährigen Kriegs

Erneute Streitigkeiten über Religionsfreiheit und die wiedererworbenen städtischen und ständischen Freiheiten führen am 23. Mai 1618 zum Zweiten Prager Fenstersturz, der als Signal für eine Revolution radikal-protestantischer Adelskreise gegen die katholischen Habsburger wirkt und den Dreißigjährigen Krieg auslöst. Die böhmischen Stände erklären den Habsburger Ferdinand II. 1619 für abgesetzt und wählen den Kurfürsten Friedrich V. von der Pfalz zum König. Ferdinand II. besiegt den »Winterkönig« (1619–1620) Friedrich von der Pfalz am 8. November 1620 in der **Schlacht am Weißen Berg** und setzt seine Erbrechte durch.

Hinrichtung der Aufständischen

Die Anführer der Adelsrevolte – 27 böhmische Vertreter des Aufstandes gegen die Habsburger – werden bei der **»Altstädtischen Exekution«** am 21. Juni 1621 hingerichtet. Die protestantische Aristokratie und das wohlhabende Bürgertum werden entmachtet oder des Landes verwiesen, die nichtkatholischen Geistlichen vertrieben.

Prag verliert seine geistige Vorrangstellung

Ferdinand II. verlegt 1624 die böhmische Hofkanzlei nach Wien. In der »Verneuerten Landesverordnung« vom 10. Mai 1627 wird die Erblichkeit Böhmens im Hause Österreich verankert. Der Katholizismus ist als einzige Religion zugelassen. Der Monarch hat das erste Gesetzgebungsrecht, kann hohe Ämter besetzen und Beschlüsse des Landtags aufheben. Dieses Staatsgrundgesetz für Böhmen und Mähren bricht endgültig die Macht der Stände, erzwingt die Auswanderung eines Großteils der gebildeten Oberschicht und nimmt Prag seine geistige und wirtschaftliche Vorrangstellung.

Wallenstein schlägt 1631 die Schweden zurück, die im Verlauf des Dreißigjährigen Kriegs bis Prag vorgestoßen sind. Kurz nachdem die Schweden 1648 die Kleinseite besetzt haben, kommt die Nachricht vom **Kriegsende**. Der **Dreißigjährige Krieg** hat sich katastrophal auf Böhmen ausgewirkt. Das Land hat fast die Hälfte seiner Einwohner verloren und wird in den folgenden Kriegen des Hauses Habsburg weiter mit drückenden Steuern belegt. Prag verliert daraufhin endgültig seine kulturelle und wirtschaftliche Bedeutung.

In der Schlacht am Weißen Berg wird die böhmische Armee 1620 vernichtend geschlagen.

Österreichische Erbfolgekriege

Während der Österreichischen Erbfolgekriege 1740 – 1748 wird Prag von Bayern, Sachsen, Franzosen und Preußen besetzt. Friedrich der Große schlägt 1757 im Siebenjährigen Krieg die Österreicher bei Prag, hebt aber die Belagerung der Stadt nach seiner Niederlage bei Kolín auf. Joseph II. setzt 1781 die **Reformen** mit dem Leibeigenschafts-Aufhebungspatent, erneuter Glaubensfreiheit und der Einführung der deutschen Volksschule in Böhmen fort. Der Gebrauch der deutschen Sprache wird weiter gefördert. Die vier bisher selbstständigen Stadtgemeinden Hradschin, Kleinseite, Altstadt und Neustadt werden 1784 eine **Verwaltungseinheit**.
1845 wird die Bahnlinie Prag – Wien eingeweiht. Die nationaltschechische Revolution mit Zentrum in Prag schlägt fehl. František Palacký lehnt die Teilnahme an der Frankfurter Nationalversammlung 1848 ab. Im gleichen Jahr tagt der **Slawenkongress**. Die Spannungen zwischen Deutschen und Tschechen verschärfen sich.

Zurückdrängung des deutschen Einflusses

Die seit Ende des 18. Jh.s allmählich einsetzende neutschechische Bewegung führt, unter leidenschaftlicher Anteilnahme besonders der Intellektuellen und Künstler, nach heftigen parlamentarischen Kämpfen zur Zurückdrängung der deutschen Sprache. Die Deutschen verlieren 1861 zum ersten Mal die Mehrheit im Prager Stadtparlament. Der **Prager Frieden** beendet 1866 den Krieg zwischen Preußen und Österreich um die Vorherrschaft in Deutschland.
Die deutschen Abgeordneten ziehen 1886 aus dem Landtag aus, jedoch behalten die Deutschen weiterhin ihre wirtschaftliche Vorrangstellung. 1891 findet die Industrieausstellung in Prag statt. Durch die **Industrialisierung** vor allem in deutsch besiedelten Gebieten ist Böhmen zu einem industriellen Kernland der Donaumonarchie geworden. Die nationalen Spannungen führen 1913 zur Arbeitsunfähigkeit des Landtages. Im Ersten Weltkrieg wird Böhmen unter dem Gesetz des Ausnahmezustandes verwaltet.

Die Tschechoslowakische Republik

1918	Gründung der Tschechoslowakischen Republik
1960	Der Zusatz sozialistisch kommt hinzu
1968	Prager Frühling
1989	Die »Samtene Revolution« beendet die Herrschaft der Kommunisten, Wahl Václav Havels zum Präsidenten
1992	Trennung in Tschechische und Slowakische Republik
2004	Beitritt Tschechiens zur EU
2007	Beitritt Tschechiens zum Schengener Abkommen
2009	Erste EU-Ratspräsidentschaft Tschechiens

Gründung der ČSR

Die Tschechoslowakische Republik (ČSR) wird als slawischer Nachfolgestaat der österreichisch-ungarischen Monarchie gegründet (28. Oktober 1918). Gründungspräsident ist **Tomáš Garrigue Masaryk**. Ständige Spannungen zwischen den nationalen Gruppen (Tschechen, Slowaken, Deutsche, Magyaren, Polen) bedrohen den Vielvölkerstaat. Das Stadtgebiet von Prag wird durch Eingemeindungen beträchtlich erweitert und 1922 in 19 Bezirke aufgeteilt.
Im **Münchener Abkommen** von 1938 – unter Nichteinbeziehung Tschechiens – gehen die deutsch besiedelten Randgebiete Böhmens und Mährens (Sudetenland) an das nationalsozialistische Deutsche Reich. Das tschechische Restgebiet wird 1939 als »Protektorat Böhmen und Mähren« Hitlers »Großdeutschland« angegliedert.
Bei einem Attentat am 26. Mai 1942 auf den stellvertretenden Reichsprotektor Reinhard Heydrich wird dieser tödlich verletzt. Die Nationalsozialisten antworten mit der Auslöschung des Dorfs **Lidice**

und brutaler Niederschlagung jeglichen Widerstands in der »Tschechei« (Heydrichiade, ►S. 202).

Sozialistischer Staat

Gemäß dem von dem Sozialdemokraten Zdeněk Fierlinger verkündeten **»Kaschauer Programm«** vom 22. März 1945 soll der tschechoslowakische Staat in den Grenzen von 1937 wieder errichtet und nach sozialistischem Volksfrontmuster regiert werden. Der Aufstand der Prager Bevölkerung am 5. Mai desselben Jahres dehnt sich über das ganze Land aus; die Vertreibung der Sudetendeutschen beginnt. **Edvard Beneš** kehrt am 25. Mai aus dem Londoner Exil nach Prag zurück und ist – bis zu seinem Rücktritt am 7. Juni 1948 – Staatspräsident. Die Kommunistische Partei (KPČ) übernimmt 1948 die Macht: Die Tschechoslowakei wird »Volksrepublik«. 1960 erfolgt die **Gründung der Tschechoslowakischen Sozialistischen Republik (ČSSR)** und die Neugliederung der Stadt in nunmehr zehn Distrikte.

Prager Frühling

1968 besetzen Truppen des Warschauer Pakts Prag.

1968 bemüht sich im sog. Prager Frühling die tschechoslowakische KP unter dem im Januar gewählten Ersten Sekretär **Alexander Dubček** um einen »Sozialismus mit menschlichem Antlitz«, der mit Liberalisierungs- und Demokratisierungsprogrammen die Bevölkerung auf seiner Seite hat. Am 21. August wird der Prager Frühling durch den **Einmarsch von Truppen** der UdSSR und vier weiterer Warschauer-Pakt-Staaten gewaltsam beendet. Die UdSSR sichert sich das Recht, auf unbestimmte Zeit Truppen in der Tschechoslowakei zu stationieren. Das Prager Stadtgebiet wird 1968 um 21 Randgemeinden vergrößert. Aus Protest gegen den Einmarsch der Truppen des Warschauer Paktes übergießt sich am 16. Januar 1969 der 20-jährige Philosophiestudent **Jan Palach** auf dem Wenzelsplatz mit Benzin und verbrennt sich. Sechs Wochen später nimmt sich der 18-jährige Schüler Jan Zajíc dort auf die gleiche Weise das Leben. Eine **neue Verfassung** bestimmt die Föderation aus dem tschechischen Bundesstaat (ČSR) und einem slowakischen (SSR) mit eigenen Landesparlamenten und -regierungen in Prag und Bratislava (Pressburg) sowie einem Gesamtparlament am Sitz der Bundesregierung in Prag.

Deutsch-Tschechoslowakischer Vertrag

1973 wird ein Vertrag über die gegenseitigen Beziehungen zwischen der Bundesrepublik Deutschland und der ČSSR unterzeichnet. Er erklärt u. a. das Münchener Abkommen von 1938 für nichtig und vereinbart einen beiderseitigen Gewaltverzicht und die Aufnahme diplomatischer Beziehungen.
Durch Eingemeindung ländlicher Bodenflächen wird Prag erheblich erweitert. Die erste Prager U-Bahn-Linie (Metro) wird 1974 in Betrieb genommen.

Charta 77

Demonstration für Freiheit und Bürgerrechte

Eine Bürgerrechtsgruppe unter Führung des ehemaligen Außenministers **Jiří Hájek,** des Dramatikers **Václav Havel** und des Philosophen **Jan Patočka** veröffentlicht 1977 die »Charta 77«, welche u. a. die in der Verfassung gewährten Rechte auf Meinungs- und Bekenntnisfreiheit einfordert.
Tausende von Demonstranten protestieren am 21. August 1988, dem 20. Jahrestag der Okkupation durch Truppen des Warschauer Paktes, gegen die Besetzung und für Freiheit, Bürgerrechte und die Rehabilitation der politisch diskriminierten Anhänger des Prager Frühlings. Regimekritische Demonstrationen am 28. Oktober auf dem Wenzelsplatz zum Gedenken an die Errichtung der ersten tschechoslowakischen Republik im Jahr 1918 werden durch die Polizei brutal beendet; dem Nationalfeiertag vorangegangen waren Einsätze größeren Ausmaßes gegen angesehene Vertreter der Bürgerrechtsbewegung.
Mehrere Demonstrationen zur Erinnerung an den 20. Jahrestag der Selbstverbrennung von Jan Palach auf dem Wenzelsplatz werden **1989** durch massive Polizeieinsätze beendet, Protestkundgebungen der Bürgerrechtsbewegung »Charta 77« verboten (Januar). Die wachsende Unzufriedenheit der Bevölkerung beantwortet die Staatsmacht mit noch härteren Repressalien; sie gipfeln in dem rücksichtslosen Vorgehen der Staatssicherheit gegen einen zum Gedenken an den Tod des Studenten Jan Opletal (1939) veranstalteten Umzug von Hochschülern. Dies war der letzte Anstoß für die »**Samtene Revolution**«, die letztlich zum gewaltlosen Sturz der über 40-jährigen Herrschaft der Kommunisten führte.
Erste Meilensteine auf dem Weg zu einer neuen, demokratischen Staatsordnung der Tschechoslowakei sind die Ernennung einer »Regierung der nationalen Verständigung« (10. Dezember) und die Wahl Václav Havels zum Präsidenten der Republik (29. Dezember).

Politische Wende

Neue föderative Republik

Die ČSSR wird umbenannt in ČSFR (Tschechoslowakische Föderative Republik; 29. März 1990) und wenig später auf Drängen der slowakischen Politiker abgewandelt in »Tschechische und Slowakische Föderative Republik«.

Aus den freien Parlamentswahlen (8. Juni 1990) gehen sowohl in der Tschechischen als auch in der Slowakischen Republik die Bürgerrechtsbewegungen als Sieger hervor; sie bilden den Kern der neuen »Regierung des nationalen Opfers« (27. Juni 1990). **Václav Havel** wird erneut zum Staatsoberhaupt gewählt (5. Juli 1990). Bei den neuerlichen Parlamentswahlen 1992 vereinigen in der Tschechischen Republik die Demokratische Bürgerpartei (ODS) und in der Slowakischen Republik die Bewegung für eine demokratische Slowakei (HZDS) jeweils die meisten Stimmen auf sich. Bei der Präsidentenwahl kann sich Václav Havel nicht wieder durchsetzen.

Trennung in zwei selbstständige Staaten

Václav Havel wird 1. Präsident der Tschechischen Republik

Am 27. August 1992 vereinbaren der tschechische Ministerpräsident und sein slowakischer Amtskollege die Auflösung der tschechoslowakischen Föderation in zwei selbstständige Staaten zum 1. Januar 1993. Das Trennungsgesetz wird am 25. November nach langem Ringen vom Bundesparlament in Prag verabschiedet.
Am 7. November 1992 erliegt **Alexander Dubček** (geb. 1921), Leitfigur und Hoffnungsträger des 1968 gewaltsam niedergeschlagenen Prager Frühlings, seinen Verletzungen nach einem Verkehrsunfall.
Mit Wirkung vom 1. Januar 1993 treten die beiden Nachfolgestaaten Tschechische Republik (Tschechien) und Slowakische Republik (Slowakei) an die Stelle der ČSFR. Am 26. Januar 1993 wird der Tscheche Václav Havel zum ersten Präsidenten der Tschechischen Republik gewählt und fünf Jahre später in seinem Amt bestätigt.
1999 wird Tschechien zusammen mit Ungarn und Polen **NATO-Mitglied**. Im August 2002 setzt die Moldau mit der Rekordhöhe von 4 m u. a. die Metro unter Wasser, die Altstadt wird jedoch nicht in Mitleidenschaft gezogen.
Im Juni 2003 endet die Präsidentschaft Václav Havels nach drei Amtsperioden unwiderruflich. Die Neuwahlen werden von einigen peinlichen Situationen begleitet, als die ehemaligen Regierungsparteien ihre Kandidaten nicht durchsetzen können. Nach zähem Ringen kann schließlich **Václav Klaus** eine knappe Mehrheit für sich organisieren. Die politische Schicksalsironie: Václav Havel wird in seinem Amt als Staatsoberhaupt durch seinen politischen Gegner ersetzt.
Im Mai 2004 erfolgt der **Beitritt Tschechiens zur EU** als eines der zehn Länder der Osterweiterung. Im Dezember 2007 tritt Tschechien dem **Schengener Abkommen** bei, wodurch die Grenzkontrollen abgeschafft werden. 2009 übernimmt Tschechien erstmals die EU-Ratspräsidentschaft (►S. 18/19).

? WUSSTEN SIE SCHON ...?

- was Václav Havel als Ex-Präsident verdient? Umgerechnet 1500 € Rente im Monat, plus 1500 € Zuschuss für sein Büro. Dienstwagen mit Chauffeur wird vom Staat bezahlt. Honorar für Havels Vorträge: zwischen 50 000 und 100 000 €, In den USA ist er sehr gefragt.

Kunst und Kultur

Warum stieg Böhmen unter Karl IV. zur Kunstlandschaft auf? Was versteht man unter Parlergotik? Welche Rolle spielte die bayrische Familie Dientzenhofer? Wieso war der Jugendstil in Prag so bedeutend? Und warum entwickelte sich hieraus die kubistische Architektur? Warum »tanzt« das Haus von Frank O. Gehry?

Kunstgeschichte

Erste Sakralbauten im Großmährischen Reich

Die frühesten Reste christlicher Kirchen aus Stein in der heutigen Tschechischen Republik stammen aus der Missionszeit der Slawenapostel Konstantin (Kyrill) und Method im Großmährischen Reich: Im südmährischen Mikulčice (Mikultschitz) befand sich eine befestigte Siedlung mit fünf Sakralbauten, die bis in die Zeit vor dem 9. Jh. zurückreicht. In Staré Město u Uherského Hradiště (Altstadt; wohl das »Veligrad« Großmährens) wurden drei Kirchen aus dem 9. Jh. nachgewiesen. Der Přemyslidenfürst Bořivoj (um 850 – 895), der am Großmährischen Hof getauft worden war, brachte das Christentum nach Böhmen und gründete in der 1. Hälfte des 9. Jh.s die Kirche des hl. Klemens in dem nördlich des heutigen Prag am Moldauufer gelegenen Levý Hradec. Nach der Verlegung des Fürstensitzes nach Prag folgte 894 der Bau der Marienkirche, eines kleinen Rundbaues (Grundmauern in der Burggalerie).

Romanik

Unter der Herrschaft Vratislavs (um 905 – 921) wurde 912 die **Georgsbasilika** auf dem Hradschin gegründet, die auch nach ihrem Umbau in den Jahren 1142 – 1150 (Türme, Ost- und Westchor, Krypta) bis heute das besterhaltene Denkmal der Romanik in Prag darstellt. Ein für die Entwicklung bedeutsamer Sakralbau war die unter Wenzel dem Heiligen von 926 bis 930 erbaute **Veitsrotunde**, ein ottonischer Rundbau mit vier Apsiden an der Stelle der Wenzelskapelle des heutigen Veitsdomes, der später mehrere der für die böhmischen Länder charakteristischen einschiffigen Rundbauten (»böhmische Rotunden«) folgten, so beispielsweise die **Heiligkreuzkapelle** in der Altstadt (um 1100), die **Martinskapelle auf dem Vyšehrad** (Mitte 11. Jh.) und die **Longinuskapelle** (12. Jh.) in der Neustadt.

Um 1060 wurde die Veitsrotunde durch die Veitsbasilika ersetzt, eine doppelchörige Anlage mit Westquerhaus und zwei Krypten, ähnlich St. Emmeram in Regensburg. Um die gleiche Zeit befand sich auf der Prager Burg bereits ein romanischer Fürstenpalast, dessen Reste (9. – 12. Jh.) unter dem Vladislavsaal erhalten sind. Auch auf dem Vyšehrad stand in der 2. Hälfte des 11. Jh.s bereits eine romanische Steinburg mit mehreren Kirchenbauten (Reste der Laurentiusbasilika).

In den seit Ende des 10. Jh.s gegründeten Klöstern (973 Georgskloster der Burg, 993 Břevnov, 1148 Strahov) blühte das Kunsthandwerk, und in ihren Skriptorien wurden wertvolle Handschriften geschaffen, deren bekannteste der **Codex Vyšehradiensis** von 1086 ist.

← *Die Stadt an der Moldau hat viele Kunstrichtungen kommen und gehen sehen. Der Jugendstil hat unübersehbar seine Spuren hinterlassen.*

Gotik

Die Gotik wurde im 2. Viertel des 13. Jh.s zunächst von den Zisterziensern und den Bettelorden in Böhmen verbreitet. Die neue Bauweise übertrug man auch auf profane Bauwerke wie den gotischen Palast der Burg (um 1250 – 1400). Gotisch ist auch die Altneusynagoge in der Josefstadt (1273). Das aufstrebende Bürgertum benutzte den neuen Stil für seine Repräsentationsbauten, z. B. das Altstädter Rathaus (ab 1338).

Spätgotik Unter dem kunstsinnigen und weltoffenen Herrscher Karl IV. (1346 – 1378) stiegen die böhmischen Länder zur Kunstlandschaft in Mitteleuropa auf und es folgte die Wendung zur Spätgotik, die zunächst noch unter französischem Einfluss stand. So geschah der Umbau des Prager Königspalastes nach dem Vorbild des Palastes der französischen Könige auf der Île de la Cité von Paris, wo Karl aufgewachsen war. Um den Veitsdom neu zu errichten (Grundsteinlegung am 21. November 1344), berief Karl zunächst aus dem päpstlichen Avignon **Matthias von Arras**, der den Dom nach dem charakteristischen Muster der französischen Kathedralen (Chor mit Kapellenkranz) anlegte. Als jedoch nach Matthias' Tod (1352) **Peter Parler** (1330–1399), der mit seinen Söhnen den Bau nach gänzlich neuen, originellen Gesichtspunkten (Betonung der Südseite mit Wenzelskapelle, Querhausportal und Turm) weiterführte, durch seinen nie erlahmenden Erfindungsgeist der Prager Baukunst eigene Impulse gab, stieg diese als **»Parlergotik«** zum Vorbild der Architektur und Plastik auf, deren Fernwirkung bis nach Italien und Spanien reichte. Weitere Kathedralchöre schuf die Parlerhütte in Kolín und Kutná Hora (Kuttenberg). Der erst Anfang des 15. Jh.s vollendete Altstädter Brückenturm in Prag wurde ebenfalls nach Parlers Entwürfen erbaut.

Hofkunst Im Kunstschaffen der Epoche Karls IV., der Hofkunst, wurden wichtige Merkmale der Renaissance vorausentworfen: die ersten Netzgewölbe und Bildnisse (Triforiumsbüsten im Veitsdom) sowie das erste freiplastische Reiterstandbild (St. Georg auf der Burg, von den Brüdern Martin und Georg Klausenburg).

Prager Malerzeche In der Malerei bildete sich aus einer Synthese von auswärtigen (besonders italienischen) und spezifisch böhmischen Zügen ein selbstständiger Schulcharakter für alle Gattungen aus. Die führenden Künstler dieser **»Prager Malerzeche«** waren der um 1350 in Prag tätige **Meister von Hohenfurt**, **Meister Theoderich** (1359 – 1380 erwähnt) und der **Meister von Wittingau** (1380 – 1390 erwähnt), die in der Hauptsache Altartafelbilder schufen (► Sehenswürdigkeiten von A bis Z, Agneskloster, Burg Karlstein).

Bezeichnend sind auch die noch byzantische Einflüsse zeigenden »böhmischen Gnadenbilder«, Madonnendarstellungen anonymer

Meister in halber Figur mit dem Christuskind. Die bedeutendsten Wandmalereien, deren Zuschreibung meist schwierig ist, finden sich im 1357 gegründeten Prager Emmauskloster und auf der Burg Karlstein (1348 – 1357), wo der Straßburger Meister Nikolaus Wurmser (1357 – 1360 erwähnt) und wahrscheinlich auch Tommaso da Modena (um 1325 – 1379) wirkten. Es entstanden hervorragende illuminierte Handschriften, oft im Auftrag des schlesischen Humanisten Johannes von Neumarkt, unter dem sich in der Prager Reichskanzlei die deutsche Schriftsprache auszubreiten begann. Schon während des nach dem Tod Karls IV. (1378) und Peter Parlers (1399) einsetzenden künstlerischen Niederganges bildete sich im Gegensatz zu der eher realistischen Auffassung der Prager Malerzeche der »Schöne« und **»Weiche« Stil** heraus, eine raffiniert verfeinerte Malweise, in der um 1400 vornehmlich Madonnenbilder entstanden (►Sehenswürdigkeiten von A bis Z, Agneskloster).
Die **Planer- und Stiftertätigkeit Karls IV.** ist bis heute in Prag sichtbar (Gründung der Neustadt, Karlsbrücke, Karlshof). Einige der ehrgeizigen Vorhaben konnte er jedoch nicht mehr beenden, und da mit dem Ausbruch der hussitischen Revolution (1419, Erster Prager Fenstersturz) diese in der Geschichte Prags beispiellose Blütezeit jäh abbrach, blieben sie für immer (Maria-Schnee-Kirche) oder auf lange Zeit (Veitsdom, Teynkirche) unvollendet.

Der Meister von Leitmeritz schuf die polychromen Malereien in der St.-Wenzels-Kapelle im Veitsdom.

15. Jahrhundert Architektur

Nach den Hussitenkriegen war der Charakter der böhmischen – nunmehr fast rein tschechischen – Kunst bis zum Ende des 15. Jh.s konservativ und eklektisch. Als damals bedeutendster tschechischer Architekt ist Matthias Rejsek zu nennen, der sich 1474 für den Pulverturm verantwortlich zeigte. Der wichtigste der unter König Vladislav II. (1471 – 1516) nach Prag berufenen Künstler war Benedikt Ried. Nach seinen Entwürfen entstand der Vladislavsaal im Königspalast der Prager Burg, einer der großartigsten Profanräume jener Zeit (1493 – 1502), und das Langhaus der Barbarakirche in Kutná Hora (Kuttenberg; 1512 – 1547) mit dem vielleicht schönsten Netzgewölbe der Spätgotik überhaupt.

Bildhauerei und Malerei

Die Plastik und die Malerei jener Epoche, die, wie auch manche ihrer Bauschöpfungen, weitgehend schon der Renaissance zuzurechnen sind, spiegeln fast alle wichtigen Schulen und Strömungen der Dürerzeit wider.

Der bemerkenswerteste unter den einheimischen Künstlern ist der Meister des Altars von Leitmeritz (► Sehenswürdigkeiten von A bis Z, Agneskloster), der um 1509 an der Ausmalung des oberen Teils der Wenzelskapelle im Veitsdom beteiligt war, er selbst führte die wichtigsten Bilder der Legende des hl. Wenzel aus.

Haus »Zur Minute« mit Sgrafittoschmuck

Renaissance

Architektur

Die Kunst der italienischen Renaissance setzte sich in Prag wahrscheinlich früher durch als sonst in Mitteleuropa, mit Ausnahme von Ungarn. Bereits in den Jahren 1538 – 1555 entstand nach Plänen von Paolo della Stella der Arkadenbau **Belvedere** am Königsgarten der Burg, welchen Ferdinand I. (1526 – 1564) als Lustschloss für seine Gemahlin Anna bauen ließ, eines der reinsten Beispiele der Renaissancearchitektur nördlich der Alpen. Auch das originelle **Schloss Stern** wurde nach einer Idee Erzherzog Ferdinands 1555 bis 1558 über sternförmigem Grundriss von Italienern errichtet. Nach der Mitte des 16. Jh.s war der führende Architekt Böhmens der kaiserliche Hofbaumeister **Bonifaz Wohlmut** aus Überlingen am Bodensee (Orgelempore im Veitsdom, 1557 – 1561; Ballhaus im Königsgarten der Burg, 1568; Netzgewölbe im Landtagssaal der Burg, 1559 – 1563; Sterngewölbekuppel der Karlshofer Marienkirche, 1575). Der neue Stil nahm nun spezifische Prager Formen an.
Nach dem großen Brand von 1541, dem weite Teile der Burg und der Kleinseite zum Opfer fielen, entstanden Adelsresidenzen wie das **Palais Martinitz** (Ende 16. Jh.) oder das **Palais Schwarzenberg** am Hradschiner Platz, beide im böhmischen Renaissancestil, der vielfach Sgraffitoschmuck an den Fassaden verwendete. Solche Sgraffiti zieren auch häufig bürgerliche Renaissancebauten wie z. B. das »Haus zu den drei Straußen« (1585) an der Karlsbrücke oder das »Haus zur Minute« (Ende 16. Jh.) neben dem Altstädter Rathaus. Der Fassadenschmuck stellt hier Szenen aus der Antike und der Bibel dar sowie Allegorien der Tugenden.

Manierismus

Unter dem Habsburger Rudolf II. (1576 – 1611), einem eifrigen Kunstsammler, war Prag zum zweiten Mal Kaiserresidenz und Mittelpunkt der Kunst des Manierismus. Der Kaiser zog Künstler verschiedenster Herkunft an seinen Hof, so die Bildhauer und Erzgießer Benedikt Wurzelbauer und Adriaen de Vries (Vorwegnahme vieler Barockelemente), die Maler Hans von Aachen, Bartholomäus Spranger, Jan Brueghel (»Sammet-Brueghel«), Guiseppe Arcimboldo, Roelandt Savery, Joseph Heintz, Hans Rottenhammer und Ägidius Sadeler. Der zuletzt Genannte hinterließ eine aus neun Stichen bestehende Stadtansicht vom Prag des Jahres 1606, die eine anschauliche Übersicht der Architektur jener Zeit vermittelt.
Die nur den höfischen Interessen verpflichtete manieristische Kunst fand jedoch in Böhmen keinen Widerhall. Ansehen außerhalb des Landes erlangten der Kupferstecher Wenzel Hollar (1607 – 1677) und der Stilllebenmaler Gottfried Flegel (1563 – 1638), beide Vertreter einer eher bodenständigen böhmischen Kunst jener Zeit.
Ein Beispiel für die bis in die Spätrenaissance reichenden gotischen Einflüsse liefert die Rochuskapelle im Kloster Strahov. Der gotische Formenkanon wie Spitzbögen und Strebepfeiler geht eine spannende Synthese mit den Motiven der Renaissance ein.

Barock

Italienische Einflüsse Die durch den Sieg der katholischen Partei in der Schlacht am Weißen Berg (1620) endgültig triumphierende Gegenreformation brachte den in seinen Anfängen überwiegend italienischen Barock nach Prag. Die genossenschaftlich organisierten italienischen, zumeist aus der Gegend von Como stammenden Handwerker beherrschten etwa ein halbes Jahrhundert lang fast das gesamte Bauwesen. Für ihre eigene Gemeinde bauten sie bereits 1590 – 1600 die Welsche Kapelle, den ersten barocken Zentralbau in Prag.

Palast- und Schlossbau ► Das Schwergewicht lag im 17. Jh. zunächst auf dem Palast- und Schlossbau. Die bedeutendsten Bauherren unter den Prager Magnaten waren Albrecht von Waldstein (Wallenstein), für dessen gewaltiges Palais Waldstein (1623 – 1630) ein ganzes Stadtviertel abgerissen werden musste, und Humprecht Graf von Čzernín (Palais Čzernín, 1669 – 1692). Der Sakralbau stand zunächst in der Nachfolge der römischen Jesuitenkirche »Il Gesù«, nach deren Vorbild 1611 – 1616 die zuvor protestantische Kirche Maria de Victoria umgestaltet wurde. Die fruchtbarsten Adepten dieses Jesuitenstils waren Carlo Lurago (Ignatiuskirche, 1665 – 1678) und Giovanni Domenico Orsi de Orsini (Professhaus der Kirche St. Niklas auf der Kleinseite, 1673). Einige Sakralbauten setzen jedoch noch ältere einheimische Überlieferungen (Emporenhalle, Wandpfeilerkirche) fort, wie etwa die Salvatorkirche am Kreuzherrenplatz.

Malerei und Bildhauerei ► Anders als die Architektur wurden Plastik und Malerei weiterhin von einheimischen oder aus Nachbarländern zugewanderten Künstlern beherrscht. Die wichtigsten Bildhauer nach der Mitte des 17. Jh.s waren **Johann Georg Bendl** (um 1630 – 1680; Fassadenplastik an der Salvatorkirche, Winzersäule am Kreuzherrenplatz, hl. Wenzel an der Alten Propstei der Burg) und **Hieronymus Kohl** (1632 – 1709; Fassadenplastiken an der Thomaskirche auf der Kleinseite, Brunnen im Zweiten Burghof). Unter den Malern sind an erster Stelle der einer böhmischen Adelsfamilie entstammende Karel Škréta (1610 bis 1674), Begründer der böhmischen Barockmalerei, der aus Glaubensgründen emigrierte und als Konvertit wieder zurückkehrte, sowie der Rembrandtschüler Michael Leopold Willmann (1630 – 1706) zu nennen (Werke in der Sammlung böhmischer Kunst von der Zeit Rudolfs II. bis zum Barock im Kloster St. Georg).

Spätbarock Der Spätbarock erreichte seinen Höhepunkt in Prag während der 1. Hälfte des 18. Jh.s, der künstlerisch fruchtbarsten Epoche seit der Zeit Karls IV. Den Anschluss an die europäische Entwicklung stellte zunächst der in Rom geschulte Franzose **Jean Baptiste Mathey** (um 1630 – 1695) her: in der Sakralarchitektur mit dem Zentralbau der Kreuzherrenkirche (1679 – 1688), im Profanbau mit dem Schloss Troja (1679 – 1685). Die Hegemonie der Italiener war damit gebrochen. Bald konnten Einheimische die Führung übernehmen, nachdem der prägende Einfluss der österreichischen und bayerischen

Die Brückenfiguren der Karlsbrücke, die man in der Morgendämmerung in aller Stille betrachten kann, stammen von den besten Bildhauern des Prager Barock.

Baukunst jener Zeit assimiliert war. Der Wiener Hofbaumeister Johann Bernhard Fischer von Erlach baute seit 1707 das Palais Clam-Gallas und hinterließ mehrere Schüler in Prag.

Christoph Dientzenhofer (1655–1722) aus der weit verzweigten bayerischen Architektenfamilie siedelte ganz nach Prag über. Zusammen mit seinem genialen Sohn Kilian Ignaz Dientzenhofer (1689–1751) schuf er den **Dientzenhoferbarock**, eine Synthese aus dem altbayerischen Wandpfeilersystem und dem Baldachinprinzip des Guarino Guarini, und damit die Voraussetzung für die letzte und höchste Stufe des mitteleuropäischen Sakralbaus. Die oft noch eher konventionell begonnenen Werke des Vaters wurden häufig erst von seinem begabteren Sohn baulich und stilistisch zur Vollendung gebracht. So im Kloster Břevnov, in der Geburt-Christi-Kirche von Loreto und ganz besonders im Falle der Kirche St. Niklas auf der Kleinseite, einem der entwicklungsgeschichtlich und städtebaulich bedeutendsten Kirchenbauten des Spätbarocks in Mitteleuropa überhaupt.

Christoph Dientzenhofer hatte hier den Kuppelraum noch im bayerischen Wandpfeilersystem geplant. Sein Sohn fügte das raumgewaltige Motiv der Konchen hinzu und setzte mit der asymmetrischen Kuppelturmgruppe des Außenbaus treffsicher den entscheidenden Akzent in der Silhouette Prags. Von Kilian Ignaz Dientzenhofers weiteren Bauten, ohne die weder das Prager Stadtbild noch die übri-

Das Nationaltheater im Stil der Neurenaissance spiegelt mit seiner historischen Architektur das kulturelle Selbstbewusstsein der Tschechen.

ge barocke Kulturlandschaft Böhmens zu denken sind, sind zu nennen: die Villa Amerika, die Kirche St. Niklas in der Altstadt, die Kirchen St. Johann von Nepomuk am Felsen und St. Thomas (Umgestaltung) sowie das Ursulinenkloster in Kutná Hora (Kuttenberg). Auch die Pläne für die Palais Goltz-Kinsky und Sylva-Taroucca, die beide bereits Rokokomerkmale tragen, stammen von ihm.

Giovanni Santini-Aichl (1667 – 1723) entwarf die Palais Morzin und Thun-Hohenstein; im Kirchenbau huldigte er, wie auch Octaviano Broggio (1668 – 1742), einer historisierenden Barockgotik (Marienkirche in Kuttenberg-Sedletz). Andere Architekten jener Periode waren **František Maximilian Kaňka** (1674 – 1766), der u. a. die Vrtbaterrassen und verschiedene Bauabschnitte des Clementinums entwarf, und **Giovanni Battista Alliprandi** (1665 – 1720).

Bildhauerei ▶ Zu der Vielzahl der um 1700 in Prag tätigen Bildhauer gehört als einer der bedeutendsten **Matthias Wenzel Jäckel** (1655 – 1738), der u. a. Statuen für die Karlsbrücke und die ehemalige Kreuzherrenkirche schuf. Von **Ferdinand Maximilian Brokoff** (1688 – 1731) stammen u. a. mehrere Figurengruppen für die Karlsbrücke. Matthias Bernhard Braun (1684 – 1738) brachte die Bernineske nach Böhmen und in seinen Werken gipfelte die böhmische Barockplastik. Ein Teil seiner Plastiken findet man ebenfalls auf der Karlsbrücke sowie im Vrtbagarten und am Portal des Palais Thun-Hohenstein.

Rokoko

Auch das Rokoko ist in Prag durch eine Anzahl von Künstlern und ihren Werken vertreten, aber eine selbstständige Spielart wie etwa in Bayern, Franken oder Potsdam hat Böhmen so wenig wie Österreich hervorgebracht.

Den Ausbau der Prager Burg leitete 1753 – 1775 Maria Theresias Oberhofarchitekt Freiherr von Pacassi, den des Erzbischöflichen Palais 1764 – 1765 Johann Joseph Wirch. Dem Kavalierarchitekten Graf von Künigl verdankt Prag den Entwurf des Ständetheaters (ausgeführt 1781 – 1783 von Anton Haffenecker), in dem 1787 Mozarts »Don Giovanni« uraufgeführt wurde.

◄ Bildhauerei

Die führenden Bildhauer im 3. Viertel des 18. Jh.s in Prag waren Johann Anton Quittainer (1709 – 1765), Ignaz Platzer d. Ä. (1717 bis 1787), der u. a. den plastischen Fassadenschmuck des Erzbischöflichen Palais entwarf, und Richard Prachner (1705 – 1782). Werke der beiden zuletzt genannten Künstler birgt auch die Kirche St. Niklas auf der Kleinseite.

Weit über die Grenzen Böhmens hinaus bekannt wurde der Feinmaler Norbert Grund (1717 – 1767), dessen Arbeiten bereits zu seinen Lebzeiten gefälscht und vielfach durch Stiche reproduziert wurden.

19. Jahrhundert

Klassizismus

Anders als der Barock, an dem man in Böhmen länger und leidenschaftlicher festhielt als sonst in Mitteleuropa, war der Klassizismus, zumindest was die bildende Kunst betrifft, eher von untergeordneter Bedeutung. Das ehemalige Zollamt, heute »Hibernerhaus« (►Repräsentationshaus), welches 1808 – 1811 von **Georg Fischer** seine Empirefassade erhielt, gehört zu den bemerkenswertesten Bauschöpfungen dieser Epoche.

◄ Romantische Strömungen

Erst die Romantik zündete in Böhmen, nachdem die Ideen Herders zur Erweckung der tschechischen Nation beigetragen hatten. Der Aufstieg der Tschechen zu kultureller Selbstständigkeit führte allerdings auch umgekehrt zum Untergang der übernationalen »böhmischen Kunst«, die seit der zweiten Hälfte des 19. Jh.s immer entschiedener in eine tschechische und eine deutsche Komponente auseinanderdriftete. Von den romantischen und postromantischen Malern sind an erster Stelle Joseph von Führich (1800 – 1876), **Josef Mánes** (1820 – 1871) und **Mikoláš Aleš** (1852 – 1913) zu nennen, ferner der Pilotyschüler Gabriel Max sowie Václav Brožík.

? WUSSTEN SIE SCHON ...?

- wie sich das Gladiatorengespann der Göttin Minerva auf dem Prager Nationaltheater nennt? Triga (drei Pferde) – die Quadriga steht in Berlin.

Bedeutende Vertreter der Neugotik waren Joseph Kranner (Hochaltar im Veitsdom, 1868 – 1873) und Joseph Mocker (Ausbau des Veitsdomes, 1859 – 1929). Der tschechische Semperschüler **Josef Zítek** entwarf im repräsentativen

◄ weiter auf S. 46

An der Entstehung des Repräsentationshauses war eine ganze Künstlergeneration beteiligt.

ÖFFNET DIE FENSTER NACH EUROPA!

1891 war für die politische Geschichte wie auch für die Architekturgeschichte Prags ein wichtiges Datum. In diesem Jahr wurde im Park des Baumgartens östlich der Letnáanlagen die »Böhmische Landesausstellung« abgehalten, eine Messe, die nicht nur Böhmens Aufschwung zu einer Industrienation dokumentieren sollte, sondern auch die tschechische Nationalbewegung sinnfällig zum Ausdruck brachte.

Die Bauwerke, die eigens für diese Schau errichtet wurden, orientierten sich ganz offenkundig an England, der »ersten« Industrienation Europas, und am kulturell führenden Frankreich: Der aus Gusseisenteilen zusammengesetzte **Hanaupavillon**, der 1898 an seinen heutigen Platz auf dem Letnáplateau versetzt wurde, zitierte die moderne Glas-Eisen-Konstruktion der englischen Industrie- und Ausstellungsarchitektur, und der vom Klub tschechischer Touristen erbaute 60 m hohe Aussichtsturm auf dem Laurenziberg war nichts anderes als eine kleine **Kopie des Pariser Eiffelturmes**.

Prager Jugendstil

Doch trotz dieser fortschrittlichen Ansätze zu Beginn der 1890er-Jahre konnte sich der Jugendstil in Prag erst um die Jahrhundertwende – und damit verhältnismäßig spät – auf breiter Front durchsetzen. Zu den Jugendstilarchitekten der ersten Stunde gehörte der Otto-Wagner-Schüler **Jan Kotěra**, der sowohl als Architekt – er entwarf u. a. das 1899/1900 errichtete Peterkahaus (Nr. 12) am Wenzelsplatz – wie als Lehrer einen enormen Einfluss auf die junge Architektengeneration ausübte. »Öffnet die Fenster nach Europa« war das Motto seiner Lehre, mit dem er die Prager Künstlerschaft für die neuesten Entwicklungen in Westeuropa begeisterte. Vor allem am Wenzelsplatz, der seit der Mitte des 19. Jh.s zum großzügigen Großstadtboulevard ausgebaut wurde, und am benachbarten »Graben«, die zusammen das »Goldene Kreuz« bilden, entfaltete sich ab der vorigen Jahrhundertwende die breite Palette der Prager Jugendstilarchitektur: Hotels und Cafés, Versicherungsanstalten, Warenhäuser sowie repräsentative Versammlungs- und Vereinsgebäude. Eine der vornehmsten Herbergen am Platz war das 1903 erbaute Hotel »Erzherzog Stephan«, heute **Grand Hotel Evropa**

Der Jugendstil erfasste die Architektur wie das Kunsthandwerk. Diesen Teller entwarf Alfons Mucha 1897. Er gehört zu den Ausstellungsstücken im Mucha-Museum in der Nähe des Wenzelsplatzes.

(Nr. 29), dessen giebelgeschmückte Fassade sich durch eine klare Gliederung und die Konzentration des plastischen Dekors auszeichnet. Das schwulstige Interieur des Kaffeehauses im Erdgeschoss ist auch heute noch (fast) ganz stilecht. Zwei Jahre vor der Eröffnung des Hotels, 1901, hatte man mit dem Bau des **Prager Hauptbahnhofs** begonnen, der trotz mancher späterer Veränderungen bis heute seinen Charakter als Sezessionsbau nicht verleugnen kann.

Repräsentativpracht

An seinem hoch aufragenden Turm erkennt man den **Korunapalast** an der Einmündung des Wenzelsplatzes in die Straße Na příkopě (Am Graben). 1911 – 1914 nach Plänen von **Antonín Pfeiffer** erbaut, verkörpert dieses Büro- und Geschäftshaus die konstruktivistisch-strengere Variante des Prager Jugendstils. In der Národní sind zwei besonders schöne Sezessionsbauten von **Osvald Polívka** erhalten geblieben, das Haus des Verlegers Topič und direkt daneben die ehemalige **Versicherungsanstalt »Praha«** (1903 bis 1905), deren Namenszug in großen, kunstvoll um die ovalen Fenster geschlungenen Buchstaben an der Fassade prangt. Am östlichen Ende der Na příkopě nimmt das 1906 – 1911 nach Plänen von **Antonín Balšánek** und **Osvald Polívka** erbaute **Repräsentationshaus** einen ganzen Häuserblock in Anspruch. Die Prachtentfaltung dieses Bauwerks kann allerdings nicht darüber hinwegtäuschen, dass das Gebäude dem Neobarock des ausklingenden 19. Jh.s noch genauso nahesteht wie dem Jugendstil, der, als das Repräsentationshaus fertiggestellt war, auch schon seinen Höhepunkt überschritten hatte. An der Gestaltung dieses Bauwerks war unter anderem auch der in Paris bereits hoch geschätzte Maler, Illustrator und Plakatgestalter **Alfons Mucha** beteiligt. Nur wenige Schritte hinter dem Repräsentationshaus liegt das Nobelhotel **Paříž** (U Obecního domu 1), das mit einem aufwendig restaurierten, lupenreinen Jugendstilinterieur aufwartet; hier sollte man zumindest in die elegante Eingangshalle einen Blick werfen.

Geht man aufmerksam durch die Straßen von Prag, stößt man immer wieder auf Jugendstildetails an den Häuserfassaden.

Stil der tschechischen Neurenaissance den Prunkbau des Nationaltheaters (1868 – 1881), welches nach einem Großbrand durch den Architekten **Josef Schulz** (1840 – 1917) bis 1883 neu errichtet werden musste. Unter der Leitung von Josef Schulz entstand auch das Künstlerhaus, auch: »Rudolfinum«, das wohl bedeutendste Baudenkmal dieser Epoche in Prag.

In der Plastik begründete **Josef Václav Myslbek** (1848 – 1922; Reiterbild des hl. Wenzel auf dem Wenzelsplatz, Bronzestatue des Kardinals Schwarzenberg im Veitsdom) unter dem Eindruck der französischen Kunst eine Schule, aus der Bildhauer vom Rang eines Jan Štursa (1880 – 1925), aber auch Bohumil Kafka (1878 – 1942), zu dessen Werken u. a. das Mánesdenkmal vor dem Rudolfinum zählt, und Otto Gutfreund (1889 – 1927) hervorgingen.

20. Jahrhundert

Architektur Jugendstil Prag hat wie kaum eine andere Stadt eine Vielzahl von Jugendstilbauten zu bieten. Das beste Beispiel für den »Prager Sezessionsstil« genannten Jugendstil liefert das prachtvolle Repräsentationshaus der Hauptstadt, das 1906 – 1911 nach Plänen von Osvald Polívka und Antonín Balšánek erbaut wurde.

Moderne ► Zu den Vorläufern der modernen Architektur im 20. Jh. gehören Josef Maria Olbrich (1867 – 1908), Josef Hoffmann (1870 – 1956) und Adolf Loos (1870 – 1933), die allerdings hauptsächlich in Darmstadt (Olbrich) bzw. Wien (Hoffmann und Loos) bauten. Das »Haus Müller« von **Adolf Loos** in Prag-Střešovice entstand zwischen 1928 und 1930. Hier realisierte Loos erstmals seinen »Raumplan« – eine Wohnraumkonzeption, die auf dem Prinzip unterschiedlicher Höhen der einzelnen Räume basiert, die um die zentrale Achse des Hauses angeordnet sind.

Kubismus ► Die endgültige Wendung zur modernen Architektur in Prag vollzogen **Josef Gočár** (1880 – 1945), der 1911/1912 das kubistische »Haus zur schwarzen Mutter Gottes« in der Zeltnergasse errichtete, **Pavel Janák** und **Josef Chochol**. Dessen kubistische Architektur, eine Prager Besonderheit, kann wie eine Gegentendenz zum Funktionalismus gelesen werden. Die Villa Kovařovič in der Libušina 3 oder das Wohnhaus in der Neklanova 30 (► Sehenswürdigkeiten von A bis Z, Vyšehrad) übertragen die Plastizität der Bilder Picassos auf die Architektur. Der funktionalistische Messepalast von Oldřich Tyl und Josef Fuchs birgt heute einen Teil der Prager Nationalgalerie; der zwischen 1925 und 1928 entstandene Monumentalbau beeindruckte sogar Le Corbusier.

Hradschin ► Der Architekt **Josip Plečnik** wurde von Tomáš Garrigue Masaryk, dem Mitbegründer der (ersten) Tschechoslowakischen Republik, beauftragt, die Prager Burg zu modernisieren ein Unterfangen, das erst 1928 abgeschlossen war. Er adaptierte historische Elemente und strebte den Dialog zwischen Vergangenheit und Gegenwart an, eine Stilrichtung, die man heute wohl als postmodern bezeichnen würde.

Der anfangs heftig umstrittene futuristische Fernsehturm von Václav Aulický (1987 – 1990) prägt heute das Bild des Prager Stadtteils Žižkov. Das architektonische Highlight der Gegenwart in Prag ist das 1996 fertiggestellte »Tanzende Haus« der Architekten **Frank O. Gehry** und **Vlado Milunič**, das an der Ecke Jirásekplatz und Rašínkai am Moldauufer steht (► S. 255). ◄ Gegenwart

Jugendstilornamentik am Hotel Evropa

Der exzentrische Bürobau aus Glas und Beton, auch »Ginger & Fred« genannt, nach dem Traumpaar des amerikanischen Musicalfilms, füllt eine Baulücke am Moldauufer aus dem Zweiten Weltkrieg. Die wellige Fassade des siebenstöckigen Gebäudes fügt sich gekonnt neben Rokoko-, Renaissance- und Jugendstilfassaden ein.

Der Franzose Jean Nouvel ist ein weiterer international anerkannter Architekt, der in Prag ein Projekt verwirklichen konnte. Sein Büro- und Geschäftsgebäude »Zlatý Anděl« wurde im November 2000 fertiggestellt und stellt in vielerlei Hinsicht einen Superlativ dar.

Konservative Kunstströmungen in Prag werden vertreten z. B. durch den Maler und Illustrator Max Švabinský (1873 – 1962), von dem unter anderem schöne Glasmalereien im Veitsdom (1946 – 1948) stammen, und den Leiblschüler Heinrich Hönich.

Neben dem Kubismus hatte auch der **Expressionismus** bedeutende Vertreter, Letzterer mehr unter den deutschsprachigen Künstlern (Oskar Kokoschka, Alfred Kubin, Josef Hegenbarth), Ersterer mehr unter den Tschechen (Emil Filla, Václav Špála). Das 1915 eingeweihte monumentale Jan-Hus-Denkmal auf dem Altstädter Ring ist ein Werk von Ladislav Šaloun, der auch mehrere allegorische Plastiken für verschiedene Gebäude Prags entwarf.

Der Kunstpädagoge und Theoretiker Adolf Hölzel (1853 – 1934) aus Olmütz (Olomouc) gehört zu den Begründern der gegenstandslosen Malerei.

Berühmte Persönlichkeiten

Warum hatte Franz Kafka so ein schwieriges Verhältnis zu seinem Vater? Welches Denkmal setzte sich Peter Parler in Prag? Wieso steht seit über 300 Jahren eine Statue von Johannes von Nepomuk auf der Karlsbrücke? Kleine Denkmäler für die, die untrennbar mit der Stadt an der Moldau verbunden sind.

Tycho Brahe (1546 – 1601)

Der dänische Astronom Tycho Brahe kam 1597 bereits als berühmter Mann nach Prag und diente Kaiser Rudolf II. ab 1599 als Hofastronom. Brahe hatte schon in Dänemark eine Sternwarte gebaut. Seine astronomischen Instrumente waren die größten der damaligen Zeit – das Fernrohr war noch nicht erfunden. Mit seinen Beobachtungen lieferte er die empirischen Grundlagen für die Kepler'schen Gesetze der Planetenbewegung, blieb jedoch immer ein Gegner des heliozentrischen Weltbildes. Lange Zeit konkurrierte sein tychonisches Weltsystem, das die Erde weiterhin in den Mittelpunkt des Alls stellte, mit dem kopernikanischen. Die Grabplatte mit Tycho Brahes Porträt befindet sich in der Teynkirche.

Christoph (1655 – 1722) und Kilian Ignaz Dientzenhofer (1689 – 1751)

Baumeisterfamilie

Christoph Dientzenhofer aus der weit verzweigten bayerischen Architektenfamilie war seit seiner Übersiedlung nach Prag nur noch dort tätig. Zusammen mit seinem genialen Sohn Kilian Ignaz schuf er den Dientzenhoferbarock, eine Synthese aus dem altbayerischen Wandpfeilersystem und dem Baldachinprinzip des Italieners Guarino Guarini, und damit die Voraussetzung für die letzte und höchste Stufe des mitteleuropäischen barocken Sakralbaus. Die oft noch eher konventionell begonnenen Werke des Vaters wurden häufig erst vom Sohn baulich und stilistisch zur Vollendung gebracht; so im Kloster Břevnov, in der Kirche Christi Geburt von Loreto und ganz besonders im Fall der Kirche St. Niklas auf der Kleinseite, einem der entwicklungsgeschichtlich und städtebaulich bedeutendsten Kirchenbauten des Spätbarock in Mitteleuropa überhaupt.Von den weiteren Bauten Kilian Ignaz Dientzenhofers, ohne die weder das Prager Stadtbild noch die übrige barocke Kulturlandschaft Böhmens zu denken sind, sind zu nennen die Villa Amerika, die Kirchen St. Johannes von Nepomuk am Felsen und St. Thomas (Umbau). Auch die Pläne für die Palais Sylva-Taroucca und Goltz-Kinsky (►Sehenswürdigkeiten von A bis Z, Am Graben, Altstädter Ring) stammen von ihm.

Antonín Dvořák (1841 – 1904)

Komponist

Antonín Dvořák, auch heute noch einer der Großen in den Konzertsälen der Welt, gilt mit seinen zahlreichen kammermusikalischen Werken und großen Sinfonien als Wegbereiter einer eigenständigen slawischen Musik. Der in Nelahozeves bei Prag geborene Komponist erhielt 1875, unter anderem auf Empfehlung von Johannes Brahms, ein österreichisches Staatsstipendium.

← *Auf dem Altstädter Ring hat man Jan Hus ein Denkmal gesetzt.*

Stilsynthese

Nach 1884 unternahm Dvořák mehrere Gastspielreisen nach England, seit 1891 war er als Professor am Konservatorium von Prag tätig. Während seines dreijährigen Amerikaaufenthaltes als Leiter des National Conservatory in New York (1892 – 1895) beeinflusste er eine Vielzahl junger amerikanischer Komponisten. Eindrücke aus dieser Zeit prägen seine berühmteste Sinfonie »Aus der Neuen Welt« (1893), in der böhmische und mährische Volksmusik mit Elementen der amerikanischen Folklore verbunden sind. Dvořák machte sich auch als Opernkomponist (»Der Jakobiner«, 1889; »Die Teufelskäthe«, 1898/99; »Rusalka«, 1901; u. a.) einen Namen.

Jaroslav Hašek (1883 – 1923)

Schriftsteller

»Hašek? Der muss am Hals einer Flaschenbierflasche zur Welt gekommen sein ...« So urteilte Kurt Tucholsky 1926 über den Prager Autor, dessen Hauptwerk »Die Abenteuer des braven Soldaten Schwejk im Weltkrieg« (1921–1923) gerade erstmals in deutscher Sprache erschienen war. Mit Josef Schwejk schuf Hašek eine unsterbliche Figur, die mit ihrer entwaffnenden Einfalt die Dummheit der Welt entlarvt – eine Satire auf die österreichisch-ungarische Monarchie und zugleich ein zutiefst antimilitaristisches und pazifistisches Werk.

Hašek, Erfinder des Schwejk

Im Gasthaus »Zum Kuhstall« im Stadtteil Vinohrady betrieb er mit Freunden ein Kabarett, bei denen sich ein jeder am Nachmittag die Rollen selbst schrieb, die er am Abend zu spielen gedachte. Hašeks Improvisationstalent kam vor allem zur Geltung, wenn er als Vorsitzender, Kandidat und Hauptredner der von ihm gegründeten »Partei des gemäßigten Fortschritts im Rahmen der gesetzlichen Möglichkeiten« auftrat. Das am Ende jeder Versammlung gesammelte Geld setzte er noch am selben Abend im »Kuhstall« in Alkohol um. Im Jahr 1915 zog man ihn zum 91. Infanterieregiment ein, von dem er jedoch noch im selben Jahr zur russischen Seite überlief. Unter falschem Namen kehrte er 1921 nach Prag zurück, und schon im März desselben Jahres erschien das erste Heft des »Schwejk«, in dem er seine Erfahrungen aus dem Krieg verarbeitete. Es fand sich zunächst kein Verleger für das Werk, sodass Hašek es im Eigenverlag herstellte und als Kolportagehefte in Gasthäusern verteilen ließ. Wöchentlich ließ er nun weitere Hefte folgen. Als er im Januar 1923 an den Folgen seines jahrelangen übermäßigen Alkoholkonsums starb, war der »Schwejk« noch nicht vollendet, und auch der Ruhm stellte sich erst nach Hašeks Tod ein.

Václav Havel (geb. 1936)

Prominenter Politiker

Vom politisch verfolgten Schriftsteller und Regimekritiker zum ersten Repräsentanten Tschechiens – der Werdegang des gebürtigen Pragers Václav Havel liest sich wie ein modernes Märchen. Havel war während des Prager Frühlings Vorsitzender des »Klubs unabhängiger Schriftsteller« und wurde zu einem der prominentesten Wortführer der regimekritischen Intellektuellen. Nach der Niederschlagung der Reformbestrebungen wurde er in seiner Heimat mit Publikationsverbot belegt, während seine Theaterstücke und Hörspiele im europäischen Ausland Erfolge feierten.Seine Aktivitäten als Sprecher und Mitbegründer der »Charta 77« führten zu Schikanen, Hausarrest und insgesamt 50 Monaten Gefängnis. Doch trotz gesundheitlicher Probleme blieb Havel unbeugsam. 1989 wurde er zum Vorsitzenden des neu gegründeten Bürgerforums und 40 Tage später einstimmig zum ersten demokratisch gewählten Staatspräsidenten der ČSSR bestimmt. Obwohl er auch in der Tschechischen Republik zum zweiten Mal für dieses Amt gewählt wurde, hatte der international hoch angesehene »Dichterpräsident« in seinem eigenen Land mit Sympathieverlusten zu kämpfen, 2003 endete die Präsidentschaft. In der Vergangenheit brachten vor allem private Ereignisse Havel in die Schlagzeilen – seine lebensgefährliche Lungenerkrankung und seine Heirat mit der 17 Jahre jüngeren Schauspielerin Dagmar Veškrnová. Zurzeit ist Havel wieder literarisch tätig, sein neuestes Theaterstück »Odcházení« (»Der Abgang«) wurde 2008 uraufgeführt (deutsche Uraufführung im April 2009 am Theater Aachen).

Vom Regimekritiker zum Präsidenten

Jan Hus (um 1370–1415)

Reformator

Der tschechische Kirchenreformer Jan Hus (Johannes Huß) kam um 1370 als Bauernsohn in Husinec zur Welt. Seit 1400 Priester, lehrte Magister Jan Hus an der Karlsuniversität und predigte in der Bethlehemskapelle gegen die Autorität des Papstes, kritisierte den weltlichen Kirchenbesitz und forderte eine böhmische Nationalkirche. Kulturell fundierte er seine Reformideen, indem er an der Tschechisierung der Universität Prag mitwirkte, als deren erster Rektor er 1409 – 1410 tätig war.

Als Ketzer angeklagt

Unterstützung fand der Reformator sowohl im Volk als auch bei König Wenzel. Von päpstlicher Seite erfolgte indessen 1411 die Exkommunikation. In seiner Streitschrift »De ecclesia« (»Über die Kirche«) stellte Hus 1413 die Kirche als unhierarchische Versammlung der Gläubigen dar, die nur Christus als Haupt anerkenne, nicht aber den Papst. Abgesichert durch einen Schutzspruch des deutschen Königs Sigismund stellte Hus sich 1414 dem Konstanzer Konzil, das ihm Ketzerei vorwarf. Als Hus seine Ansichten nicht widerrief, wurde er 1415 in Konstanz auf dem Scheiterhaufen verbrannt. Hus' Tod löste in Böhmen heftige Streitigkeiten aus zwischen den Hussiten (gemäßigte Utraquisten bzw. Calixtiner und radikale Taboriten) und den katholischen Bewohnern des Landes, die auf der Seite des Königs standen, und führte 1420 nach dem ersten Prager Fenstersturz schließlich zu den blutigen Hussitenkriegen.
Statuen auf dem Altstädter Ring und im Ehrenhof des Carolinums erinnern an den Reformator. Eine Rekonstruktion des Wohnhauses von Jan Hus befindet sich neben der Bethlehemskapelle.

Milena Jesenská (1896 – 1944)

Journalistin

Milena Jesenskás Name fällt zumeist im Zusammenhang mit dem von Franz Kafka – doch steht die Prager Freundin sehr zu Unrecht in seinem Schatten. Wenig bekannt ist sie als Journalistin, die sich u. a. für die Gleichstellung der Frau und die Schicksale der deutschen Immigranten engagierte und bekannte: »Politische Artikel soll man schreiben wie Liebesbriefe.«

Jesenská

Milena wuchs in Prag auf, ihr Vater, jähzornig und streng nationalistisch eingestellt, scheiterte an ihrer Erziehung; ihre Mutter starb, als Milena siebzehn Jahre alt war. Um die Beziehung zu dem Literaten Ernst Polak zu unterbinden, ließ ihr Vater Milena in eine Nervenheilanstalt einweisen. Trotzdem heiratete sie Polak und ging mit ihm nach Wien. Diese unglückliche Beziehung brachte Milena 1919 zum Schreiben. Sie übersetzte Kafkas Erzählung »Der Heizer« ins Tschechische und fing einen Briefwechsel mit ihm an.
Durch ihre Rückkehr nach Prag 1925 – Kafka war 1924 in Klosterneuburg gestorben – und die Trennung von Polak gewann sie neues Selbstbewusstsein und wurde von der renommierten Prager Zeitung »Národní listy« mit der Betreuung der

Frauenseite beauftragt. Sie wurde Mitglied der KP und heiratete 1926 erneut – den Bauhausarchitekten Jaromír Krejcar. Während einer Schwangerschaft erkrankte sie und wurde morphiumsüchtig. Auch diese Ehe scheiterte. 1939 wurde Milena als Fluchthelferin von der Gestapo verhaftet. Sie starb 1944 im Konzentrationslager Ravensbrück. Die engagierte Tschechin schrieb in einem ihrer letzten Artikel: »Selbstverständlich bin ich eine Tschechin, aber vor allem versuche ich, ein anständiger Mensch zu sein.«

Franz Kafka (1883 – 1924)

Verkanntes Schriftstellergenie

Das Prosawerk des Versicherungsangestellten Franz Kafka fand zu seinen Lebzeiten wenig Beachtung. Kafka wurde als Sohn eines deutsch-jüdischen Kaufmanns in Prag geboren. Nachhaltigen Einfluss hatte zeitlebens das problematische Verhältnis zu seinem dominierenden, von ihm gefürchteten Vater, was sich in Werken wie »Das Urteil« (1916) oder im »Brief an den Vater« (1919) widerspiegelt. 1906 beendete Kafka sein Studium der Rechtswissenschaften, 1908 wurde er Angestellter der Prager Arbeiter-Unfall-Versicherungsanstalt. Den hochsensiblen Einzelgänger verband eine enge Freundschaft mit den Schriftstellern Max Brod und Franz ►Werfel. 1917 erkrankte Kafka an Tuberkulose, fünf Jahre später wurde er aus Gesundheitsgründen pensioniert und im Sommer 1924 erlag der Schriftsteller schließlich im Alter von knapp 41 Jahren seiner Kehlkopftuberkulose.

Ein großer Teil von Kafkas Erzählungen, nämlich drei fragmentarische Romane (»Amerika«, 1912 – 1914; »Der Prozess«, 1914 – 1915; »Das Schloss«, 1921 – 1922) und die für das Verständnis seines Werkes elementar wichtigen Tagebücher und Briefe wurden – gegen Kafkas ausdrücklichen Wunsch – postum von Max Brod herausgegeben.Erst nach Ende des Zweiten Weltkriegs erfuhr das Werk von Kafka die verdiente weltweite Würdigung.

Seine formal wie inhaltlich keiner literarischen Strömung zuzuordnende Prosa zeigt immer wieder mit präzisen, stets eindringlich bildhaften Darstellungen den aussichtslosen Kampf des Individuums gegen anonyme Mächte, Verunsicherung und Ängste. Für die Deutung »kafkaesker« Gedankenwelten gibt es unterschiedliche Ansätze, wie die Interpretationen in psychoanalytischer, existenzieller, theologischer und philosophischer Richtung belegen. Verstärkt bemüht sich die Forschung inzwischen auch um den exakten biografischen Kontext des Werks. Die jüngsten Auseinandersetzungen um seinen Briefwechsel mit der Lieblingsschwester Ottla bringen allerdings eine ganz eigene kafkaeske Note in die Diskussion um sein Werk und seine Bedeutung für die Literatur des 20. Jahrhunderts (►Baedeker Special, S. 140).

Beigesetzt wurde der Schriftsteller auf dem **Neuen Jüdischen Friedhof** an der Israelská bzw. der Jana Želivského (U-Bahn: Želivského) in ►Žižkov.

Karl IV. (1316 – 1378)

Kunstsinniger böhmischer König

Karl IV. wurde 1346 deutscher König, im selben Jahr König von Böhmen und 1355 zum römischen Kaiser ernannt. Prag sollte als seine Residenzstadt zum geistigen Mittelpunkt des Reichs, zum »Rom des Nordens« werden: So wurde die Prager Universität 1348 (Carolinum) als erste Universität Mitteleuropas gegründet und bedeutende Baumeister und Künstler wurden nach Prag berufen. Unter Karls Regentschaft gelangte die Baukunst zu höchster Vollendung: Er gab die Karlsbrücke, den St.-Veits-Dom und die Prager Neustadt sowie die Burg Karlstein – als Aufbewahrungsort der Reichskleinodien und Krönungsinsignien – in Auftrag. Dichter wie Petrarca oder Rienzo hielten sich zu seiner Zeit in Prag auf. Karl IV. war auch selbst literarisch tätig: Er verfasste eine Darstellung seines Aufstiegs in lateinischer Sprache (Vita Caroli), schrieb eine Wenzelslegende und gilt als Autor eines Fürstenspiegels.

Alfons Mucha (1860 – 1939)

Grafiker und Kunstgewerbler

Der Grafiker und Kunstgewerbler Alfons Mucha arbeitete zunächst als Dekorationsmaler in Wien, studierte dann in München und ab 1888 in Paris, wo er vor allem durch seine Plakate für die Schauspielerin Sarah Bernhardt berühmt wurde. Mucha gilt als ein den verschiedensten dekorativen Aufgaben gewachsener Künstler, er entwarf Innenausstattungen, kunstgewerbliche Gegenstände und Buchschmuck. Er beeinflusste entscheidend den Jugendstil. Nach einem USA-Aufenthalt (1904 – 1910) kehrte er nach Böhmen zurück. Den Rest seines Lebens verbrachte er mit der Schaffung von 20 Gemälden für das »Slawische Epos«, neben Dekorationsaufgaben wie die Ausstattung des Primatorensaales im Repräsentationshaus und Plakatentwürfen für geplante Theaterinszenierungen. Mucha ist am Vyšehrad begraben. Ein eigenes Mucha-Museum befindet sich in der Nähe des Wenzelsplatzes (► Sehenswürdigkeiten von A bis Z).

Jan Neruda (1834 – 1891)

Journalist und Dichter

Der Journalist und Dichter Jan Neruda wurde auf der Prager Kleinseite geboren, wo die Nerudagasse an ihn erinnert. Seine 1853 begonnenen Studien der Rechtswissenschaft und Philosophie gab er bald zugunsten einer literarischen Laufbahn auf und wurde 22-jährig Feuilletonredakteur der Zeitung »Národní Listy«. 1866 gründete er mit Hálek die Zeitschrift »Květy« («Blüten«), 1873 den lange Zeit führenden »Lumír«. Neruda gilt als Begründer der tschechischen Feuilletonistik. Er veröffentlichte mehrere Gedichtbände, Dramen

← Eine französische Buchmalerei zeigt Karl IV. (links) bei einem Fest Karls V. von Frankreich.

und Reiseskizzen. Von kleinen Leuten und großen Schicksalen im alten Prager Stadtviertel unter dem Hradschin handeln Jan Nerudas 1878 erschienene, lebendig erzählte »Kleinseitner Geschichten«.

Peter Parler (um 1330 – 1399)

Baumeister und Bildhauer

Der Bildhauer und Baumeister Peter Parler prägte wesentlich die Entwicklung der gotischen Kunst in Mitteleuropa. Als Sohn des angesehenen Domparliers Heinrich Parler wurde er in Schwäbisch Gmünd geboren und 1353 von Karl IV. nach Prag zur Fortsetzung der Arbeiten am Chor des Veitsdomes berufen. Parler schuf auch die Allerheiligenkapelle in der Burg und entwarf 1380 – 1390 die Karlsbrücke mit dem Altstädter Brückenturm. Dessen Skulpturen stammen ebenfalls aus der Parler'schen Bauhütte, die nachweislich die Entwicklung des Weichen Stils beeinflusste. Beispiele für den eigenen Parlerstil liefern auch die 21 Porträtbüsten im Triforium des Prager Veitsdomes, unter denen sich auch ein Selbstbildnis des Künstlers befindet. Parlers Söhne Wenzel und Johann setzten die Arbeiten am Veitsdom fort. Sein Neffe Heinrich Parler wirkte in Prag als Bildhauer. Zu Parlers Besitz gehörten das Palais Hrzán in der Loretogasse und das Parlerhaus am Hradschiner Platz.

Rainer Maria Rilke (1875 – 1926)

Lyriker

Rainer (eigentlich René) Maria Rilke kam in der Jindřišská 17/899 zur Welt. Nach einer aus gesundheitlichen Gründen abgebrochenen Offizierslaufbahn studierte er Kunst, Philosophie und Literaturgeschichte in Prag, München und Berlin. Zwei längere Reisen führten den Dichter 1899 – 1900 nach Italien und Russland, wo er unter anderem die Bekanntschaft von Leo Tolstoi machte. 1900 ließ sich Rilke in Worpswede nieder und heiratete die Bildhauerin Clara Westhoff. Die Ehe scheiterte zwar bereits ein Jahr später, trotzdem blieben die beiden in Kontakt miteinander.

Rilke schrieb in erster Linie Gedichte.

In Paris vollzog der Lyriker unter dem Einfluss von Auguste Rodin, als dessen Sekretär er arbeitete, 1905 die Wendung vom träumerisch-gefühlvollen zum objektiven Dinggedicht. Nach dem Bruch mit Rodin reiste er durch Europa, Nordafrika, Ägypten und Spanien. 1911 – 1912 lebte er als Gast der

Fürstin Thurn und Taxis auf Schloss Duino bei Triest, wo seine ersten »Duineser Elegien« entstanden, die er erst 1923 im schweizerischen Muzot vollendete. Dort starb der Wahlwalliser 1926.
Viele Werke des bedeutenden deutschsprachigen Lyrikers entstanden unter dem Eindruck seiner Prager Heimat. Erinnerungen an die politisch bewegte Zeit um die vorige Jahrhundertwende, an den tschechisch-deutschen Zwiespalt und das spätösterreichische Prag der untergehenden Donaumonarchie stellen seine »Zwei Prager Geschichten« von 1899 dar.

Bedřich Smetana (1824 – 1884)

Zu Lebzeiten umstrittener Komponist

Der tschechische Komponist Bedřich (Friedrich) Smetana studierte Klavier- und Musiktheorie in Prag und gründete 1848 eine eigene Musikschule. Nach einem fünfjährigen Schwedenaufenthalt kehrte er 1861 in seine Heimatstadt zurück, wo er ab 1866 als Dirigent am Nationaltheater tätig war. Smetana begründete einen tschechischen Nationalstil auf den Gebieten der Oper (»Die verkaufte Braut«, 1866; »Libussa [Libuše]«, 1881; »Die Teufelswand«, 1882) und der Sinfonischen Dichtung »Mein Vaterland« mit den Teilen »Die Moldau«, »Vyšehrad«, »Šárka«, »Aus Böhmens Hain und Flur«, »Tábor« und »Blaník« (Uraufführung: 1882). Zu Lebzeiten waren seine Werke umstritten, ihm wurde vorgeworfen, dass er sich zu sehr an Wagner und Liszt orientierte, ohne dass man Smetanas eigenständige Leistungen sah. Obwohl er mit 50 Jahren taub wurde, gab Smetana das Komponieren nicht auf. Ab 1882 zeigten sich jedoch Symptome einer Geisteskrankheit, und er starb schließlich in völliger geistiger Umnachtung. Sein Grab befindet sich auf dem Ehrenfriedhof am Vyšehrad (►S. 264). In der Altstadt (Novotného lávka 1) wurde ein Smetana-Museum (►S. 246) eingerichtet.

Franz Werfel (1890 – 1945)

Schriftsteller des Expressionismus

»Es brodelt und kafkat und werfelt und kischt«, meinte einmal der österreichische Satiriker Karl Kraus in Bezug auf das deutsche Literaturzentrum Prag. Neben Max Brod, Franz ►Kafka und Egon Erwin Kisch war Franz Werfel einer der ganz Großen. Der Sohn aus einer wohlhabenden jüdischen Kaufmannsfamilie begann mit expressionistischer Lyrik, symbolistischen Ideendramen und ging später zu historisch-politischem Realismus über. Zu seinen bekanntesten Werken zählen die Romane »Der veruntreute Himmel« (1939) und »Stern der Ungeborenen« (1945). Seit 1990 befindet sich an Werfels Geburtshaus in der Prager Neustadt (Havlíčova 11) eine Gedenktafel.

HÔTEL
GRAND HOTEL EVROPA

Praktische Informationen

WAS DÜRFEN SIE AUF KEINEN FALL DAHEIM VERGESSEN? WO GIBT ES KARTEN FÜR DEN »PRAGER FRÜHLING«? WO ISST MAN KNÖDEL? LESEN SIE ES NACH – AM BESTEN SCHON VOR DER REISE!

Anreise · Reiseplanung

Anreisemöglichkeiten

Mit dem Auto Aus Süd- und Ostdeutschland sowie aus Österreich ist Prag schnell und bequem mit dem Auto zu erreichen. Es gibt rund ein Dutzend deutsch-tschechische und ebenso viele österreichisch-tschechische Straßengrenzübergänge, und das tschechische Straßennetz ist verhältnismäßig gut ausgebaut. Die Autobahnen Tschechiens sind sternförmig auf Prag ausgerichtet.

Vom Norden Deutschlands führt der direkteste Weg in die tschechische Landeshauptstadt über Dresden und den Grenzübergang Zinnwald – Cínovec (E 55), eine Strecke, die allerdings auch viel von Lkws befahren wird.

Aus Süddeutschland empfiehlt sich für die Anreise nach Prag der Grenzübergang Waidhaus – Rozvadov; dahinter beginnt die Autobahn Richtung Pilsen und Prag. Da die Benutzung der tschechischen Autobahnen gebührenpflichtig ist, sollte man sich gleich an der Grenze eine Vignette kaufen (►Verkehr).

Mit dem Bus Busse der Deutschen Touring Gesellschaft verkehren z. B. von Aachen, Dresden, Frankfurt am Main, Hamburg, Karlsruhe, Köln, Nürnberg, München und Stuttgart nach Pilsen und Prag.

Mit der Bahn Gute Bahnverbindungen nach Prag bestehen von Stuttgart, Frankfurt am Main, Nürnberg, Berlin, Zürich und Wien. Platzkarten sind zu empfehlen; zuweilen werden Schlafwagen eingesetzt. Die meistbefahrene Trasse führt über Berlin und Dresden; für den südlichen Teil Deutschlands gibt es die Alternativstrecke über München, Regensburg und Pilsen bzw. über Frankfurt, Nürnberg und Eger. Von Wien oder Berlin muss man mit 5 bis 6 Stunden Fahrzeit rechnen, von Frankfurt am Main oder Stuttgart mit 10 bis 11 Stunden, von Zürich mit 14 Stunden. Da das Bahnfahren in Tschechien wesentlich billiger ist als in den westlichen Nachbarländern, sollte man seine Fahrkarte nur bis zur Grenze lösen und dort eine neue Karte erstehen.

Jugendstilambiente bei der Anreise

Die meisten Fernzüge treffen am Prager **Hauptbahnhof** (Hlavní nádraží, Praha 2, Wilsonova 16) ein, der unmittelbar an die Metrostation Hlavní nádraží anschließt. Die Züge aus und nach Berlin hal-

ADRESSEN

BUSGESELLSCHAFTEN

► **Deutsche Touring Gesellschaft**
Am Römerhof 17
60486 Frankfurt am Main
Service-Hotline:
Tel. (0 69) 79 03 501
www.touring.de
Reservierung u. a. auch bei Čedok (►Auskunft) möglich

► **Eurolines**
Busbahnhof Florenc
Křižikova 2 b
186 00 Praha 8
Tel. 245 005 245
www.bei.cz
Reservierungsstelle für Abfahrten aus Prag

FAHRPLANAUSKUNFT

► **České Dráhy Tschechische Bahnen**
Tel. 840 112 113
www.cd.cz

► **Deutsche Bahn AG**
Tel. (0180) 599 66 33
www.bahn.de

ten meist nur auf dem neuen Bahnhof **Praha-Holešovice**. **Fahrkarten** erhält man außer an den Bahnhöfen und im Internet auch bei der Čedok-Filiale (►Auskunft).

Mit dem Flugzeug

Tägliche Direktverbindungen bestehen von allen größeren deutschen Flughäfen (www.lufthansa.com). Regelmäßig wird Prag von Köln/Bonn von Germanwings (www.germanwings.de) angeflogen. Easyjet (www.easyjet.com) startet von Dortmund in die tschechische Hauptstadt. Non-Stop-Verbindungen aus Österreich gibt es von Wien und Innsbruck (www.aua.com), in der Schweiz von Zürich und Genf (www.swiss.com).
Der **Flughafen Ruzyně** liegt 10 km westlich von Prag an der Straße nach Kladno. Vom Flughafen fährt der Airport-Express-Bus zum Hauptbahnhof (eine Fahrt kostet 50 Kč und dauert 40 Minuten). Die Buslinie 119 fährt vom Flughafen zur U-Bahn-Station Dejvická (Linie A), die Buslinie 100 zur U-Bahn-Station Zličín (Linie B), Nr. 179 und 225 zur U-Bahn-Station Nové Butovice (Linie B). Die Haltestellen befinden vor der Ankunftshalle der Terminal 1 und 2. Fahrkarten gibt es an Automaten an der Haltestelle oder im Bus.

Ein- und Ausreisebestimmungen

Reisedokumente

Zur Einreise in die Tschechische Republik benötigen deutsche Staatsangehörige und Bürger anderer EU-Mitgliedsstaaten einen gültigen **Personalausweis** oder **Reisepass**, Kinder unter 16 Jahren einen Kinderausweis mit Lichtbild. Für einen Aufenthalt, der länger als 90 Tage geplant ist, muss ein Visum beantragt werden. Für Schweizer Staatsbürger ist eine gültige Identitätskarte erforderlich.

Bei der Einreise kann ein Nachweis ausreichender Finanzmittel für die Zeit des geplanten Aufenthalts und die Rückreise gefordert werden, der durch Bargeld, Kreditkarten, Reiseschecks, Flug- oder Bahntickets erbracht werden kann.

Fahrzeugpapiere ► Mitzuführen sind der Führerschein, der Kraftfahrzeugschein und die Internationale Grüne Versicherungskarte. Kraftfahrzeuge müssen das ovale Nationalitätskennzeichen oder ein Euro-Kennzeichen tragen.

Haustiere Nach der EU-Regelung benötigen Hunde und Katzen bei Reisen innerhalb der EU-Länder einen veterinäramtlichen **Heimtierausweis**. Er enthält unter anderem ein amtstierärztliches Gesundheitszeugnis, das höchstens 30 Tage alt sein darf, ein mindestens 20 Tage und höchstens elf Monate vor der Einreise ausgestelltes Tollwut-Impfzeugnis sowie ein Passbild.

Außerdem muss das Tier einen Mikrochip oder eine Tätowierung tragen. Maulkorb und Leine sind mitzuführen. Schwierig kann die Unterbringung im Hotel werden – viele Häuser lehnen Haustiere ab oder verlangen einen Aufpreis. An allen Stränden und in den Naturparks besteht Leinenzwang.

Zollbestimmungen Tschechien ist Mitglied der EU. Im gemeinsamen Wirtschaftsraum der EU-Mitgliedsstaaten dürfen Waren für den privaten Gebrauch weitgehend zollfrei ein- und ausgeführt werden. Es gelten lediglich gewissen Höchstmengen: 800 Zigaretten, 400 Zigarillos, 200 Zigarren, 1 kg Tabak, 10 l Spirituosen, 90 l Wein (davon max. 60 l Schaumwein), Andere Waren dürfen bis zu einem Wert von 300 Euro (das gilt für Reisende auf dem Landweg) bzw. 430 Euro (Flug- und Seereisende) bzw. 175 Euro (Reisende unter 15 Jahren) eingeführt werden.

Wiedereinreise in die Schweiz ► Für Personen über 17 Jahren gelten folgende Freimengengrenzen: 250 g Kaffee, 100 g Tee, 200 Zigaretten (oder 100 Zigarillos, 50 Zigarren oder 250 g Tabak); ferner 2 l Wein und 2 l Schaumwein oder 1 l Spirituosen mit mehr als 22 Vol.-%-Alkoholgehalt oder 2 l Spirituosen mit weniger als 22 Vol.-%-Alkoholgehalt. Mitbringsel dürfen bis zu einem Wert von 300 sfr zollfrei eingeführt werden.

Reiseversicherungen

Krankenversicherung Versicherte deutscher Krankenkassen haben im Krankheitsfall in Tschechien Anspruch auf **ärztliche Behandlung** nach den in Tschechien gültigen Vorschriften.

Der Auslandskrankenschein ist abgeschafft, dafür gilt seit 2005 innerhalb der EU die Europäische Krankenversicherungskarte. Auch mit dieser Karte muss ein Teil der Kosten selbst bezahlt werden, sodass der Abschluss einer zusätzlichen **Reise-Krankenversicherung** zu empfehlen ist. Schweizer müssen die ärztliche Behandlung und Medikamente selbst bezahlen.

Ausgehen

Nachtleben

Konzerte, Theater- und Kinovorstellungen beginnen um 19.00 Uhr und dauern in der Regel bis ca. 22.00 Uhr. Bierlokale schließen meist um 23.00 Uhr, Weinstuben haben teilweise bis 24.00 Uhr geöffnet. Anschließend können Nachtschwärmer zwischen Jazzkellern, den Nachtklubs der großen Hotels und verschiedenen Diskotheken wählen.

AUSGEH-ADRESSEN

► **►Plan S. 74/75**
ohne Nr.: außerhalb des Plans

NACHTKLUBS

► ① **Goldfingers im Hotel Ambassador**
Praha 1, Václavské náměstí 5
www.goldfingers.cz
Fr. und Sa. 20.00 – 4.00 Uhr
Schwarzes Theater, Revuen und Varietéprogramm

► ② **Duplex**
Praha 1, Václavské náměstí 21
www.duplex.cz
tgl. 22.00 – 5.00 Uhr
Abtanzen über den Dächern des Wenzelsplatzes. Mick Jagger feierte hier seinen 60., unter den Partygästen Ex-Präsident Václav Havel. Heiße Themenpartys mit Modelcasting. DJs mit Funk'n-Motion, Groove & Rave.

► **SaSaZu**
Prag 7-Holešovice, Bubenské nábřeží 13, www.sasazu.com
Lounge ab 12.00 Uhr, Dancefloor ab 22.00 Uhr, open end
Trendiger Club im ehemaligen Schlachthof, avanciertes Design, exotischer Küchenchef Shahaf Shabtay, Schauplatz der angesagten Partys. Mehr New York in Prag geht nicht.

► ③ **Hergetova cihelna**
Praha 1, Kleinseite, Cihelná 2 b
www.cihelna.com
tgl. 11.30 – 1.00 Uhr
Champagner-Absacker mit Romantik. Die Terrasse der alten Ziegelei am Moldauufer ist der schönste Platz für Verliebte. Blick auf die Karlsbrücke im Fackelschein, Designer-Lounge mit Ledergarnituren, 12 m lange Mahagoni-Bar, Vinothek und Chill-out-Musik live oder von DJs.

► **Cloud 9 Sky Bar & Lounge**
Hilton Hotel, Prag 8-Karlín
Pobřežní 1, Tel. 224 842 999
Mo – Sa 18.00 – 2.00 Uhr, www.cloud9.cz
Glitzernde Maxi-Bar auf der Dachterrasse. Das Panorama dupliziert sich in den Spiegelwänden, schwarzer Marmor funkelt, das Interieur ist bis zur Toilette edel durchgestylt. Charismatische

Cocktails mit und ohne Rum. Exotisch: Melonensaft mit Preiselbeeren, geschärft durch eine rote Chilischote.

KLUBS

► ④ **Klub lávka**
Praha 1, Altstadt, Novotného lávka 1, www.lavka.cz
Disko tgl. 21.30 – 5.00 Uhr, Szene: Theater-Vorstellungsbeginn 19.00 Uhr
Klubtheater, Disko, Tequila-Bar, Dance-Floor. Drunter rauscht die Moldau, die Location steht nämlich auf einer Staustufe. Auslauf gibt es auf einer Gartenterrasse.

► ⑤ **RadostFX**
Praha 2
Bělehradská 120
www.radostfx.cz
Mi. – So. 22.00 – 6.00 Uhr
Einer der angesagtesten Klubs Prags, Treffpunkt der »beautiful people«, Lounge, Restaurant.

► ⑥ **Roxy**
Praha 1, Dlouhá 33
www.roxy.cz
tgl. ab 20.00 Uhr
Nicht nur ein Klub, sondern auch Treffpunkt der Prager Filmstudenten, Theater, Konzerte, DJ-Workshops ...

Auskunft

WICHTIGE ADRESSEN

DEUTSCHLAND

► **Tschechische Zentrale für Tourismus**
Wilhelmstr. 44
10117 Berlin
Tel./Fax (0 30) 204 47 70
www.czechtourism.com

ÖSTERREICH

► **Čedok**
Parkring 10, 1010 Wien
Tel. (01) 51 24 37 2
Fax 5 12 43 72 88

► **Tschechische Zentrale für Tourismus**
Herrengasse 17
1010 Wien
Tel. (01) 53 32 19 33
Fax (01) 53 32 19 34
www.czechtourism.com

SCHWEIZ

► **Čedok**
Am Schanzengraben 11
8002 Zürich
Tel. (044) 287 33 44, Fax 287 33 45

PRAG

► **Čedok**
Na příkopě 18
11135 Praha 1
Tel. 224 197 641
Fax 224 216 324
Anfragen aller Art, Reservierungen von Bahn-, Bus- und Flugtickets; Wechselstube, Stadtrundfahrten, Ausflüge und Eintrittskarten für

kulturelle Veranstaltungen; Treffpunkt für die vormittags stattfindende Stadtrundfahrt »Historisches Prag«, Tagesausflüge sowie geführte Stadtspaziergänge.

▸ **Prager Informationsdienst**
Rytířská 31, Praha 1
Staroměstská radnice (Altstädter Rathaus), Staroměstské náměstí 1
Postanschrift: Arbesovo nám.
15000 Praha 5
Tel. 124 44
www.prague-info.cz
Daneben gibt es Informationsbüros am Hauptbahnhof (Hlavní nádraží), am Flughafen (Letiště Praha) von April bis Oktober im Kleinseitner Brückenturm (Malostranká mostecká věž).

Monatlich erscheint das Veranstaltungsheft »Downtown« mit Informationen zum Kino- und Theaterprogramm sowie zu Konzerten, Ausstellungen und anderen Veranstaltungen. In Deutsch erhält der »Prag Reiseführer« ebenfalls das monatliche Kinoprogramm. Das alle drei Monate erhältliche Heft »Prague in your pocket« bietet einen guten Leitfaden mit nützlichen Adressen, Hinweisen und Tipps: www.inyourpocket.com.

TSCHECHISCHE BOTSCHAFT

▸ **In Deutschland**
Wilhelmstr. 44
10117 Berlin
Tel. (030) 22 63 80, Fax 229 40 33
www.czech-embassy.de

▸ **In Österreich**
Penzingerstr. 11 – 13
1140 Wien
Tel. (01) 89 95 80, Fax 894 12 00
www.mzv.cz/mission.vienna

▸ **In der Schweiz**
Muristr. 53, 3006 Bern
Tel. (0 31) 350 40 70
Fax 350 40 98
www.mzv.cz/bern

VERTRETUNGEN IN PRAG

▸ **Deutsche Botschaft**
Vlašská 19 (Palais Lobkowitz)
11801 Praha 1
Tel. 257 113 111, Fax 257 113 318
www.prag.diplo.de

▸ **Österreichische Botschaft**
Viktora Huga 10
15115 Praha 5
Tel. 257 090 511, Fax 257 316 045
www.bmeia.gv.at/prag

▸ **Schweizer Botschaft**
Pevnostní 7
16201 Praha 6
Tel. 220 400 611, Fax 224 311 312
www.eda.admin.ch

INTERNET

▸ **www.mzv.cz**
Die Homepage des Ministeriums für Auswärtige Angelegenheiten bietet Basisinformationen über das Land.

Deutsche Botschaft im Palais Lobkowitz

► **www.myczechrepublic.com**
Die übersichtlich gestalteten Seiten des Online-Stadtführers geben einen Überblick über die Sehenswürdigkeiten Prags.

► **www.zamky-hrady.cz**
Die Informationen über die Burgen und Schlösser rund um Prag, die man nicht unter www.pis.cz findet, bekommt man hier.

INTERNETCAFÉS

► **PG Cyber Café**
Praha 5
Village Cinemas, Anděl
Tel. 420 774 225 500
www.pgcybercafe.cz
Öffnungszeiten:
Mo. – Fr. 9.00 – 17.00, Sa./So. ab 10.00 Uhr

► **Spika**
Praha 1
Dlážděná 4
Tel. 224 21 15 21
http://netcafé.spika.cz
Für wenig Geld kann man hier während der Woche 15 Min. im Internet surfen.

► **Blue@Mail**
Praha 1
Konviktská 8
www.cz99.cz

Mit Behinderung in Prag

Eine ganze Reihe von Institutionen erteilt Auskunft über behindertengerechte Einrichtungen, organisiert Gruppenreisen, vermittelt geschulte Reisehelfer und hilft bei Individualreisen.
Prag ist noch nicht so sehr auf mobilitätseingeschränkte Menschen eingestellt. Viele öffentliche Gebäude sind nur über Treppen zugänglich. Die Prager Behindertenvereinigung »Sdružení zdravotně postižených« verleiht Rollstühle und vermietet speziell ausgerichtete Autos. Auch die Tschechischen Bahnen erteilen Hilfestellung für Reisende, stellen besondere Abteile zur Verfügung oder organisieren den Weg zum Bahnhof. Dies muss jedoch mindestens vier Tage im Voraus angemeldet werden.

ADRESSEN

► **Bundesarbeitsgemeinschaft des Clubs Behinderter und ihrer Freunde e. V.**
Langenmarckweg 21
51465 Bergisch Gladbach
Tel. (0 22 02) 989 98 11
www.bagcbf.de

► **Sdružení zdravotně postižených**
Praha 8, Karlínské náměstí 12
Tel. 224 81 69 97

► **Tschechische Bahnen**
Tel. 224 61 56 33
www.cd.cz

Elektrizität

Die Netzspannung beträgt 220 Volt Wechselstrom, in manchen Altbauwohnungen noch 120 Volt. Adapter sind in der Regel nicht erforderlich.

Essen und Trinken

Die böhmische Küche ist weit über die Landesgrenzen hinaus bekannt und gerühmt wegen ihrer deftigen, schmackhaften Gerichte und des Vielerleis an Mehlspeisen. Weniger Wert wird auf Gemüse und Salate gelegt, wiewohl es auch vegetarische Restaurants gibt, z. B. das zentral gelegene Maitrea (www.restaurace-maitrea.cz).

Speisen

Fleisch

Die bevorzugte Fleischart ist Schweinefleisch, das auf die unterschiedlichsten Weisen zubereitet wird. Als Nationalgericht kann Schweinebraten angesehen werden, der mit Kraut und Knödeln serviert wird. Bei feierlichen Anlässen ersetzt eine knusprig gebratene Gans oder Ente den Schweinebraten, die Beilagen bleiben gleich. Vorzüglich sind die Wildgerichte, seien es nun Rehkeule oder ein gespickter Hase. Zu den wichtigsten Spezialitäten gehören ferner gedünstetes Rindfleisch, Wellfleisch, Lungenbraten und verschiedene Würstchensorten (Brat- und Speckwürste, Prager Würstchen, Selch- und Knackwürste). Zu Recht weltberühmt ist der gekochte Prager Saftschinken.

◀ weiter auf S. 70

Seltener auf dem Speisezettel sind **Fischgerichte**. Allerdings verzichtet kaum eine Familie zu Weihnachten auf den traditionellen Karpfen.

Bei allen Hauptspeisen kommt den **Soßen** ein großer Stellenwert zu. Manchmal ist es gewürzter Bratensaft, der mitunter zu einer Rahmsoße verfeinert wird. Sowohl zu Fleisch als auch zu Gemüse gibt es häufig eine weiße Soße, der Majoran und Kümmel einen ganz besonderen Geschmack verleihen.

Krautknödel mit Gulasch: typisch tschechische Küche

Pivo heißt Bier – und die Tschechen sind Weltmeister im Pro-Kopf-Verbrauch.

TSCHECHISCHE LEIDENSCHAFTEN

Noch heute kann man in Prag, besonders zur Mittagszeit, Passanten begegnen, die mit einem kleinen Tragegestell in der Hand die nächstgelegene Bierkneipe betreten, mit sechs frisch gefüllten Krügen wieder herauskommen und zurück ins Büro eilen. Bier ist das Nationalgetränk der Tschechen, und Prag bietet zahllose Möglichkeiten, die Erzeugnisse der einheimischen Braukunst zu kosten. Manche Prager Bierlokale können ihr Bier noch in gotischen Gewölbekellern lagern, von wo es unvergleichlich frisch aus dem selten geschlossenen Zapfhahn strömt.

Seinen Weltruf verdankt das tschechische Bier vor allem dem einzigartigen Hopfen, der heute in Nordböhmen um Saaz, Raudnitz, Auscha und Dauba als »Böhmischer Hopfen« angebaut und in alle Welt exportiert wird. Chroniken aus dem 9. Jh. berichten schon vom Hopfenanbau in Böhmen, der vom 12. Jh. an über die Elbe nach Hamburg zum berühmten Hopfenmarkt exportiert wurde. Die Ausfuhr von Hopfenpflanzen war jahrhundertelang bei Todesstrafe verboten. Aus Gerste, Weizen und auch Hafer wurden mit dem besonders weichen Brauwasser des Landes und gewürzt mit dem edlen Hopfen Biere gebraut, die man in ihrer Vielfalt und Qualität schon im späten Mittelalter in Europa rühmte.

Hell oder dunkel

Die tschechischen Biere sind meist untergärig. Grundsätzlich unterscheidet man helle (»světlé«) und dunkle (»tmavé«) Biere. Die Gradangaben beziehen sich nicht auf den Alkoholgehalt des Biers. Angegeben wird die Dichte des Biers in »Grad Plato«, dem Anteil der löslichen Stoffe in der Würze vor der Gärung (ähnlich der Stammwürze bei deutschen Bieren).

Das berühmteste böhmische Bier ist das **Pilsner Urquell** (»Plzeňský Prazdroj«) aus Pilsen (Plzeň), das seit 1842 gebraut wird und Vorbild für alle Biere gleichen Typs auf der ganzen Welt wurde. Das erste Bierhaus in Prag, das Pilsner ausschenkte, war das 1843 von dem Schneider Pinkas gegründete und heute noch existierende **»U Pinkasů«** (Bei Pinkas, Praha 1, Jungmannovo náměstí 15). Unverdientermaßen etwas im Schatten des Pilsner steht das mildere und leicht süßliche **Budweiser** (Budvar), das seit 1531 in der südböhmischen Stadt České Budějovice (Budweis) gebraut wird. Um es zu kosten, geht man in Prag am besten ins **»U Medvídků«**

(Zum kleinen Bären, Praha 1, Na Perštýně 7), das im Mittelalter eine Brauerei war. Aus der Großpopowitzer Brauerei in Mittelböhmen kommen zwei Biere, ein fein gehopftes helles Lagerbier (Velkopopovický kozel) und ein dunkles Spezialbier. In Prag werden diese leckeren Biere besonders im **»U Černého vola«** (Zum schwarzen Ochsen, Praha 1, Loretánské náměstí 1) gepflegt.

Prager Brauereien

In Prag gibt es heute noch drei Brauereien. Die größte unter ihnen ist die Brauerei im Stadtteil Smíchov, die ein helles Lagerbier (Staropramen = Alte Quelle) herstellt. **Smíchover** wird u. a. im **»U Glaubiců«** (Praha 1, Malostranské náměstí 5) und im **»U Dvou srdcí«** (Zu den zwei Herzen, Praha 1, U lužického semináře 38) ausgeschenkt.

Im Stadtteil Braník werden ein helles und ein dunkles Bier gebraut. Beide erhält man im **»U svatého Tomáše«** (Zum heiligen Thomas, Praha 1, Letenská 12), dem Keller der einstigen Augustiner-Brauerei, der allerdings zurzeit restauriert wird. Im **»U Supa«** (Zum Geier, Praha 1, Celetná 22), das seit dem 14. Jahrhundert Schankstätte ist, wird nur das helle Bier gezapft.

Eine Prager Institution ist die letzte echte Hausbrauerei der Stadt, das **»U Fleků«** (Praha 1, Křemencova 11), in der seit Ende des 13. Jahrhunderts ein kräftiges, dunkles Bier gebraut wird. Allerdings wird das Lokal immer mehr zur Touristenfalle: Vorsicht ist vor allem geboten, wenn der Kellner den Gästen ein – scheinbar kostenloses – Getränk (oft z. B. einen Becherovka) aufzudrängen versucht: Man wird alles – und zwar zu saftigen Preisen – auf der Rechnung wiederfinden. Zudem enthalten die Preise auf der Karte nicht die Bedienung. Trotzdem bietet »Bei Fleck« eine unverwechselbare Atmosphäre in seinen weitläufigen, verrauchten Schankräumen oder zur Sommerzeit im Biergarten. Bekannt ist das Lokal außerdem für sein alttschechisches Kabarett. Stammlokal des Schriftstellers Jaroslav Hašek und seines Romanhelden Schwejk war das Bierlokal **»U Kalicha«** (Praha 2, Na Bojišti 13), das heute wie das **»U Fleků«** meist von Touristen überlaufen ist.

In der Brauerei Fleck ist was los!

Aus der böhmischen Küche nicht wegzudenken sind die **Knödel**. Sie gibt es in den verschiedensten Variationen. Neben Nockerln und Nudeln sind Kartoffel- oder Semmelknödel die wichtigste Beilage zu Hauptgerichten. Speckknödel, ähnlich den Thüringer Klößen, mit Kraut oder Spinat und gerösteten Zwiebeln gefüllt, werden gern als Hauptmahlzeit gegessen. Höhepunkt der böhmischen Knödelspezialitäten sind aber zweifelsohne die aus einem Hefeteig zubereiteten Obstknödel, denen Franz Werfel (► Berühmte Persönlichkeiten) in seinem Roman »Barbara oder die Frömmigkeit« mehr als 1000 Worte gewidmet hat. Sie werden mit Kirschen, Aprikosen (Marillen), Äpfeln, Heidelbeeren und vor allem Pflaumen gefüllt. Man überstreut die Knödel mit geriebenem, hartem Quark oder mit Mohn und übergießt sie mit zerlassener Butter.

Mehlspeisen Breit ist die Palette weiterer Mehlspeisen. Wirken schon der Apfelstrudel, die diversen kleinen Kuchen und Krapfen ausgesprochen verführerisch, die Palatschinken übertreffen sie alle. Diese mit Quark, Marmelade oder Schokolade gefüllten Eierpfannkuchen sind nicht so hauchdünn wie die französischen Crêpes, aber bestimmt ebenso lecker.

Getränke

Bier ►Baedeker Special S. 68.

Wein In den Prager Weinstuben werden außer den international bekannten Markenweinen vor allem die einheimischen Weine ausgeschenkt. Dazu gehören der berühmte Ludmilla-Tropfen von den Elbhängen bei Mělník sowie die Sorten Žernosecké und Primatorské. Qualitativ hochwertig sind auch die südmährischen Weine aus den Gebieten von Znaim, Nikolsburg, Großpawlowitz (Velkopavlovické) und Feldsberg (Valtické) sowie die slowakischen Weine aus der Umgebung von Pressburg.

Spirituosen Zu den harten Spirituosen einheimischen Ursprungs zählen: Slivovice (Pflaumenbranntwein) aus der Mährischen Slowakei, Meruňkovice (Marillengeist), Žitná oder Režná (Korn) und Jalovcová bzw.

Borovička (Wacholderschnaps) und nach einem üppigen Essen schwören viele auf den Karlsbader Becher-Bitter (Becherovka).

Kaffee, Tee ...

Die Kaffeemania schäumt auch in Prag. Latte, Latte macchiato, Cappuccino überall. Als Espresso bekommt man einen starken »Schwarzen«, meist sehr bitter. Die früher geläufige Zubereitung auf türkische Art, also mit Kaffeesatz in der Tasse, ist verschwunden. Dabei war dieser »Turek« einst nach dem Bier das zweite Nationalgetränk. Die Zeiten ändern sich eben. Auch Tee (čaj), Milch (mléko) und Säfte (»juice«) werden allenthalben angeboten.

Restaurants

In Prag ist die Gastronomie ebenso wie die Hotelszene bunter geworden: Neben den landestypischen Lokalen findet man im ganzen Stadtgebiet auch internationale Restaurants. In vielen Wein- und Bierstuben werden ebenfalls warme Speisen angeboten.
In den meisten Gaststätten ist die Küche **durchgehend geöffnet**, in der Regel von 10.00 bis 23.00 Uhr.
Die Bedienung ist in allen Preisen inbegriffen; für gute Serviceleistungen gibt man jedoch ein **Trinkgeld** von 5 bis 10 Prozent.

EMPFEHLENSWERTE RESTAURANTS

► **►Plan S. 74/75**
ohne Nr.: außerhalb des Plans

FEIN & TEUER

► **Preiskategorien für ein Menü**
Fein und teuer: ab 650 Kč (über 25 €)
Erschwinglich: 400 Kč – 650 Kč (15 bis 25 €)
Preiswert: unter 400 Kč (bis 15 €)

► ⑥ **U Malířů (Zu den Malern)**
Praha 1, Maltézské náměstí 11
Tel. 257 530 318
www.umaliru.cz
tgl. 18.00 – 23.00 Uhr
Farbenprächtige Fresken aus den 1930er-Jahren schmücken das mittelalterliche Gewölbe im Speiseraum. Hier werden kulinarische Köstlichkeiten der Haute Cuisine serviert.

► ⑬ **Hoffmeister**
Praha 1, Pod Bruskou 7
Tel. 251 017 133
tgl. 12.00 – 15.00, 18.30 – 23.30 Uhr, www.hoffmeister.cz
Im Restaurant ADA des charmanten Boutiquehotels Hoffmeister werden altböhmische und französische Spezialitäten serviert, z. B. Hühnerbrust mit Entenleber und frischen Pilzen.

► ⑫ **Kampapark**
Praha 1, Na Kampě 8 b
Tel. 800 152 672 (gebührenfrei)
tgl. 11.00 – 1.00 Uhr
www.kampagroup.com
Von der Terrasse blickt man zur Karlsbrücke über die Moldau. Die leckere, leichte Crossover-Küche haben auch schon Václav Havel, das Ehepaar Clinton, Michael Douglas und Madonna genoßen.

► ⑨ **Pálffy Palác**
Praha 1, Kleinseite,
Valdštejnská 14
Tel. 257 530 522
tgl. 11.00 – 23.00 Uhr
www.palffy.cz
Warten auf Mozart! Ein Salon mit Deckenstuck, Kassetten und Kerzenlicht. Die Romantik und der Gartenblick hoch zum Burgwall überwältigten auch Sean Connery, Tom Cruise und Pavarotti. Altböhmische Rezepte wie Speck, Wild und Waller, verfeinert mit Thymian, Rosmarin und Sahne.

Kerzenlichtdiner bei Pálffy

► ① **Café Sahara**
Praha 2, Vinohrady
Náměstí míru 6
Tel. 222 514 987
Mo. – Fr. 11.00 – 0.30, Sa. – So. ab 12.00, So. bis 23.00 Uhr
www.saharacafe.com
Jugendstil trifft auf Orient. Im Licht der Kerzen und Laternen wirkt das Ambiente wie aus 1001 Nacht. Kulinarisches kommt aus Spanien, Marokko und dem Libanon. Empanadas, Humus, Kebab, tolle Lammgerichte und ein Couscous zum Niederknien.

► ㉔ **Pravda**
Praha 1, Pařížská 17
Tel. 222 326 203
tgl. 11.00 – 1.00 Uhr
www.pravdarestaurant.cz
In stilvoller Atmosphäre kann man hier schick speisen. Die Ausstattung im Art-déco-Stil ist in Schwarz-Weiß und Glitzertönen gehalten. Crosskulturelle Küche. Gleich an der Altneusynagoge gelegen. Im Sommer kann man auch draußen sitzen.

► ⑦ **Cowboys**
Kleinseite, Nerudova 40
Tel. 800 152 672
Mo. – So. 12.00 – 1.00 Uhr
www.kampagroup.com
Prager Barock mit Western-Style, Draculas Lüster flackern vor flimmernden Videobildschirmen. Der Knüller sind die Steaks vom Rind, Lachs, Lamm, begleitet von Ofenkartoffeln mit Sour Cream und glasierten Karotten. Den Promi-Faktor garantiert Nils Jebens, Prags Gastro-König.

► ⑩ **La Degustation Bohême Bourgeoise**
Altstadt, Haštalská 18
Tel. 222 311 234
Mo. – Sa. 18.00 – 24.00, Di., Mi., Do. auch 12.00 – 14.30 Uhr
www.ladegustation.cz
Retro-Rezepte und Experimente verbinden sich zur neuen Gaumensinfonie. Simpel schmeckt am besten: Schweineschulter mit Apfelessig-Wirsing, Forelle im Lin-

senbett, Kalbszunge mit gelbem Erbsenpüree. Als Dessert wiederentdeckt: Grießbrei mit Zimt, verfeinert mit Tahiti-Vanille.

▶ ⑲ **Le Terroir**
Altstadt, Vejvodova 1
Tel. 222 220 260
Di. - Sa. 11.00 - 23.00 Uhr
www.leterroir.cz
Große Auswahl in der Fromagerie und Vinothek, altstädtisches Flair im Restaurant. Man sitzt romantisch im Kellergewölbe oder sommerlich-luftig im Patio. Eckart Witzigmann fand hier seinen kulinarischen Top-Favoriten in Prag.

ERSCHWINGLICH

▶ ⑮ **Hanavský pavilon**
Praha 7, Letenské sady 173
Tel. 233 323 641
tgl. 11.00 - 1.00 Uhr
www.hanavskypavilon.cz
Auf dem Sommerhügel (letná): eine runde Panoramaterrasse über der Moldaukurve. Der gusseiserne Pavillon, ein Geschenk des Stahlbarons Hanavský von 1891, ist ein Jugendstiljuwel mit schönem Kristalldekor. Spezialität: Seeteufel in Pfeffersoße.

▶ ㉙ **La Provence**
Praha 1, Štupartská 9
Tel. 296 826 155
tgl. 12.00 - 23.00 Uhr
Spitzenlokal mit Weinen und exquisiter Landküche à la Provence. Ein Gedicht: die Entenbrust in Honigsauce oder Coq au vin. Dazu ein edler Tropfen, Kerzenlicht und leise Klaviermusik - genau das Richtige für Romantiker.

▶ ⑱ **Café Savoy**
Kleinseite, Vítězná 5
Tel. 257 311 562
Mo. - Fr. 8.00 - 22.30, Sa./So 9.00 - 22.30 Uhr
www.ambi.cz
Croissants, Prager Schinken warm und Würstchen mit drei Senfsorten. Unübertroffen die Obstknödel, wie in Nerudas Erzählung »so leicht, dass sie in der Luft schweben«. Der Blick nach oben ist so erhebend wie im Nationaltheater. Die Kassettendecke, golden verziert, schuf auch der gleiche Ausstatter - grandios.

i HIER LOHNT ES SICH

- Pálffy Palác: Diner mit Mozart
- La Provence: beste französische Landküche bei Kerzenlicht und Klaviermusik
- Kolkovna: Ente, Schwein & Kraut in der Mini-Brauerei
- Rybářský Klub: Geheimtipp für Fisch an der Moldau

▶ ⑤ **Nebozízek (Bohrer)**
Praha 1, Petřínské sady 411
Tel. 257 315 329
tgl. 10.00 - 22.00 Uhr
Zu Fuß oder aber mit der Seilbahn ist dieses Restaurant auf dem Petřín (▶Laurenziberg) zu erreichen. Hervorragende Küche und eine wunderschöne Aussicht auf Prag. Rechtzeitig reservieren!

▶ ⑧ **Matylda**
Neustadt, Masarykovo nábřeží 1 (bei der Mánes-Galerie)
Tel. 724 800 100
tgl. 11.00 bis 23.30 Uhr
www.botelmatylda.cz
Ein Restaurant-Schiff an der Moldau: Pasta, Scampi, Vino Chianti, alles echt italienisch. Außerdem: der beste Espresso der Stadt. Am Ufer steht das »Tanzende Haus«.

Prag *Hotels, Restaurants und Ausgehen*

1 Zur schwarzen Mutter Gottes
2 Haus zur Minute
3 Husdenkmal
4 Palais Clam-Gallas
5 Karolinum
6 Repräsentationshaus

Essen

1. Café Sahara
2. U Černého vola
3. Lokal 1+2
4. Petřínské terasy
5. Nebozízek
6. U Malířů
7. Cowboys
8. Matylda
9. Pálffy Palác
10. La Degustation Bohême Bourgeoise
11. Rybářský Klub
12. Kampapark
13. Hoffmeister
14. Žofín Garden
15. Hanavský pavilon
16. Panorama Pergola
17. Slavia
18. Café Savoy
19. Le Terroir
20. Klub architektů
21. Louvre
22. Monarch
23. Potrefená husa
24. Pravda
25. Cafe-Cafe
26. Grand Café Praha
27. Kolkovna
28. Kogo
29. La Provence
30. Titanic
31. Bredovský dvůr
32. Paris
33. Obecní dům
34. Imperial

Übernachten

1. Dům U velké boty
2. Neruda
3. Aria
4. Hostel Sokol
5. Roma
6. Kings Court
7. U Zeleného věnce
8. U tří pštrosů
9. The Mosaic House
10. Four Seasons
11. Husova Pension & Hostel
12. Dlouhá Pension & Hostel
13. Unitas
14. Mandarin Oriental
15. Park Inn
16. U železných vrat
17. Juniorhotel
18. Ungelt
19. The Augustine
20. Březina Pension
21. Maximilian
22. Antik
23. Eurostars David
24. Bishop's House
25. Paříž
26. Evropa
27. Esplanade
28. Le Palais
29. Albatros
30. Boscolo Hotel Carlo IV.

Ausgehen

1. Goldfingers im Hotel Ambassador
2. Duplex
3. Hergetova cihelna
4. Klub lávka
5. RadostFX
6. Roxy

Wirtshausschild am Hradschin

► ⑯ **Panorama Pergola**
(in der Villa Richter)
Praha 1, Prager Burg
Staré zámecké schody 6/251
Tel. 257 219 079
tgl. 10.00 – 23.00 Uhr
Gartenrestaurant mit herrlicher Aussicht auf die Stadt und sehr guten Weinen.

► ㉚ **Titanic**
(im Grandhotel Evropa)
Praha 1, Václavské náměstí 29
Tel. 224 228 117
Dieses im Jugendstil eingerichtete Restaurant im Souterrain des gleichnamigen Hotels wartet mit einem stilvollen Ambiente und sehenswertem Interieur auf. Auf der Speisekarte stehen französische und böhmische Gerichte (► S. 267).

► ㉕ **Cafe-Cafe**
Altstadt, Rytířská 10
Tel. 224 210 597
Mo. – So. 10.00 – 23.00 Uhr
www.cafe-cafe.cz
Von der Modezeitschrift ZOOM als Hotspot bewertet: Models, Style-Blogger und andere schräge Vögel sammeln sich hier. Auch die Speisen sind absolut auf Trendniveau: Salate, Spaghetti, Risotto mit Rosmarinsauce.

► ⑭ **Žofín Garden**
Praha 1, Slovanský ostrov 226
Tel. 774 774 774
tgl. 11.30 – 22.00 Uhr
www.zofingarden.cz
Gartenrestaurant auf der Moldau-Insel mit offener Küche und herrlicher Aussicht auf den Fluss und die Stadt. Serviert werden leichte Speisen und Gegrilltes. An Werktagen gibt es ein günstiges Mittagsbüfett.

PREISWERT

► ㉓ **Potrefená husa**
Josefstadt, Bílkova 5
Tel. 222 326 626
Mo. – So. 11.00 – 24.00 Uhr
www.potrefenahusa.com
Bei Pragern überaus beliebt: echt böhmische Spezialitäten der Systemgastronomie der Brauerei Staropramen. In diesem Lokal mit kubistischer Balkenarchitektur hat die Erfolgsgeschichte begonnen. Und weil alles so gut schmeckt, findet man die »getroffene Gans« inzwischen mehrmals in Prag.

► ㉛ **Bredovský dvůr**
Praha 1, Nové Město,
Politických vězňů 13
Tel. 224 215 428
www.bredovskydvur.unas.cz
tgl. 11.00 – 24.00
So. bis 23.00 Uhr
Recht uriges Lokal mit typisch böhmischer Küche und großer Gartenterrasse.

► ⑳ **Klub architektů**
Praha 1, Betlémské náměstí 5 a
Tel. 224 401 214
tgl. 11.30 – 24.00 Uhr

Stilvolles Kellergewölbe mit moderner Einrichtung bei der Bethlehemskapelle (►S. 147).

► ㉘ **Kogo**
Praha 1, Altstadt
Havelská 499/29
Tel. 224 210 259
Mo.-Fr. 8.00 - 23.00
Sa./So. 9.00 - 23.00 Uhr
www.kogo.cz
Das Portal stammt aus den 1930er-Jahren, innen findet sich Designerambiente in Schwarz und Orange. Die besten Pizzen und Pastagerichte der Stadt gibt es hier.

► ㉗ **Kolkovna (Stempelmarkenstelle)**
Praha 1, Josefstadt, V Kolkovně 8
Tel. 224 819 701
tgl. 11.00 - 24.00 Uhr
www.kolkovna.cz
Nostalgische Mikro-Brauerei mit viel Messing und Mahagoni im verflossenen Monarchie-Stil. Im Sommer schäumt das Selbstgebraute draußen im hübschen Garten.

► ㉒ **Monarch**
Praha 1, Altstadt, Na Perštýně 15
Tel. 224 239 602
www.monarch.cz
Weinshop: Mo. - Fr. 12.00 - 20.00, Weinbar: Mo. - Sa. 12.00 - 24.00 Uhr
Weinkontor, Bar und Bistro nach Pariser Art. Im Degustationskeller erlesene Franzosen, Italiener und Spanier. Eine fesche Winzerin macht auch mit den Spitzentschechen unter den Weinen bekannt. Von der Theke lockt eine Auswahl von delikaten Käse-, Schinken- und Specksorten sowie Fondues und Quiches. Espresso mit Digestif nicht vergessen.

► ④ **Petřínské terasy**
Praha 1, Seminářská zahrada 393
Tel. 257 320 688
www.petrinsketerasy.cz
12.00 - 23.00 Uhr
Am Hang des Petřín-Hügels gelegen, eingebettet in einen Kirschgarten. Panoramablick von der Burg bis zur Moldaupromenade, die roten Dächer der Kleinseite wirken zum Anfassen nah. Das feurige »Schwert des Petříns« (ein Fleischspieß) wird auf dem Holzkohlengrill gebraten.

► ⑪ **Rybářský Klub**
Praha 1, Kleinseite
U Sovových mlýnů 1
Tel. 257 534 200
www.rybklub.cz
tgl. 12.00 - 23.00 Uhr
Ein lustiges Fischerhäuschen direkt an der Moldau. Stilgerechte Spezialitäten von Barsch, Forelle, Hecht, Karpfen, Waller bis Zander, delikat zubereitet. Ex-Präsident Havels Geheimtipp: Lachs mit Wildpilzen und Polenta.

► ③ **Lokal 1 + 2**
Altstadt, Dlouhá 33
Tel. 222 316 265
Mo. - Sa. 11.00 - 1.00, So. 12.00 bis 22.00 Uhr, www.ambi.cz
Unter weißem Gewölbe locken Großmutters Götterspeisen: Himmlisch lecker kann der tschechische Sauerbraten (svíčková) sein, köstlich die Linsen mit Blutwurst, würzig-mild das Sauerkraut, kross die Enten und Gänse. Und Prager Humor zum Essen klingt ungefähr so: »Hemenex«, heißt Ham-and-eggs auf Tschenglisch. Probieren sollte man den »Tatárak«, ein Tatar auf Graubrot, oder »Gothaj«, eine herzhafte Salamisorte.

► ② **U Černého vola (Zum schwarzen Ochsen)**
Praha 1, Hradschin
Loretánské náměstí 1
Tel. 220 513 481
tgl. 10.00 – 22.00 Uhr
Fast noch echtes Mittelalter. Königliches Wappendekor an den Wänden. Die Küche bereitet nur grobe »Bierunterlagen« zu wie »Utopence« (im öligen Essigsud »ertrunkene« Speckwürste). Die Stammgäste, als Kneipenbesitzer in einer AG organisiert, zechen für einen guten Zweck: Der Reingewinn fließt an ein Blindenheim.

BIERLOKALE

►Baedeker Special S. 68

Ägyptisches Dekor im Imperial

CAFÉS

► ㉞ **Imperial**
Praha 1, Na poříčí 15/1072
Tel. 246 011 600
tgl. 6.30 – 23.00 Uhr
Innen wie das Grab der Kleopatra. Kacheldekor mit Löwen, Sphinx und Palmen. Fusion-Küche: Knödel, vegetarische Burger und Palatschinken mit Erdbeeren. Ab 21.00 Uhr Dixie-Stimmung.

► ㉑ **Louvre**
Praha 1, Národní třída 22
Tel. 224 930 949
Mo. – Fr. 8.00 – 23.30
Sa./So. ab 9.00 Uhr
Café im ersten Stock, in dem sich das tschechische Publikum mit wenigen Touristen in einem angenehmen Verhältnis mischt. Die hohen, pastellfarbenen Wände schaffen eine gemütliche Atmosphäre. Das traditionsreiche Café wurde 1948 als Symbol des bürgerlichen Lebensstils geschlossen und 1992 wiedereröffnet. Das Restaurant bietet eine abwechslungsreiche Speisekarte für jeden Geschmack. Außerdem gibt es einen Billardsaal.

► ㉖ **Grand Café Praha**
Praha 1, Staroměstské náměstí 22
Tel. 221 632 522
tgl. 7.00 – 21.00 Uhr
www.grandcafe.cz
Von dem Café am Altstädter Ring bietet sich ein direkter Blick auf den stündlich ablaufenden Apostelumzug an der Astronomischen Uhr.

► ㉝ **Obecní dům**
Praha 1, náměstí Republiky 5
Tel. 222 002 763
tgl. 7.30 – 23.00 Uhr
Dieses wunderbare Café im Repräsentationshaus sollte man kennen. Seine fantastische Jugendstileinrichtung lädt zum Staunen und Verweilen ein. Im Sommer kann man auch draußen sitzen.

▶ ㉜ **Kavárna Café de Paris**
Praha 1, U Obecního domu 1
Tel. 222 195 816
tgl. 8.00 – 24.00 Uhr
www.hotel-pariz.cz
Noch ein bemerkenswertes Hotelcafé mit sehr viel Atmosphäre: Man sitzt an hohen Fenstern in einem astreinen Jugendstilambiente und speist und trinkt von Tellern und Tassen mit Goldrand. Wenn schon, denn schon.

▶ ⑰ **Slavia**
Praha 1, Národní třída 1
Tel. 224 218 493, tgl. 8.00 – 23.00 Uhr, www.cafeslavia.cz
Legendäres, seit 1891 bestehendes Café gegenüber dem Nationaltheater (► S. 229).

▶ **TV Tower**
Praha 3, Mahlerovy sady 1
Tel. 242 418 777
tgl. 11.00 – 23.00 Uhr
www.tower.cz

Kaffeegenuss auf höchste Art im TV Tower

Den »höchsten« Kaffeegenuss in seiner Stadt gönnt sich der Prager oben auf dem Fernsehturm: Mit Snacks und Apfelschnitten in 66 m Höhe ist man ganz schön abgehoben. Und die ganze Stadt liegt einem zu Füßen.

Feiertage, Feste & Events

Feiertage

1. Januar (Neujahr)
Ostermontag
1. Mai (Tag der Arbeit)
8. Mai (Tag der Befreiung 1945)
5. Juli (Tag der Slawenapostel Kyrill und Method)
6. Juli (Todestag von Jan Hus: Feuertod auf dem Scheiterhaufen in Konstanz, 1415)
28. September (Tag des böhmischen Landespatrons Wenzel)
28. Oktober (Gründungstag der Tschechoslowakei, 1918)
17. November (Tag des Kampfes für Freiheit und Demokratie)
24. Dezember (Heiligabend)
25. und 26. Dezember (Weihnachten)

FESTE & EVENTS

FEBRUAR/MÄRZ

▸ **Carnevale Praha**
Feiern in historischen Kostümen und mit venezianischen Masken im gräflichen Clam-Gallas-Palast. Wie das Motto, so die Bälle: Crystal, Amoretto, Bellaria, Boudoir, Segreto – auch mit Bootsfahrten an der Moldau bei Vivaldi-Musik; www.wussin.cz, Karten: www.carnevale.cz.

▸ **Opera Festival**
Alljährlich werden in Prag die neuen Opernstimmen und -inszenierungen präsentiert. Schirmherrin ist die First Lady; ww.festival-opera.cz.

MÄRZ

▸ **Jazz Festival**
Start der Konzertreihe mit Stars und Geheimtipps der internationalen Jazzszene. In der Lucerna-Music-Bar, im Agharta Club, www. agharta.cz, und auf dem Hradschin, www.jazznahrade.cz.

MAI

▸ **Prager Frühling (Pražské jaro)**
Die Eröffnung ist im Repräsentationshaus (Obecní dům) jeweils am 8. Mai. Als Finale (etwa Mitte Juni) ertönt traditionell Beethovens »Neunte« im Rudolfinum. Pražské jaro, Kleinseite, Hellichova 18, Tel. 257 310 414, 257 311 921, www.festival.cz

▸ **Navalis – Wasserfest des hl. Johannes**
Farbenfrohes Bootsfestival auf der Moldau mit Gondeln, Masken, Laternen und Barockmusik. Wochenende in der 2. Maihälfte bei der Karlsbrücke (www.navalis.cz).

▸ **Khamoro**
Weltgrößtes Musikfestival der Sinti und Roma. Flamenco, Gypsy-Gitarrenstars, Jazzbands und Folklore; Tel. 222 518 554, www.khamoro.cz

▸ **Prager Marathon**
Start und Ziel am Altstädter Ring, 41,2 km, Zeitlimit: 6 Stunden. Jeweils letzter Sonntag vor Pfingsten. Anmeldeformular online: www.pim.cz., Tel.: 224 919 209, Fax 224 923 355.

JUNI

▸ **Kmochův Kolín**
František Kmoch war Böhmens Ernst Mosch. Das große Blasen beginnt am 2. Wochenende des Monats. Auch in Kutná Hora in der grandiosen Kathedrale der hl. Barbara; Tel./Fax 233 378 657, www.kmochuv-kolin.cz

JULI

▸ **Filmfestival Karlsbad**
Die Hollywoodstars geben sich zum Anfassen. Der Wettbewerb wurde 1946 gegründet. Neben Cannes, Berlin und Venedig in der A-Kategorie eingestuft. Der Oscar für den Gewinner heißt hier Kristallglobus. Filmový Festival Karlovy Vary, Panská 1
Tel. 221 411 011/22, Fax 221 411 033, www.kviff.com

AUGUST

▸ **Audite Organum**
Internationales Orgelfestival in der Basilika St. Jakob (Altstadt, Malá Štupartská 6) – bis zum letzten Sonntag im September; Tel. 257 317 269, www.auditeorganum.cz

▶ **Fresh Film Fest**
Anstatt goldenen Bären, Löwen oder Palmen gibt es für den Sieger in Glas eingelegtes Obst: Zum Wettbewerb treten Studenten und Debütanten mit ihren Erstlingsfilmen an; www.freshfilmfest.net.

SEPTEMBER

▶ **Dvořáks Prag**
Tschechische Klassik: ein Tribut an das »Weltphänomen« Antonín Dvořák (1841–1904), der einst New York eroberte. Im prachtvollen Rudolfinum, Tel. 222 809 300, www.dvorakovapraha.cz.

OKTOBER

▶ **Festival Musica Judaica**
Jüdische Musiktage zwischen Folklore, Religion und Tradition. Kulturní zentrum ZMP, 11001 Praha 1, Maiselova 15, Tel. 224 819 352, Fax 222 318 856, www.jewishmuseum.cz

▶ **Jazz Festival Prague**
Seit über 30 Jahren Kult: das Jazzfestival in der letzten Oktoberwoche auf den Bühnen von Reduta und der Lucerna-Music-Bar; www.jazzfestivalpraha.cz.

NOVEMBER

▶ **Festmusik für Advent und Weihnachten**
In allen Prager Kirchen; ww.pis.cz
Karten: www.bohemiaticket.cz

DEZEMBER

▶ **Advent in Kleinseitener Gärten**
Alte Weihnachtsbräuche und traditionelles Handwerk; www.palacove-zahrady.cz

▶ **»Hey, Meister spring!«**
Böhmische Weihnachten mit alter Tradition: Oratorium von Jan Jakub Ryba sowie Kirchenmusik des Barock (Mysliveček, Stamitz, Vranický) in Kirchen; www.pis.cz, Karten: www.bohemiaticket.cz

▶ **Weihnachtsmarkt am Altstädter Ring**
Handwerk aus dem Mittelalter, Puppenspieler und Lebkuchenbäcker. Es singt die »Goldene Stimme«: Karel Gott. Am Heiligen Abend traditionell live.

Geld

Die **Landeswährung** heißt Koruna Česká (Tschechische Krone), Abkürzung: Kč. Die Krone ist frei konvertierbar. Es sind folgende Geldscheine im Umlauf: 50, 100, 200, 500, 1000, 2000 und 5000 Kč. Münzen gibt es zu 1, 2, 5, 10, 20 und 50 Kč. Eine Krone besteht aus 100 Heller (haléř).
Bis zu 200 000 Kč dürfen **frei ein- und ausgeführt** werden. Höhere Geldbeträge sind von den Grenzbehörden zu bestätigen. Andere frei konvertierbare Währungen unterliegen keinen Beschränkungen.
Der Gebührenvergleich vor dem **Geldumtausch** lohnt sich: Wechselstuben, Reisebüros und Hotelrezeptionen

WECHSELKURSE

- **100 Kč = 4,12 €**
- **1 € = 24,22 Kč**
- **100 Kč = 5,3084 sfr**
- **1 sfr = 18,80 Kč**

Karte verloren?

- Seit einigen Jahren gibt es eine einheitliche Notfall-Nummer für sämtliche sperrbaren Medien wie Bank- und Kreditkarten, aber auch für Handys.
Innerhalb Deutschlands ist die Nummer kostenlos, aus dem Ausland müssen die Gebühren übernommen werden:
Tel. (+ 49) 116 116

verlangen oft sehr hohe Gebühren. An den zahlreichen **Geldautomaten** in Prag lässt sich mit Kredit- und Bankkarten – in Kombination mit der Geheimnummer – problemlos rund um die Uhr Geld abheben. Die meisten internationalen Kreditkarten werden von Banken, Hotels, Restaurants, Autovermietern und vielen Einzelhandelsgeschäften akzeptiert.

Gesundheit

Ärztliche Hilfe Bei Erkrankungen sollte man sich zunächst an die Hotelrezeption oder an die Reiseleitung wenden. In schwereren Fällen wird der erkrankte ausländische Besucher in einer Ambulanz, in einem Krankenhaus (tschechisch = nemocnice) oder in einer Spezialklinik medizinisch versorgt. Das Niveau der medizinische Versorgung ist in der Regel befriedigend bis ausreichend.

NÜTZLICHE ADRESSEN

BEREITSCHAFTSDIENST

► **Ärztlicher Rettungsdienst**
Tel. 155

► **Unfallnotdienst**
Tel. 12 30, 12 40

► **Notrufe**
► S. 87

► **Ärztlicher Bereitschaftsdienst**
Praha 1, Palackého 5
Tel. 224 949 181

► **Zahnärztlicher Bereitschaftsdienst**
Praha 1, Palackého 5
Tel. 224 946 981, 1 41 22
Mo. – Fr. 19.00 – 7.00 Uhr
Sa./So. 24-Stunden-Dienst

NOTAUFNAHMEKLINIKEN

► **Na Homolce**
Praha 5, Roentgenova 2
Tel. 257 271 111, www.homolka.cz
Im Fall einer Erkrankung wird jeder Patient in jedem Krankenhaus behandelt, im Krankenhaus Na Homolce gibt es eine spezielle Abteilung für Ausländer mit Privatpatientenbehandlung, Schwimmbad und Cafeteria.

APOTHEKEN MIT 24-STUNDEN-DIENST

► **Lékarna U Svaté Ludmily**
Praha 2, Belgická 37
Tel. 224 237 207

► **Lékarna Palackého**
Praha 1, Palackého 5
Tel. 224 94 69 82

Literatur

Romane und Erzählungen

Brod, Max: Tycho Brahes Weg zu Gott. Herbig, 1955. Der historische Roman erschien 1916. Max Brod stellt Johannes Kepler und Tycho Brahe nicht als historische Individuen, sondern als Repräsentanten konträrer Weltbilder dar.

Hašek, Jaroslav: Die Abenteuer des braven Soldaten Schwejk. Aufbau Tb 2003. Der brave Soldat Schwejk bringt unter dem Deckmantel geistiger Minderbemitteltheit alles durcheinander und führt damit den Krieg ad absurdum – ein wunderbares Sinnbild des Widerstands gegen die Obrigkeit.

Hrabal, Bohumil: Ich habe den englischen König bedient. Suhrkamp, 2007. Ein Ich-Erzähler berichtet von seinen Stationen auf dem Weg zum Hotelbesitzer, von der Tschechoslowakei der 1930er-Jahre bis in die Zeit kurz nach dem kommunistischen Regime. Er hatte gemerkt, dass es sich lohnte, sich über seine ärmliche Herkunft zu erheben. So führte sein Ausspruch, er habe den englischen König bedient, sogar dazu, dass er schließlich den abessinischen Kaiser bedienen durfte.

Kisch, Egon Erwin: Schwimmen im Tintenstrom. Berühmte Reportagen. Area 2005. Kischs Reportagestil, den er, zwischen 1906 und 1913 Lokalreporter in Prag, entwickelte, zeichnet sich durch distanzierte Sachlichkeit aus. Zahlreiche Reisen führten ihn zu Beginn der 1920er-Jahre durch Europa. Ziel seiner schnell lesbaren, unterhaltsamen und interessanten Reportagen war die Darstellung der ganz gewöhnlichen Menschen, des »Lumpenproletariats«.

Kundera, Milan: Die unerträgliche Leichtigkeit des Seins. Fischer Tb, 1987; 2007 auch als Audio-CD bei Random House Audio erschienen, gelesen von Heikko Deutschmann. Die Liebesgeschichte zwischen dem Prager Chirurgen Tomaš und der Kellnerin Teresa führt vor dem Hintergrund der politischen Geschehnisse des Einmarschs der Warschauer-Pakt-Truppen nach Zürich und zurück. Der einfühlsame Roman verschaffte Milan Kundera den internationalen Durchbruch. Seit dem Systemkritiker 1979 die tschechische Staatsbürgerschaft aberkannt wurde, lebt er in Frankreich.

Meyrink, Gustav: Der Golem. Fischer TB 2011. Wie vor ihm bereits zahlreiche Literaten, widmet sich auch der Prager Meyrink (1868 – 1932) dem Mythos des künstlich erschaffenen menschlichen Wesens. Vom Hohen Rabbi Löw aus Lehm geschaffen, wird es in Meyrinks Roman zum Symbol des jüdischen Volkes und das Buch von 1915 zu einem Werk der Weltliteratur. ► Josefstadt, Baedeker Tipp S. 192.

Neruda, Jan: Kleinseitner Geschichten ►Baedeker-Tipp S. 233.

Frances Sherwood, Miriam Carbe: Die Schneiderin von Prag. Heyne 2005. Während Kaiser Rudolf II. 1601 im Hradschin residiert und nach dem Elixier für Unsterblichkeit suchen lässt, erschafft der weise Rabbi Löw den Golem. Doch Jossel, wie er ihn nennt, ist kein seelenloser Klotz. Als er sich in die jüdische Schneiderin Rachel verliebt, hat das Folgen für ganz Prag.

Topol, Jáchym: Exit Engel. Volk und Welt, 1997. Die Geschichte eines drogensüchtigen Aussteigers in den 1990er-Jahren ist im Arbeiterviertel Smíchov angesiedelt und wird von Prags Kultautor erzählt.

Werfel, Franz: Das Trauerhaus. Fischer Tb 1994. Die Geschichte des historischen Prager Bordells »Gogo«, das weit mehr als nur leichte Mädchen und Champagner feilzubieten hatte ... – ein Abbild der bürgerlichen Prager Gesellschaft vor dem Ersten Weltkrieg.

Keane, John: Václav Havel, Biografie eines tragischen Helden. Droemer, 2002. Über siebzig Mitarbeiter, darunter auch Havels Bruder Ivan, trugen sechs Jahre lang akribisch Daten, Details und Dokumente zusammen. Havels Leben als Spiegelbild der politischen Ereignisse, zugleich ein intimer Einblick ins Innenleben der tschechischen Nation, literarisch hochwertig verarbeitet. Geschichte zum Nachdenken und besseren Verständnis.

! *Baedeker* TIPP

Havelbibliothek

Beim Kaffee oder Wein in Büchern schmökern, die ein Dichterpräsident gesammelt hat: Eine Stiftung verwaltet Vaclav Havels Sammlung von ca. 2000 Bändern gleich neben dem Café Montmartre. Schon Hašek trank hier sein Bier, ebenso Kisch, das Café war ein Treffpunkt der Demimonde. Bescheiden wirken dagegen heute die beiden Zimmer der Biblitohek. Die Auswahl ist nicht weltbewegend. So war und ist Havel ein Bürger. Fotos dokumentieren das zweite Leben des einstigen Häftlings, der zum Staatspräsidenten aufstieg, aber auch mal ein Schlabber-Shirt trägt. Die Bilder sagen mehr über ihn als alle Bücher (Altstadt, Řetězova 7, Di. – So. 12.00 – 18.00 Uhr).

Medien

Tschechische Tageszeitungen

Die populärste tschechische Tageszeitung heißt »Blesk« (Blitz) und entspricht in Inhalt und Layout der »Bild«-Zeitung. Viel gelesen sind auch die Titel »Mladá fronta Dnes« (Heute) und »Lidové Noviny« (Volkszeitung). Fast alle Tageszeitungen gehören heute schweizerischen, deutschen oder französischen Verlagen.

Fremdsprachige Zeitungen

Von der deutschsprachigen Presse erscheint nur noch die »Prager Zeitung«, aufrechterhalten durch Prag-begeisterte Journalisten aus

Ostdeutschland, die für kaum nennenswerte Honorare schreiben. Alle anderen deutschsprachigen Blätter sind sanft entschlafen. Kritische Berichterstattung bietet die englischsprachige Wochenzeitung »The Prague Post«, die immer mittwochs erscheint.

Museen und Ausstellungen

Öffnungszeiten

In der Regel haben die Prager Museen von Di. – So. 10.00 – 17.00 Uhr geöffnet. Das Jüdische Museum ist montags geöffnet, dafür samstags geschlossen.

PRAGS MUSEEN

KUNST

▶ **Galerie der Hauptstadt Prag**
► S. 153

▶ **Galerie Portheimka**
► S. 247
Praha 5, Stefánikova 12
Tel. 257 099 971
Öffnungszeiten: Di. – So.
10.00 – 18.00 Uhr

▶ **Haus »Zur steinernen Glocke«**
► S. 135

▶ **Haus »Zur schwarzen Mutter Gottes«**
► S. 273
Praha 1, Celetná 34
Di. – So. 10.00 – 18.00 Uhr
Dauerausstellung zum tschechischen Kubismus

▶ **Kampa-Museum**
Praha 1, Insel Kampa,
U Sovových mlýnů 2
Öffnungszeiten:
tgl. 10.00 – 18.00 Uhr
www.museumkampa.cz
Verbotene Kunst. Was die Kommunisten für entartet hielten, sammelte ein tschechischer Millionär, Jan Mládek, in Amerika. Für seine Sammlung wurde 2002 eine alte Mühle aus der Renaissance experimentell renoviert. Ein Glasbalkon lässt die Besucher über der Moldau schweben, den Blick zur Karlsbrücke verfremdet ein Stuhl für Riesen. Im Innenhof wurde Stahl mit Stein spannend kombiniert. Entspannen auf der Gourmetterrasse.

▶ **Kunstgewerbemuseum**
► S. 212

▶ **Lapidarium**
► S. 145

▶ **Mánes-Ausstellungssaal**
► S. 221

▶ **Mucha-Museum**
► S. 269

▶ **Museum der Hauptstadt Prag**
► S. 226

▶ **Nationalgalerie**
www.ngprague.cz
Ausstellungsorte: Agneskloster, St.-Georgs-Kloster auf dem Hradschin, Messepalast, Palais Schwarzenberg, Palais Sternberg

Das Kunstgewerbemuseum hält einige prachtvolle Stücke bereit.

► **Nationalmuseum**
► S. 227

► **Reitschule des Palais Waldstein**
► S. 242
Praha 1, Valdštejnská 2

► **Strahover Bildergalerie**
► S. 255

KULTURGESCHICHTE/ GESCHICHTE

► **Historisches Museum**
► S. 228

► **Jüdisches Museum**
► S. 182

► **Museum des Kommunismus**
► S. 139

► **Náprstekmuseum**
Praha 1, Betlémské náměstí 1
Di. – So. 9.00 – 12.15, 13.00 – 17.30 Uhr, an jedem ersten Freitag im Monat Eintritt frei
Ethnologische Sammlung asiatischer, afrikanischer sowie amerikanischer Kulturen

► **Nationale Gedenkstätte für die Opfer der Heydrichiade**
► S. 202

LITERATUR, THEATER, MUSIK

► **Dvořák-Museum**
► S. 259

► **Franz-Kafka-Ausstellung**
Praha 1, náměstí Franze Kafky 5
Di. – Fr. 10.00 – 18.00
Sa. 10.00 – 17.00 Uhr

► **Franz-Kafka-Museum**
Praha 1, Hergetova Cihelna, Cihelná 2 b
www.kafkamuseum.cz
März – Dez. tgl. 10.00 – 18.00
Jan., Feb. bis 17.00 Uhr
In einer früheren Ziegelei am Kleinseitner Moldauufer begegnen Sie dem Dichter, der wie wenige andere mit Prag verbunden ist: Kafkas Lebensraum und die Topografie seiner Dichtungen unter dem Titel »Die Stadt von K. Franz Kafka und Prag«, dreisprachig präsentiert.

► **Mozart-Museum**
► S. 260

► **Museum der Tschechischen Literatur**
► S. 266

► **Museum für Musikautomaten**
► S. 180

► **Smetana-Museum**
► S. 246

MILITÄR

► **Armeemuseum**
Praha 3, U památníku 2
Nov. – April Mo. – Fr. 9.30 – 17.00; Mai – Okt. Di. – So. 10.00 – 18.00 Uhr
www.militarymuseum.cz

SONSTIGE MUSEEN

► **Museum des Prager Jesuskindes**
► S. 249

► **Naturwissenschaftliches Museum**
► S. 228

► **Pädagogisches Museum Komenského**
Praha 1, Valdštejnská 20
Di. – So. 10.00 – 12.30, 13.00 bis 17.00 Uhr, www.pmjak.cz
Museum über den Pädagogen J. A. Comenius (1592 – 1670)

► **Polizeimuseum**
Ke Karlovu 1, Praha 2
Di. – So. 10.00 – 17.00 Uhr
www.mvcr.cz
Im Kloster Karlov. Hier befinden sich auch Teile des Staatsarchivs.

► **Postmuseum**
Praha 1, Nové mlýny 2
Di. – So. 9.00 – 11.00 und 14.00 bis 17.00 Uhr, www.cpost.cz
Briefmarkenausstellung

► **Puppenmuseum**
► S. 180

► **Choco-Story**
Praha 1, Celetná 19
tgl. 10.00 – 19.00 Uhr
www.choco-story-praha.cz
Schokoladenmuseum für kleine und große Leckermäuler.

► **Spielzeugmuseum**
► S. 178

► **Technisches Nationalmuseum**
► S. 256

► **Wachsfigurenmuseum**
Praha 1, Melantrichova 5
www.waxmuseumprague.cz
tgl. 9.00 – 20.00 Uhr
Smetana, Dvořák, Mucha und andere illustre Persönlichkeiten aus Politik, Sport, Musik und Showbiz.

Notrufe

Notruf: Tel. 112
Polizei:.Tel. 158
Feuerwehr: Tel. 150
Pannendienst ► S. 111
Ärztlicher Rettungsdienst ► S. 82

Post und Telekommunikation

Briefmarken (známky) sind in Postämtern, Tabakläden sowie in Kiosken erhältlich. Das Porto in alle europäischen Länder beträgt für Briefe bis 20 g und Postkarten 17 Kč.

Telefon Anbieter für Telefonkarten sind Telefónica O_2, Ditel und Smartcall. Karten mit unterschiedlicher Einheitenzahl (150 Kč, 200 Kč, 300 Kč, 500 Kč, 600 Kč und 1000 Kč) sind an Zeitungskiosken, in Postämtern, Hotels und Reisebüros erhältlich. Ortsgespräche aus öffentlichen Telefonzellen kosten 5 Kč.

Handy Die tschechischen Mobilfunknetze sind flächendeckend über die Betreiber T-Mobile CZ, Telefónica O_2 und Vodafone ausgebaut. Zuweilen lohnt sich ein Preisvergleich und die manuelle Netzwahl, um die Roaminggebühren gering zu halten. Unter www.tariftip.de lässt sich der günstigste Anbieter für T-Mobile D, Vodafone E-Plus oder O_2 ermitteln.

VORWAHLEN

- **Prag**
  aus dem Ausland 004 20
  Die Null der nachfolgenden Ortsnetzkennzahl entfällt.
- **Aus der Tschechischen Republik**
  nach Deutschland: Tel. 00 49
  nach Österreich: Tel. 00 43
  in die Schweiz: Tel. 00 41

TELEFONAUSKUNFT

- **National**
  Tel. 11 80
- **International**
  Tel. 11 81

Prag-Knigge

Über den Prager Humor und andere Feinheiten Nimm's locker. Beim Humor gibt es den feinen englischen, den schwarzen, den Galgenhumor und als Steigerung den Prager Humor. Der beginnt britisch fein, wird schwarz und hängt schließlich wie ein Halunke am Galgen. Als Zuhörer darf man nicht empfindlich sein. Schließlich heißt es: »Der Tscheche ist nicht freundlich, aber menschlich.« Der Prager ist also oft unhöflich, aber niemals unmenschlich.

Alle Tschechen lieben den König! Es ist zwar etwas länger her, dass Karl IV., der Landesvater, lebte. Aber im Bewusstsein der Nation ist er immer noch so aktuell wie die Royals bei den Briten. Und manchmal hat der Tscheche wirklich Sehnsucht nach der Monarchie. Also soll man als Fremder auch über den großen Karl IV. und seine Baukunst (nicht nur in Prag) schwärmen.

Trotz EU-Osterweiterung sollte man geografisch genau auf die Lage achten. Die Tschechen fühlen sich nicht als ein Volk des Ostens. Sie betonen: »Wir sind die westlichste Nation Osteuropas.« Der Akzent liegt immer auf West und »Prag ist das Herz Mitteleuropas«. Auf

diese Feinheiten zu achten, bringt einen Sympathiebonus.
Wer weiß, dass »Rosamunde«, die berühmteste Polka der Welt, tatsächlich aus Böhmen stammt, macht sich bei jedem Tschechen sofort beliebt. Auf ihre Volksmusik lassen die guten Landsleute nichts kommen. Die Blasmusik gehört zu Tschechien wie die Dudelsackpfeifer zu Schottland. Die Polka ist unsterblich!
»Ich bin doch nicht blöd!« – noch lange bevor dieser Werbeslogan zum Erkennungscode eines Elektronikmarkts wurde, war dieser Spruch bei den Tschechen in aller Munde. Gut zu wissen, um sich danach zu richten. Der Tscheche mag es nicht, wenn man ihm etwas zweimal erklärt: Er macht sowieso alles nach seinem eigenen Kopf und der ist meistens etwas stur. Flexibilität gehört nicht gerade zur nationalen Stärke, improvisieren schon. Wie gesagt: »Da ist keiner blöd.« Bei provisorischen Lösungen sind die Tschechen gar Weltmeister.
Prost heißt auf tschechisch »na zdraví« (nicht zu verwechseln mit dem russischen »Nazdarovje«).

Modern und historisch in der Karlsgasse

Was man auf jeden Fall vermeiden sollte

Bierselig auf der Karlsbrücke deutsche Lieder (z. B. »Anton aus Tirol«) zu singen. Die Fußballfans tun's leider. Bei den älteren Pragern erwachen dabei die Erinnerungen an die unseligen NS-Besatzungszeiten. Ein Schimpfwort ist noch geblieben: Skopčáci – »Schafschädel«, die tschechische Version für die »Krauts«.
»Tschechei« ist altes Nazi-Deutsch. Tschechien ist richtig. Tschechische Republik korrekt.
Tschechische Küche zu kritisieren! Auch wenn es mal nicht so mundet, wie erwartet, der sicherste Weg, einen Tschechen zu beleidigen, lautet: »Der Schweinebraten schmeckt in Deutschland aber besser.« Und natürlich ist das tschechische Bier das beste auf der Welt! Prost!
Auf die Kommunisten zu schimpfen. Das Thema ist abgehakt. Eine politische Wertung ist allenfalls noch den Historikerrunden vorbehalten.
Prag mit anderen Städten zu vergleichen: Prag ist und bleibt einmalig!

Preise und Vergünstigungen

Ermäßigungen Die Zeiten als in Prag noch Kunst und Genuss fast zum Nulltarif angeboten wurde, sind mittlerweile vorbei. So lohnt es sich, in eine **»Geschenkeintrittskarte«** (dárková vstupenka) zu investieren: Alle Orte der weit zerstreuten Nationalgalerie kann man damit für 650 Kč besuchen, 1000 Kč beträgt der Paartarif.

Die **»Prague Card«** (790 Kč; www.praguecitycard.com), gültig für vier Tage, ermöglicht den Eintritt in die 50 bedeutendsten Sehenswürdigkeiten und Museen Prags. Zusammen mit einer Info-Broschüre erhält man die Karte beim Prager Informationsdienst oder bei Čedok (Auskunft). Hier und an einigen der Hauptsehenswürdigkeiten kann man seit kurzem auch den drei Tage geltenden **»10 Prague Monuments Pass«** (400 Kč/Erw., 200 Kč/Kind; www.pis.cz/de) erwerben. Dazu lohnt sich eine drei Tage gültige **Touristenkarte für Metro, Tram und Bus** (330 Kč), die man in Metrostationen, Kiosken und Hotels erhält. Mit dieser Karte kann ein Erwachsener zusammen mit einem Kind unter 15 Jahre unterwegs sein. Für Touristen, die sich länger als fünf Tage in Prag aufhalten, lohnt es sich, eine Monatskarte zu kaufen.

WAS KOSTET WIE VIEL?

3-Gänge-Menü ab 25 €

Einfache Mahlzeit ab 8 €

Tasse Kaffee 1,20 €

Straßenbahnfahrt ab 1 €

Günstiges Doppelzimmer ab 80 €

Reisezeit

Im Frühjahr, etwa ab Mitte April, bietet Prag mit den vielen blühenden Obstbäumen an den Hängen der Moldau einen besonderen Reiz. Eine zusätzliche Attraktion dieser Jahreszeit sind die traditionsreichen, alljährlich stattfindenden Musikfestwochen »Prager Frühling« (► Theater, Konzerte, Musicals). Die Temperaturen im Sommer entsprechen deutschen Verhältnissen, wobei die höchsten Durchschnittswerte, wegen häufiger Gewitterneigung aber auch die stärksten Niederschläge im Juli zu verzeichnen sind (Temperaturmaximum 24,1 °C, Niederschlagsmenge 70 mm). Der Herbst bietet mit einer ausgeglichenen Wetterlage ebenfalls sehr günstige Voraussetzungen für einen Besuch der Goldenen Stadt. Der kälteste Monat im nicht sonderlich schneereichen Winter ist der Januar mit einem durchschnittlichen Temperaturminium von –4 °C.

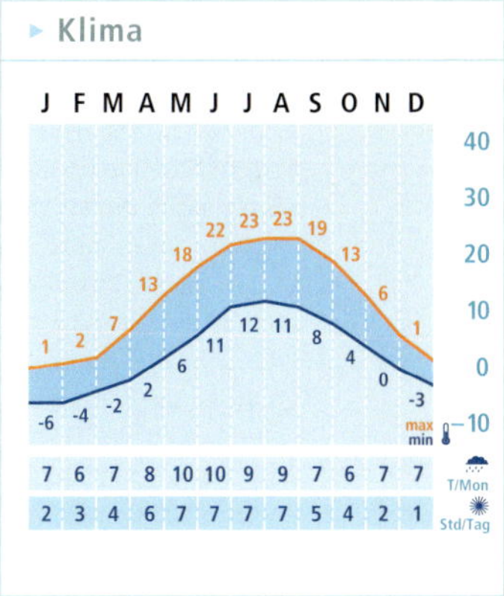

Shopping

Luxusboulevards und Einkaufspassagen

Bummeln entlang der Luxusboulevards. Einkaufen in Palästen voller Glamour. In aufgemöbelten Kaufhäusern nach Edelmarken stöbern. Der Duft von Cappuccino macht sich allerorts breit. Der Anschluss an Paris oder London ist geschafft. Typisch für Prag sind die verschachtelten Einkaufspassagen. Labyrinthe mit hohen Decken, Arkaden und großzügigen Treppenaufgängen. Die nostalgische Architektur des Jugendstils wurde durch Panzerglas und Edelstahl modernisiert. An alten Fassaden sorgen kühle Farben und kühne Lösungen für spannende Kontraste. Das Designer-Interieur gibt den Ton an. Für manche Filialen der großen internationalen Ladengruppen (H & M, Mango, Bogner, Versace) fand man im Prager Zentrum das schönste Ambiente ihrer gesamten Ketten. Mit Renaissance-Stuck an der Decke, gusseisernen Geländern und Originallampen in Art déco.

Mitbringsel

Weltweit berühmt ist böhmisches Glas, z. T. mit kunstvollem Schliff versehen und in prächtigen Farben erhältlich. Auch böhmisches Porzellan und böhmischer Granatschmuck erfreuen sich großer Beliebtheit. Bevorzugte Souvenirs sind ferner aus Zinn hergestellte Schmuckwaren, Keramik, Artikel aus geklöppelter Spitze, Holzschnitzereien aller Art, mit prächtiger Stickerei versehene Decken, Tücher und Trachten, Spielsachen, Weihnachtskrippen, Bücher, Kunstgegenstände, Marionetten, Sportartikel sowie die typischen Getränke (►Bier, auch der Pflaumengeist »Slivovice«, der Bitterlikör »Becherovka«) und Lebensmittel (Prager Schinken, Znaimer Delikatessgurken, Würste u. a.) aus Prag und Umgebung. Viel gerühmt sind auch die Antiquariate und das Angebot an Antiquitäten.

Antiquitäten Da bei der Ausfuhr von Antiquitäten mit Zollgebühren zu rechnen ist, wird empfohlen, sich beim **Zollamt** am Flughafen (Celní úřad Praha, Praha 6, Tel. 166 090 996, www.cs.mfcr.cz) zu informieren.

Öffnungszeiten »Das Geschäft ist dein Zuhause«, nach diesem alten jüdischen Sprichwort hat Prag seine Öffnungszeiten flexibilisiert. Generell herrscht bis 20.00 Uhr überall Betrieb. In den Kaufhäusern bis 22.00 Uhr. Die Super- und Hypermärkte in den neuen Shopping-Zentren locken bis 24.00 Uhr. Hier liegt der Schichtbeginn auch schon bei 7.00 Uhr morgens. Samstags haben die Kaufhäuser bis 19.00 Uhr geöffnet und am Sonntag stehen ab Mittag wieder die meisten Ladentüren offen, mindestens bis 18.00 Uhr, im Zentrum noch länger. Auf den Touristenmeilen gilt kein Ladenschlussgesetz. Man schließt, wenn der letzte Kunde geht.

ADRESSEN SHOPPING

ANTIQUITÄTEN

▸ **Art Décoratif**
Praha 1, Melantrichova 5
Design in Anlehnung an Exponate von Alfons Mucha

▸ **Dorotheum Prag**
Praha 1, Ovocný trh 580/2
www.dorotheum.cz
Das größte Auktionshaus Europas ist seit 2003 auch in Prag präsent.

▸ **Pod Kinskou**
Praha 5, Náměstí Kinských 7
www.antique-shop.cz
Spezialisiert auf Gemälde und alte Möbel

KAUFHÄUSER

▸ **Anděl City**
Praha 5, Smíchov
Radlická 1/b
tgl. 7.00 – 24.00 Uhr
Hip! Shoppen bei Tesco, Boutiquen mit italienischen Edelmarken. Trendige Ecken mit Cappuccino, Sekt und Sushi. Direkt an der Metro: Linie B, Anděl

▸ **Tesco**
Praha 1, Národní třída 26
8.00 – 21.00, Sa. 9.00 – 20.00
So. 10.00 – 19.00 Uhr
Direkt an der Metrostation Národní třída kann man hier zu fast jeder Zeit noch schnell einkaufen, insbesondere Lebensmittel.

▸ **Palladium**
Praha 1, náměstí Republiky 1
www.palladiumpraha.cz
Supermarkt: tgl. 9.00 – 20.00, So. bis 21.00, Einkaufsgalerie: 9.00 – 22.00, So. bis 21.00 Uhr
Das Einkaufszentrum in der Stadtmitte lockt mit rund 170 Modegeschäften, Cafés und Restaurants.

Stöbern nach Edelmarken

Sprache

Aussprache-regeln

Der Hauptton liegt im Tschechischen immer auf der ersten Silbe, wobei auch l und r als Halbvokale den Ton tragen, selbst wenn Vokale folgen (z. B. Vltava/Moldau; Brno/Brünn). R trägt bei vokallosen Wörtern den Ton (z. B. prst/Finger). Das Tschechische unterscheidet scharf zwischen langen und kurzen Vokalen. Die langen haben einen Akzent (á, é, í) oder einen kleinen Ring (ů). Y wird stets wie i gesprochen. Ein Haken auf dem Buchstaben ě erfordert die Aussprache je. Bei Diphthongen (aj, áj, ej, au, ou) werden die zweiten Bestandteile als Halbvokale deutlich gesprochen, mit dem Ton auf dem ersten Bestandteil (z. B. kraj/Land, auto/Auto).
Eine andere Aussprache als im Deutschen haben die Buchstaben v (immer wie w in Wort) und z (immer wie stimmhaftes s). Charakteristisch sind für das Tschechische die diakritischen Zeichen: č (Aussprache tsch), š (wie sch), ž (wie g in Gelee), ř (wie r + ž).

SPRACHFÜHRER TSCHECHISCH

Auf einen Blick

Sprechen Sie ...?	mluvíte ...?
... deutsch?	... německy?
... englisch?	... anglicky?
französisch?	... francouzsky?
Ich verstehe nicht	nerozumím
Ja, jawohl	ano
Nein	ne
Bitte!	prosím!
Danke!	děkuji!
Entschuldigen Sie!	promiňte!
Verzeihung!	promiňte!
Können Sie mir bitte helfen?	Prosím vás, můžete mi pomoci?
Guten Morgen!	dobré jitro!
Guten Abend!	dobrý večer!
Gute Nacht!	dobrou noc!
Auf Wiedersehen!	na shledanou!
Herr/Frau	pán
Frau	paní

Unterwegs

Wo ist ...?	kde je ...?
Straße, Gasse	třída/ulice
Gasse	ulice
Straße nach ...	cesta do ...

Platz	náměstí
Reisebüro	cestovní kancelář
Bank	banka
Wechselstube	směnárna
Bahnhof	nádraží
Kirche	kostel
Dom	chrám
Museum	muzeum
Wann?	kdy?
Schloss	zámek
geöffnet	otevřeno
geschlossen	zavřeno

Unterkunft

Hotel	hotel
Ich möchte ...	chtěl bych/chtěla bych
Zimmer	pokoj
Einbettzimmer	jednolůžkový pokoj
Zweibettzimmer	dvoulůžkový pokoj
Schlüssel	klíč
Toilette	toaleta, záchod
Bad	koupelna
Gasthaus	hostinec

Krankheit

Arzt	lékař
Apotheke	lékárna
Ich habe Fieber.	Mám horečku.
Ich habe hier Schmerzen.	Mám bolesti tady.

Verkehr

Durchfahrt verboten!	průjezd zakázán!
Einbahnstraße	jednosměrná ulice
Umleitung	objížd'ka
Vorsicht!	pozor!
Es ist ein Unfall passiert!	stala se nehoda!
rechts	napravo, vpravo
links	nalevo, vlevo
geradeaus	přímo
oben	nahoře
unten	dole

Wochentage

Montag	pondělí

Dienstag	úterý
Mittwoch	středa
Donnerstag	čtvrtek
Freitag	pátek
Samstag	sobota
Sonntag	neděle
Feiertag	svátek

Grundzahlen

1	jeden, jedna, jedno
2	dva, dvě, dvě
3	tří
4	čtyři
5	pět
6	šest
7	sedm
8	osm
9	devět
10	deset
11	jedenáct
12	dvanáct
13	třínáct
14	čtrnáct
15	patnáct
16	šestnáct
17	sedmnáct
18	osmnáct
19	devatenáct
20	dvacet
30	třicet
40	čyřicet
50	padesát
60	šedesát
70	sedmdesát
80	osmdesát
90	devadesát
100	sto
1000	tisíc
1 Mio.	milión

Frühstück (snídaně)

schwarzer Kaffee	černá káva
Kaffee mit Milch	bílá káva
Tee mit Milch	čaj s mlékem
Schokolade	čokoláda
Fruchtsaft	džus
Eier mit Speck	vejce na slanině
Brot	chleba
Butter	máslo
Wurst	salám
Marmelade	džem

Suppen (polévky)

Kartoffelsuppe	bramborová polévka
Weißkrautsuppe mit Wurst	zelná s klobásou
Zwiebelsuppe	cibulová

Hauptgerichte

Schweinebraten	vepřová

gebratene Ente	pečená kachna
Wiener Schnitzel	smažený řízek
Karpfen paniert	smažený kapr
Bratgans	pečená husa
Gulasch	guláš
Fisch	ryby
... Zigeunerart (mit Gemüse)	... po cikánsku
Forelle	pstruh

Beilagen

Sauerkraut	zelí
Rotkraut	červené zelí
Kartoffelknödel	bramborové knedlíky
Speckknödel	špekové knedlíky
Salzkartoffeln	vařené brambory
Pommes frites	smažené hranolky
Kartoffelsalat	bramborový salát
Weißkrautsalat	zelný
gemischter Salat	míchaný

Süßspeisen

Obstknödel	ovocné knedlíky
Palatschinken	palačinky
... mit Früchten und Sahne	... s ovocem a se šlehačkou
Windbeutel mit Sahne	větrník se šlehačkou

Stadtführungen · Sightseeing

Die örtlichen Reisebüros veranstalten zahlreiche organisierte Stadtrundfahrten und Spaziergänge zu den schönsten Plätzen der Goldenen Stadt. Der Prager Informationsdienst (PIS) stellt nach Wunsch Fremdenführer für individuelle Stadtbesichtigungen zur Verfügung. Eindrucksvoll ist die Stadtrundfahrt »Historisches Prag« mit dem Bus, die mit einem Rundgang durch die Prager Burg endet. Lohnend sind die Rundfahrten mit dem kleinen Aussichtszug vom Altstädter Ring oder eine Kutschfahrt mit einer der dortigen Droschken. Alternativ kann man einen ausgiebigen Rundgang zu Fuß durch die historische Altstadt unternehmen, um dann mit der Seilbahn auf den Petřínhügel und zu Fuß weiter zum Kloster Strahov zu gelangen sowie zum Loretoheiligtum und zur Prager Burg.

VERANSTALTER

► **Prager Informationsdienst (PIS)**
► S. 65

► **Bohemia Travel Service (BTS)**
Gray Line Prague, Palác Vltava, Revoluční 25, Praha 1
Tel. 224 826 262
Fax 224 826 261
www.citytours.cz
Individual- und Gruppenführungen; Prag bei Nacht, Ausflüge nach Karlstein, Konopiště, Kutná Hora etc. Die Teilnehmer werden am Hotel abgeholt.

► **Daily Walks of Prague**
Tel./Fax 281 917 642
www.walks.cz
Treffpunkt an der Astronomischen Uhr am ►Altstädter Rathaus. Neben den herkömmlichen Stadtführungen gibt es Touren durch die Prager Bierkneipen, zum Thema Musik und auf den Spuren der Kommunisten.

► **Precious Legacy Tours**
Praha 1
Kaprova 13
Tel./Fax 222 321 954
www.yourcityguide.cz
Neben den üblichen Sightseeingtouren liegt der Schwerpunkt auf dem jüdischen Leben in Prag; angeboten werden Führungen durch das jüdische Viertel, das jüdische Prag bei Nacht und Prag aus der Perspektive berühmter jüdischer Persönlichkeiten von Rabbi Löw bis Franz Kafka.

► **Moldaufahrt**
► S. 109

Hier wird der stündliche Apostelumzug am Altstädter Rathaus bestaunt!

Theater · Konzerte

Vorverkauf Theater-, Opern- und Konzertkarten sollte man sich vorab beim Theater direkt oder über Agenturen besorgen, die allerdings eine Bearbeitungsgebühr berechnen. Auch die Büros des Prager Informationsdienstes (PIS, ► Auskunft) verkaufen Karten. Vorsichtig sein sollte man, wenn die Karten auf der Straße angeboten werden.

INFOS ZU THEATER, TANZ UND MUSIK

KARTENVORVERKAUF

► **Bohemia Ticket International**
Praha 1, Na Příkopě 16
Tel. 224 215 031
www.bohemiaticket.cz
Mo. – Fr. 10.00 – 19.00
Sa. bis 17.00, So. bis 15.00 Uhr

► **Ticketpro**
Praha 1, Salvátorská 10
Tel. 224 816 020, www.ticketpro.cz
Mo. – Fr. 9.00 – 12.00
13.00 – 17.15 Uhr

Prachtvolles Ständetheater

MUSIK · KLASSIK

► **Nationaltheater (Národní divadlo)**
Praha 1, Národní třída 2
Tel. 224 901 668
www.narodni-divadlo.cz
www.national-theater.cz
Nationale Werke, Avantgarde und Verdi. Der letzte Schrei: »Nagano«, Der Gewinn von Olympiagold im Eishockey in Nagano 1998 als Oper dargeboten.

► **Staatsoper (Státní opera Praha)**
Praha 1, Vinohrady, Legerova 75
Tel 296 117 111
www.opera.cz

► **Ständetheater (Stavovské divadlo)**
Praha 1, Altstadt, Ovocný trh 1
Tel. 224 215 001
www.stavovskedivadlo.cz

KONZERTE

Gute Akustik in den Prager Kirchen: Konzerte finden im Agneskloster, der St.-Georgs-Basilika, der St.-Gallus-, der St.-Ursula- und der St.-Niklas-Kirche und in St. Jakob statt.

► **Rudolfinum (Dvořák- und Suksaal)**
Praha 1, Altstadt

Alšovo nábřeži 12
Tel. 227 059 352
www.ceskafilharmonie.cz
Sitz der Tschechischen Philharmonie, alljährliches Finale des »Prager Frühlings«.

▶ **U kamenného zvonu (Haus »Zur steinernen Glocke«)**
Praha 1
Staroměstské náměstí 13
Tel. 224 827 526
Alte Musik von Mittelalter bis Barock. Auch unbekannte Meister.

▶ **Obecní dům (Repräsentationshaus)**
Praha 1, Altstadt
náměstí Republiky 5
Tel. 222 002 101
www.obecnidum.cz
Eröffnungskonzert des »Prager Frühlings« im Smetana-Saal. Jugendstilambiente vom Feinsten.

▶ **Villa Bertramka**
Praha 5, Mozartova 169
Tel. 257 316 753
www.bertramka.com
Mozartkonzerte mit Goldfrack und Perücke.
Die Prager Sommerluft hängt voller Geigen. Die Kleinseitener Paläste öffnen ihre Gärten für Serenaden: Waldstein, Lederbour, Pálffy, Ballhaus der Königsgärten, der Saal im Lustschloss Belvedere, sowie der Hof in der Villa Amerika (Dvorák-Museum). Info und Karten: www.viamusica.cz, www.bohemiaticket.cz, E-Mail: order@bohemiaticket.cz

PRAGER FRÜHLING

Internationalen Ruf genießt das Musikfestival »Prager Frühling« (Mitte Mai bis Anfang Juni). Die Konzerte des Festivals finden im Haus der Künstler, im Kulturpalast, in Kirchen oder historischen Räumlichkeiten, manche sogar in den barocken Prager Gärten statt (Infos unter www.festival.cz).

MUSIK-KABARETT

i DIE SCHÖNSTEN EVENTS

- Agharta Jazz Centrum: Jazz und Synkopen »east meets west«
- Ständetheater (Stavovské divadlo): Mozarts »Don Giovanni«
- Křižikova fontana: Light- & Soundshow an der Fontäne
- Villa Bertramka: Die »Kleine Nachtmusik« in Mozart-Kostümen
- Obecní dům (Repräsentationshaus): Klassik im schönsten Jugendstilsaal Prags

▶ **Rokoko-Theater (Divadlo Rokoko)**
Praha 1, Václavské náměstí 38

JAZZ

▶ **Reduta**
Praha 1, Národní třída 20
Tel. 224 933 487
www.redutajazzclub.cz
Ältester noch bestehender Jazzklub Europas. Geadelt durch Bill Clintons Saxofon.

▶ **Agharta Jazz Centrum**
Praha 1, Železná 16
Tel. 222 211 275, www.agharta.cz
Bester Jazzklub nach Meinung vieler Prager; tgl. 21.00 – 24.00 Uhr Livemusik

▶ **Lucerna**
Praha 1, Vodičkova 36
Tel. 224 215 186
www.musicbar.cz
Internationale Jazz-Szene, Stars und Sessions. Beginn: 21.00 Uhr.

Die langen Musiknächte enden in der gegenüberliegenden Kneipe.

▶ **Metropolitan Jazz Club**
Praha 1, Jungmannova 14
Tel. 224 947 777
Institution für »fats Blues«, Evergreens, Swing, Bebop. Die Alten können's.

Laterna Magika: Zwischen Illusion und Realität

ROCK- UND POPKONZERTE

▶ **Hard Rock Café**
Praha 1, Malé náměstí 3
Tel. 224 229 529
www.hardrock.com
tgl. 11.30 - 1.00

▶ **Křižíkova fontána**
Praha 7, Výstaviště (Ausstellungsgelände), Tel. 220 103 224
www.krizikovafontana.cz
Von Orff bis Orpheus: Carmina Burana, Tanz der Vampire und U 2. Beginn der Light-&-Sound-Show der Wasserfontänen im Sommer stündlich von 20.00 – 23.00 Uhr.

▶ **Rock Café**
Praha 1, Národní třída 20
Tel. 224 933 947, www.rockcafe.cz
tgl. 10.00 – 3.00 Uhr, ab 21.00 Uhr

THEATER

▶ **Kulturpalast (Kongresové Centrum)**
Praha 4, 5. května 65, www.kcp.cz
Gemischtes Programm

▶ **La Fabrika**
Praha 7, Komunardů 30
www.lafabrika.cz
Theater, Tanz, Konzerte, Filme und Ausstellungen in einer ehemaligen Fabrik

▶ **Laterna Magika**
Praha 1, Národní třída 4
www.laterna.cz
Multi-Vision aus Laser, schwarzem Theater, Video, Mobile, Pantomime, Ballett und Tanz. Goldmedaille bei der Expo 1958 in Brüssel. Neu inszeniert im Stil der Zeit. Casanova, Graffiti und Krieg der Sterne.

▶ **Musik-Theater in Karlín (Hudební divadlo v Karlíně)**
Praha 8, Křižíkova 10; www.hdk.cz
Operette, Musical

▶ **Nationaltheater (Národní divadlo)**
Praha 1, Národní třída 2
www.narodni-divadlo.cz
Oper, Ballett, Schauspiel

▶ **Neue Szene (Nová scéna)**
Praha 1, Národní třída 4
Ballett, Schauspiel

▶ **Semafor-Theater (Divadlo Semafor)**
Praha 6, Dejvická 27
www.semafor.cz; Musikkomödie

► **Staatsoper Prag (Státní opera Praha)**
Praha 1, Wilsonova 4
www.opera.cz; Oper, Ballett

► **Ständetheater (Stavovské divadlo)**
Praha 1, Ovocný trh 1
www.stavovskedivadlo.cz
Oper, Ballett, Schauspiel

► **Theater am Geländer (Divadlo Na zábradlí)**
Praha 1, Anenské náměstí 5
www.nazabradli.cz
Schauspiel und Pantomime

► **Theater Kolowrat (Divadlo Kolowrat)**
Praha 1, Ovocný trh 6
Oper, Ballett, Schauspiel

KLEINKUNST · KABARETT

► **Rokoko-Theater (Divadlo Rokoko)**
Praha 1, Václavské náměstí 38
Musik und Theater

► **U Fleků**
Praha 1
Křemencova 11
www.ufleku.cz
Alttschechisches Kabarett

► **Varieté Praga**
Praha 1
Vodičkova 30

► **Weinstube Viola**
Praha 1, Národní třída 7
Dichterlesungen, Jazz

KINDER-, JUGENDBÜHNEN

► **Puppenreich (Říše loutek) Nationaltheater der Marionetten**
Praha 1, Žatecká 1

► **Spejbl und Hurvínek (Divadlo Spejbla a Hurvinka)**
Praha 6
Dejvická 38
www.spejbl-hurvinek.cz
Puppentheater (auch deutschsprachige Aufführungen)

Übernachten

Hotels

Die meisten der Prager Hotels entsprechen westlichen Standards bzw. liegen darüber, denn fast alle Häuser sind im letzten Jahrzehnt eröffnet oder komplett renoviert worden. Das macht sich auch am Preisniveau bemerkbar, das außerordentlich hoch angesetzt ist. Während der Feiertage steigen die Preise nochmals an, während sie außerhalb der Saison darunter liegen. Unterkünfte finden sich auch in Hotelschiffen, den Botels am Moldauufer. Die wachsende Beliebtheit der »Perle an der Moldau« macht die Vorbestellung von Hotelunterkünften empfehlenswert. Im Internet lassen sich Hotels unter www.prague.nethotels.com buchen.

◄ Apartments

Ferienwohnungen mit Hotelservice und 24-Stunden-Rezeption gibt es bereits für eine Nacht bei Prague City Apartments, Divadelni 24, Praha 1, Tel. 224 990 990, Fax 224 990 999, www.prague-city-apartments.cz.

Camping Die Prager Campingplätze liegen in der Regel zwischen 5 und 10 km außerhalb der Stadt. Infos unter www.camp.cz oder beim Prager Informationsdienst (►Auskunft).

EMPFEHLENSWERTE HOTELS

► **►Plan S. 74/75**
ohne Nr.: außerhalb des Plans

► **Preiskategorien pro Doppelzimmer**
Luxus: über 250 €
Komfortabel: 150 bis 250 €
Günstig: bis 150 €

LUXUS

► ③ **Aria**
Praha 1, Tržiště 9
Tel. 225 334 111, Fax 255 334 666
www.ariahotel.net
Musik als Ambiente. Die 52 Zimmer sind individuell nach den Themen Klassik, Jazz, Musical, Oper eingerichtet. Man kann das Bett nach seinem Lieblingskomponisten wählen. Die Ausstattung stammt von New Yorker Designern. Von der Terrasse ein traumhafter Blick in die Barockgärten des Petřín-Hügels.

► ⑲ **The Augustine**
Kleinseite, Letenská 12
Tel. 266 112 233, Fax 266 112 334
www.theaugustine.com
Hier findet sich eine der zehn exklusivsten Suiten der Welt: Im Turm dieses Rocco-Forte-Hotels nimmt sie drei Stockwerke ein. Eine Etage nur fürs Bad, vom Schlafzimmer öffnet sich ein 360-Grad-Panorama über Prag. Vom Bett aus sieht man den ganzen Hradschin, ohne aufstehen zu müssen. Kostenpunkt: 4000 Euro pro Nacht. In den normalen Doppelzimmern wohnt man auch nicht schlecht – aber ungleich günstiger (ab 250 Euro).

► ㉚ **Boscolo Hotel Carlo IV.**
Praha 1, Senovážné náměstí 13
Tel. 224 593 033, Fax 224 223 960
boscolo.com
www.boscolohotels.com
Ein Hotel in der Majestätsklasse. Ursprünglich ein Bankpalast, in Pracht und Dimension könnte es mit dem Nationalmuseum wetteifern. Von der römischen Luxushotelgruppe Boscolo veredelt, stehen in der Halle wuchtige Ledergarnituren. Säulenpracht, Kristallleuchter und Art déco vom Feinsten schaffen eine erhabene Atmosphäre. Die geräumigen 152 Zimmer sind mit Antiquitäten möbliert. Schlafen wie in der Schatzkammer des Königs. Gourmetküche mit italienischer Note.

► ㉗ **Esplanade**
Praha 1, Washingtonova 19
Tel. 224 501 111, Fax 224 229 306
www.esplanade.cz
Besonders das gute französische Restaurant animiert in dem exklusiven 64-Zimmer-Hotel zum Besuch. Das im Stil der 1930er-Jahre renovierte Haus liegt recht ruhig gegenüber einem Park in der Nähe des Hauptbahnhofs.

► ⑩ **Four Seasons**
Praha 1, Veleslavínova 2 a
Tel. 221 427 000, Fax 221 426 000
www.fourseasons.com
Drei Gebäude aus Gotik, Renais-

sance und Barock sind durch eine zeitgenössische Bauweise miteinander verbunden. In zentraler Lage direkt an der Moldau und unweit der Karlsbrücke und der Prager Altstadt. Zum Hotel, das über 162 Zimmer und Suiten verfügt, gehört das Restaurant Allegro, das italienische Kochkunst mit tschechischen Spezialitäten verbindet und im Sommer auf die Terrasse an der Moldau einlädt.

▶ **Hilton Atrium**
Praha 8, Pobřežní 1
Tel. 224 84 11 11, Fax 224 84 23 78
www.hilton.com
Der hochmoderne Glaspalast östlich der Altstadt ist mit 788 Zimmern das größte Hotel Prags. Restaurants, Cafés, Businesscenter, Konferenzräume, Pool, Disko, Kasino und ein Wellnessbereich erwarten die Gäste.

▶ ㉘ **Le Palais**
Praha 2, U Zvonařky 1
Tel. 234 634 111 , Fax 234 634 635
www.palaishotel.cz
In Prags einst sehr vornehmem Stadtteil Vinohrady (Weinberge). Atmosphäre der Belle Époque. Der Maler Luděk Marold, berühmt durch das gigantische Gemälde der Hussitenschlacht bei Lipany, das größte historische Kriegsbild der Welt, lebte hier und schuf 1898 für den damaligen Hausherrn die Dekoration. 72 Luxuszimmer in der Prestigeklasse der »Leading Small Hotels of the World«.

▶ ⑭ **Mandarin Oriental**
Kleinseite, Nebovidská 1
Tel. 233 088 888, Fax 233 088 668,
www.mandarinoriental.com

Four Seasons mit Hradschinblick

Hinter diesen alten Klostermauern stecken neue und alte Werte: Distanz, Ruhe, Luxus, Gewölbe, Kreuzgang. Ein bisschen Mozart, ein Hauch von Kafka. Die Lazarus-Suite wurde von seiner Heiligkeit, dem Dalai-Lama eingeweiht, das Spa in einer Kapelle von Angelina Jolie auch spirituell regenerierend empfunden. Und drum herum zeigt sich die Kleinseite von ihrer romantisch-verträumten Seite .

▶ ㉕ **Paříž**
Praha 1, U Obecního domu 1
Tel. 222 195 195, Fax 222 195 907
www.hotel-pariz.cz
Das altehrwürdige, hinter dem Repräsentationshaus gelegene Luxushotel aus dem Jahr 1907 bietet neben 100 großzügigen Zimmern und zwei Konferenzräumen auch ein stilvolles Fin-de-Siècle-Restaurant.

▶ ⑧ U tří pštrosů (Zu den drei Straußen)
Praha 1
Dražického náměstí 12
Tel. 257 288 888, Fax 257 533 217
www.utripstrosu.cz
Nur wenige Meter von der Karlsbrücke entfernt liegt das Hotel »Zu den drei Straußen«. Um eines der 18 begehrten romantischen Zimmer zu ergattern, muss man sich sehr früh bemühen.

▶ ⑯ U železných vrat
Praha 1, Michalská 19
Tel: 225 777 777
Fax 225 777 778
Eine schicke Barockresidenz mit Grundmauern aus dem 14. Jahrhundert. Mit romantischem Innenhof-Café, Wandmalereien, Kunst und antiken Möbeln in 44 extravaganten Zimmern, hinzu kommt die schönste Dachsuite der Altstadt.

KOMFORTABEL

▶ ㉒ Antik
Praha 1, Dlouhá 22
Tel. 222 322 288, Fax 222 328 540
www.antikhotels.com/antik.php
Gutbürgerliche Atmosphäre des 19. Jahrhunderts in einem renovierten historischen Haus. Zwölf Zimmer, ein Café und ein Laden mit Antiquitäten, dazu eine stimmungsvolle Lage in der jüdischen Stadt.

▶ ㉓ Eurostars David
Neustadt, Náplavní 6
Tel. 222 515 150, Fax 932 681 945
www.eurostarsdavid.com
Unweit von der Moldau: außen durch Neo-Renaissance-Stil repräsentiert, innen palastartig mit Stuck und Schnörkel ausgestattet. Zimmer in Sand- und Brauntönen, Hirschleder am oberen Ende des Betts. Hinzu kommen orangefarbene Goliath-Lampen und schwarze Statuen – kopiert nach Michelangelos David.

▶ ⑥ Kings Court
Altstadt, U Obecního domu 3
Tel. 224 222 888, Fax 224 222 999
www.hotelkingscourt.cz
Diesen imposanten Jugendstilpalast bezog 1900 die Prager Industrie- und Handelskammer. Die Zimmer sind räumlich an Großzügigkeit kaum zu übertreffen, von den meisten Zimmern blickt man auf den lebhaften Platz der Republik. Spafreunde werden von dem Kellerversteck allerdings eher enttäuscht sein.

▶ ⑮ Park Inn
Neustadt, Svobodova 1
Tel. 225 995 225, Fax 225 995 111
www.parkinn.com
Industriebau mit Art-déco-Fassade von 1907, ehemalige Druckerei. Die Ostalgiker freuen sich: In der Halle empfängt der sowjetische Kosmonaut Juri Gagarin als riesige Druckplatte die Gäste. Die Kommunistenzeitung »Rudé Pravo« (Rotes Recht), einst hier gedruckt, feierte ihn am 13. April 1961 auf dem Titel. Dunkelrot dominiert als Raumfarbe, zum funktionellen Design fügt sich Retro-Stil. Der Vyšehrad vor der Tür lädt mit Festungsruinen ein, Prags Gründungslegenden nachzuspüren.

▶ ㉑ Maximilian
Praha 1, Haštalská 14
Tel. 225 303 111, Fax 225 303 110
www.maximilianhotel.com
Das Hotel liegt nahe dem Agneskloster. Die 72 Zimmer sind

exquisit eingerichtet mit Klimaanlage und Fax im Zimmer – für Tagungsgäste gibt es Seminarräume – und eine hoteleigene Tiefgarage. Die Sehenswürdigkeiten der Altstadt lassen sich von hier aus absolut bequem zu Fuß erkunden.

► ② Neruda

Praha 1, Nerudova 44
Tel. 257 535 557, Fax 257 531 492
hotelneruda-praha.cz
www. hotelneruda-praha.cz
Das ansprechende kleine Hotel (20 Zi.) in der Nerudagasse auf der Kleinseite ist geschmackvoll eingerichtet und befindet sich in einem Gebäude aus dem Jahr 1348. Dazu gehört das Café Restaurant Carolina mit hausgemachten Backwaren und einer internationalen und tschechischen Spezialitätenküche.

► ⑤ Roma

Praha 1, Kleinseite, Újezd 24
Tel. 222 500 222, Fax 222 500 333
www.hotelroma.cz
Bei der Kampa-Insel: ein sonniges Hotel aus der Mozartzeit. Es steht unter Denkmalschutz und wurde akribisch renoviert. Dazu kamen ein modernes Atrium und ein Designer-Trakt. Insgesamt 87 Zimmer, davon acht antik möbliert. Tiefgarage.

► ⑱ Ungelt

Praha 1, Štupartská 7
Tel. 222 745 900, Fax 222 745 901
www.ungelt.cz
Das kleine Apartmenthotel mit zehn Einheiten – das Gebäude datiert aus dem 10. Jh. – liegt nicht weit vom Altstädter Ring entfernt und bietet in der Saison Parkplätze direkt am Hotel.

GÜNSTIG

► Adalbert

Praha 6, Markétská 1
Břevnovský klášter
Tel. 220 406 170, Fax 220 406 190
www.hoteladalbert.cz
Das gemütliche Hotel liegt beim Kloster Břevnov, zwischen der Prager Burg und dem Flughafen; gute Parkmöglichkeiten.

In der Altstadt: Maximilian

► Anna

Praha 2, Budečská 17
Tel. 222 513 111
Fax 222 515 158
www.hotelanna.cz
Angenehmes Hotel mit Jugendstil-Interieur im ruhigen Teil von Vinohrady nahe dem Zentrum. In der Umgebung gibt es eine ganze Reihe von netten Restaurants und Bars, sodass man es vom Abendessen nicht weit nach Hause hat.

► ㉔ **Bishop's House**
Kleinseite, Dražického nám. 6–9
Tel. 257 532 320, Fax 251 555 157
www.hotelbishopshouse.com
Direkt bei der Karlsbrücke, solide 4 Sterne, auf altpragerische Bürgerart möbliert. Frühbucher reservieren das Zimmer 401: wegen der kleinen Dachterrasse mit Hradschinblick. Im Innenhof steht der alte Turm mit dem Schlafgemach des Bischofs – in der Gebetsnische die Minibar.

► ⑳ **Březina Pension**
Praha 2, Legerova 39–41
Tel. 224 266 779
Fax 224 266 777
www.brezina.cz
In einem dieser wunderbaren Prager Patrizierhäuser der Gründerzeit. Viel Stuck, Schnörkel und Fassadenschmuck. Die 35 Zimmer sind nach Bedarf der Businessgäste eingerichtet. Mit Internetanschluss für den Laptop.

► ① **Dům U velké boty**
► S. 237.

► ㉖ **Evropa**
Praha 1, Václavské náměstí 25
Tel. 224 215 387, Fax 224 224 544
www.evropahotel.cz
Wer in diesem klassischen Jugendstilhotel absteigt, sollte nicht den Komfort vergangener Tage erwarten: An den 115 Zimmern hat die Zeit ihre Spuren hinterlassen. Robuste Nostalgiker mag das nicht abschrecken, allen anderen sei allenfalls ein Besuch des Jugendstilcafés empfohlen.

► ⑰ **Juniorhotel**
Praha 2, Senovážné nám. 21
Tel. 224 231 754, Fax 224 221 579
www.euroagentur.cz
Nur fünf Gehminuten vom Wenzelsplatz entfernt, kann man hier in 14 Zwei- und Dreibettzimmern unterkommen.

► ⑬ **Unitas**
Praha 1, Bartolomějská 9
Tel. 224 230 533
Fax 224 230 532
www.unitas.cz
Zentral gelegene Pension mit 22 Zimmern; der bewachte Parkplatz ist gebührenpflichtig, alle Zimmer sind Nichtraucherzimmer.

► ⑦ **U Zeleného věnce**
Praha 1, Řetězová 10
Tel. 222 220 178
Fax 224 248 791
www.uzv.cz
In der Nähe des Altstädter Rings gelegene Unterkunft mit 9 hübschen Zimmern und freundlichem Service.

BOTEL

► ㉙ **Albatros**
Praha 1, nábřeží Ludvíka Svobody
Tel. 224 810 547
Fax 224 81 12 14
www.botelalbatros.cz
Dieses Schiffshotel (86 Kajüten, Restaurant) liegt zentrumsnah und auch laut«. Freitags und samstags Disko!

JUGENDHERBERGEN UND PRIVATZIMMER

► ⑨ **The Mosaic House**
Neustadt, Odborů 4
Tel. 246 008 324, Fax 267 267 601,
www.mosaichouse.com
Ein Bürohaus, in den 30ern der letzte Schrei. Nach einem klassenlosen Konzept 2010 zum Gästequartier umgewandelt, reihen sich Schlafsaal (bis zu

26 Personen) mit Gemeinschaftsbad neben individuellen Doppelzimmern und Ateliersuiten. Clean Chic: schwarze Wänden, lilafarbene Kissen, lindgrüne Betten, als Betrieb nach Öko-Kriterien zertifiziert. Als Preiswunder ein Geheimtipp.

► ⑪ **Husova Pension & Hostel**
Praha 1, Husova 3
Tel. 222 220 078, Fax 224 826 665
www.travellers.cz
Geöffnet vom 29. Juni bis zum 25. August

► ⑫ **Dlouhá Pension & Hostel**
Praha 1, Dlouhá 33
Tel. 224 826 662,
Fax 224 826 665
www.travellers.cz
Ganzjährig offen, Jugendhotel 300 m vom Altstädter Ring

► ④ **Hostel Sokol**
Praha 1, Újezd 450
Tel. 257 007 397
Fax 257 007 340
www.sokol-cos.cz
Saubere 7- bis 14-Bett-Schlafsäle

CAMPING

► **Sportcamp Motol**
nad Hliníkem 1202
15000 Praha
Tel. 257 213 080, Fax 257 215 084
Öffnungszeiten: April – Okt.
Ca. acht Kilometer westlich der Stadt gelegen, Wiesenplätze mit Bäume. Es gibt eine Einkaufsmöglichkeit, außerdem einen Imbiss und ein Restaurant.

► **Sokol Troja**
Trojská 171 a
17100 Praha 7
Tel. 233 542 908
Fax 283 850 486
www.camp-sokol-troja.cz
Öffnungszeiten:
ganzjährig geöffnet.
Der Platz liegt ca. 5 km nördlich vom Zentrum; Wiesenplätze mit Bäumen an verkehrsreicher Straße, Einkaufsmöglichkeit und Imbiss.

► **Sokol Dolní Počernice**
Národních hrdinů 290
19012 Praha 9
Tel. 777 553 543
Fax 281 931 112
www.campingsokol.cz
Öffnungszeiten:
April – Okt.
Östlich von Prag gelegen, bietet der Platz auch Unterkunftsmöglichkeiten in Bungalows. Mit Restaurant, Lebensmittelladen und zahlreichen Sportmöglichkeiten; für einen Aufenthalt mit Kindern bestens geeignet.

Urlaub aktiv

Eishockey

Olympiagold 1998 in Nagano. Viermal als tschechisches Team (ohne Slowakei im Bund) den WM-Titel geholt. Für die WM 2004 war Prag zusammen mit Ostrava der Gastgeber, aber die Tschechen sind ausgeschieden. Eishockey hat bei den Tschechen nicht nur große Tradition. Es zieht in der Publikumsgunst mit Fußball gleich. Während den kommunistischen Zeiten galten die Spiele gegen die Sowjets als verkappte »Widerstandskriege«. Zweimal gelang es der damaligen ČSSR-Mannschaft, die russische »Zbornaja kommanda« zu besiegen und damit die WM von 1972 in Prag und 1985 sogar in Moskau zu gewinnen. Letzteres wurde vom Volk als ein Omen für das baldige Ende der Kreml-Herrschaft gedeutet. Zwei tschechische Eishockeyhelden wurden zur Legende der amerikanisch-kanadischen NHL: der Torhüter Hašek und der Stürmer Jágr. In der tschechischen EHL (Extraliga ledního hokeje) kämpfen 14 Vereine.

Fußball Der Kampf um den Nationalligapokal wird unter 16 Mannschaften ausgetragen. Prag ist mit drei Erstligisten dabei: Sparta, Slavia und Viktoria. Als vierte Elf laboriert die legendäre Bohemia in der Regionalliga. Insgesamt hat Prag 125 in Wettbewerben registrierte Fußballvereine.

ZUSCHAUERSPORT

EISHOCKEY

▶ **HC Sparta Praha (Tesla aréna)**
Praha 7
Za Elektrárnou 419
Tel. 266 727 454
E-Mail: office@sparta.cz
www.hcsparta.cz

▶ **HC Slavia**
Praha 10
Vladivostocká 10
www.hc-slavia.cz

STADION

▶ **O_2 aréna**
Praha 9, Vysočany
»Zelený ostrov« (Grüne Insel)
Ocelářská 460/2
Karten-Tel. 266 121 122
www.sazkaticket.cz
Rund wie ein Kochtopf: Die modernste Mehrzweckhalle Europas, für die Eishockey-WM 2004 in Rekordzeit von nur zwei Jahren erbaut. Die Eisfläche kann über Nacht in eine Theaterbühne verwandelt werden.

FUSSBALL

▶ **AC Sparta Praha**
Praha 7, Milady Horákové 98
Kartentel. 296 111 336,
296 111 400 , www.sparta.cz
Eintrittspreise: Nationalliga 100 bis 360 Kč, Europaspiele, Championsleague 400 bis 900 Kč. Sparta ist als traditioneller Tabellenführer in seinen Erfolgen mit dem FC Bayern vergleichbar.

▶ **FK Viktoria Žižkov**
Praha 3, Seifertova
Tel. 222 210 685
www.fkvz.cz
Mit Kosenamen »Viktorka«, der volkstümliche Verein aus dem Arbeiterstadtteil Žižkov. Meist im Kampf gegen den Abstieg.

▶ **SK Slavia Praha**
Praha 10, Vladivostocká 2
Tel. 731 126 104
www.slavia.cz
Der Rivale von Sparta rangiert ebenfalls unter den fünf Tabellenbesten.

Verkehr

Mit dem Auto

Vignette

Wer Autobahnen oder vergleichbare Schnellstraßen benutzen will, benötigt eine Vignette, die man an Grenzübergängen, einigen Tankstellen, Postämtern und beim Tschechischen Automobilclub auch online erhält (www.uamk.cz). Eine Jahresvignette kostet 1000 Kč, eine Monatsvignette 330 Kč und eine Vignette für sieben Tage 220 Kč. Wer ohne Vignette erwischt wird, muss mit hohen Geldbußen rechnen (Infos: www.uamk.cz).

Verkehrsregeln

Für Tschechien gelten dieselben Verkehrsregeln wie für die meisten anderen europäischen Länder. Die Nichtbeachtung der Fahrvorschriften wird mit empfindlichen Geldbußen geahndet. Die Höchstgrenze für den Blutalkoholgehalt beträgt **0,0 Promille**. Die zulässige **Höchstgeschwindigkeit** auf Autobahnen und Schnellstraßen liegt für Pkws, Motorräder und Wohnmobile bis 3,5 t bei 130 km/h (Wohnmobile über 3,5 t und Pkws mit Anhänger bei 80 km/h), auf Landstraßen für Pkws, Motorräder, Wohnmobile bis 3,5 t bei 90 km/h (Pkws mit Anhänger und Wohnmobile über 3,5 t bei 80 km/h); innerhalb geschlossener Ortschaften gelten, soweit nicht anders angezeigt, 50 km/h.

Taxis können an den Standplätzen bestiegen, herbeigewunken oder telefonisch bestellt werden. Man sollte unbedingt darauf achten, dass der Fahrer das Taxameter einschaltet bzw. vorher einen Festpreis auszumachen. Die Taxifahrer der unten genannten Unternehmen verfügen mindestens über englische Grundkenntnisse und übervorteilen die Touristen nicht. Die Grundgebühr liegt bei 40 Kč, jeder weitere Kilometer kostet 28 Kč. (AAA Radiotaxi Tel. 1 40 14; Citytaxi Tel. 257 257 257 sowie Halotaxi Tel. 244 114 411.)

> ! *Baedeker* TIPP
>
> **Vorsicht vor schwarzen Schafen**
>
> Um sicherzugehen, dass man beim Heranwinken eines Taxis kein schwarzes Schaf erwischt, sollte man insbesondere an touristischen Brennpunkten darauf verzichten, nicht offiziell lizensierte Taxis zu nehmen. Telefonisch bestellte Funktaxis (s. links) sind besser. Viele Hotels bieten einen besonderen Taxiservice an.

Mit dem Schiff

Schiffsausflüge auf der Moldau

Die Anlegestelle der Moldaupersonenschiffe befindet sich bei der Palackýbrücke (Palackého most) am Kai Rašínovo nábřeží. Von hier werden von Mai bis September alle halbe Stunde Schiffsrundfahrten von der Prager Dampfschifffahrtsgesellschaft (Pražská paroplavební společnost) angeboten, bei denen sich der Besucher einen guten Überblick über Prag verschaffen kann (Tel. 224 931 013, Fax

224 930 022, www.paroplavba.cz). Ferner fahren von der Palackýbrücke Motorboote zu den Naherholungsgebieten der Prager Umgebung ab, z. B. zum landschaftlich reizvollen Slapy-Stausee der Moldau oder zum Schloss von Roztoky.
Neben konventionellen Schiffsausflügen auf der Moldau bietet die »Evropská Vodní Doprava« mit ihrer Anlegestelle an der Čechův most, gegenüber dem Hotel Intercontinental, nächtliche Kreuzfahrten sowie die Möglichkeit, Schiffe für besondere Tourarrangements und/oder private Partys zu chartern (Tel. 224 810 030, Fax 224 810 003, Internet: www.evd.cz).

Öffentlicher Nahverkehr

Bus, Straßenbahn

Der Fahrpreis für die Benutzung von Straßenbahn, Stadtbus und U-Bahn beträgt 26 Kč für Erwachsene. Kurzstreckenfahrkarten für 18 Kč gelten für Fahrten mit der Straßenbahn oder dem Bus von max. 20 Minuten ohne Umsteigen sowie für Metrofahrten von max. fünf Stationen bei möglichem Linienwechsel. Fahrscheine (jízdenky) erhält man an Automaten auf den U-Bahnhöfen, in den meisten Hotels, auf Bahnhöfen, an Kiosken und den Schaltern der Verkehrs-

Prager Metro Orientierung

NÜTZLICHE ADRESSEN

PANNENHILFE

► **Ústřední automotoklub (UAMK)**
ADAC-Partner
Na strži 9, CZ-14002 Praha 4
Tel. 261 104 401
Tel. 12 30 (Pannenhilfe)
Fax 261 104 431
E-Mail: info@uamk.cz
www.uamk.cz

► **Straßenwacht (Silniční Služba)**
Opletalova 21
CZ-11000 Praha 1
Tel. 2 22 24, 12 57

BUS & BAHN

► **www.dpp.cz**
www.dp-praha.cz
Homepages der Verkehrsbetriebe von Prag, auch in Deutsch

► **www.jizdnirady.cz**
Fahrpläne und Verkaufsstellen der Tschechischen Busbetriebe

► **www.vlak-bus.cz**
Offizielle Seite der Tschechischen Bahnen und Busbetriebe mit Fahrplan, Bahnverbindungen und Buspreisen in der gesamten Tschechischen Republik.

betriebe; in Bussen auch beim Fahrer. Die Fahrscheine müssen beim Einsteigen entwertet werden. Tageskarten sind 24 Stunden gültig; erhältlich sind auch Tickets für 3 oder 5 Tage.
Auf den Hauptlinien verkehren Straßenbahnen und Autobusse rund um die Uhr in Abständen von 7 bis 15 Minuten, nachts alle 20 bis 40 Minuten. Die roten Stadtbusse stellen die Verbindung von den Metrostationen zu den Neubausiedlungen am Stadtrand her.
Für die **U-Bahn (Metro)** benutzt man die gleichen Fahrscheine wie für die Straßenbahn (► oben). Die Einzelfahrscheine sind, entsprechend den Straßenbahn- und Bustickets, 75 Min. gültig.
Die erste Metro fährt um 5.00 Uhr, die letzte kurz vor 24.00 Uhr vom jeweiligen Endbahnhof ab.

Zeit

Im Winterhalbjahr gilt in Prag die **mitteleuropäische Zeit (MEZ)**. Für die Monate April bis Oktober wurde auch in der Tschechischen Republik die **Sommerzeit** (MEZ + 1 h) eingeführt.

Touren

OB ES UNBEDINGT EIN STRASSENKREUZER SEIN MUSS, MIT DEM MAN IN DER MOLDAUSTADT AUF ENTDECKUNGSREISE GEHT? AM BESTEN LÄSST SICH PRAG ZU FUSS EROBERN. VIEL VERGNÜGEN BEIM ENTDECKEN!

TOUREN DURCH PRAG

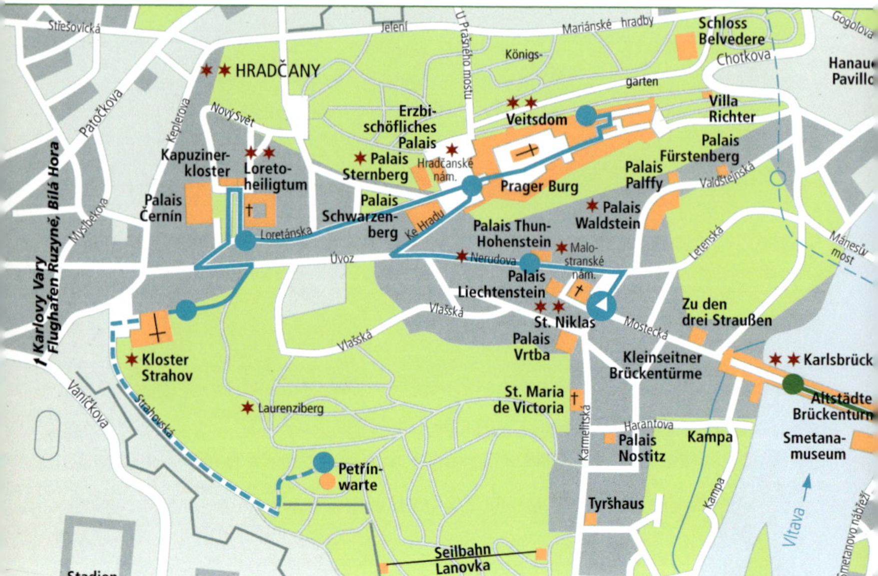

Drei Spaziergänge – wenn Sie diese absolviert haben, haben Sie bereits das Wichtigste von Prag kennengelernt. Aber es lohnt sich auch, ein paar Abstecher zu machen.

TOUR 1 **Vom Kleinseitner Ring zum Laurenziberg**
Prags geschichtsträchtige Kleinseite mit Hradschin, Loreto und Kloster Strahov ist der beste Auftakt für den Besuch der Stadt. ► **Seite 117**

TOUR 2 **Vom Wenzelsplatz zur Karlsbrücke**
Wenzelsplatz, Altstädter Ring, Josefstadt und Karlsbrücke sind die Highlights dieser zweiten Tour. ► **Seite 119**

TOUR 3 **Vom Nationaltheater zum Vyšehrad**
Abseits ausgetretener Pfade ... so könnte man diese dritte Tour durch die Moldaustadt betiteln, denn die Neustadt hat auch jenseits des historischen Zentrums einiges zu bieten ... ► **Seite 121**

1 Zur schwarzen Mutter Gottes
2 Haus zur Minute
3 Husdenkmal
4 Palais Clam-Gallas
5 Karolinum
6 Repräsentationshaus

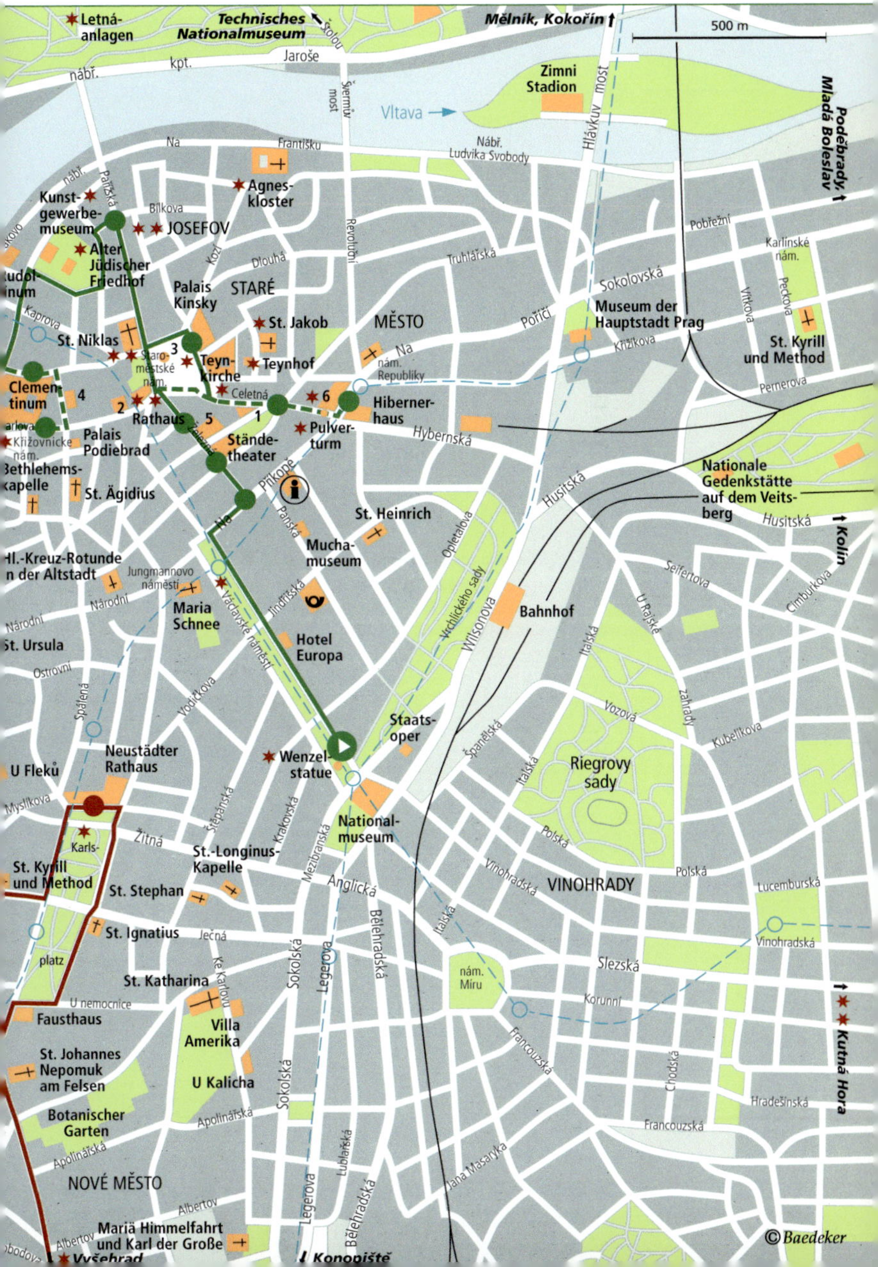
Letná-anlagen
Technisches Nationalmuseum
Mělník, Kokořín
500 m
Zimni Stadion
Vltava
Podĕbrady, Mladá Boleslav
Agnes-kloster
Kunst-gewerbe-museum
JOSEFOV
Alter Jüdischer Friedhof
Palais Kinsky
STARÉ
MĚSTO
St. Jakob
Museum der Hauptstadt Prag
St. Kyrill und Method
St. Niklas
Teyn-kirche
Teynhof
Clemen-tinum
Rathaus
Palais Podiebrad
Stände-theater
Pulver-turm
Hiberner-haus
Bethlehems-kapelle
St. Ägidius
Nationale Gedenkstätte auf dem Veitsberg
St. Heinrich
Kolin
Hl.-Kreuz-Rotunde in der Altstadt
Mucha-museum
Maria Schnee
Bahnhof
St. Ursula
Hotel Europa
Staats-oper
Neustädter Rathaus
Wenzel-statue
Riegrovy sady
U Fleků
National-museum
St.-Longinus-Kapelle
St. Kyrill und Method
St. Stephan
VINOHRADY
St. Ignatius
St. Katharina
Fausthaus
Villa Amerika
Kutná Hora
St. Johannes Nepomuk am Felsen
U Kalicha
Botanischer Garten
NOVÉ MĚSTO
Mariä Himmelfahrt und Karl der Große
Vyšehrad
Konopiště
© Baedeker

Unterwegs in Prag

Der Trip nach Prag wird – Billigflieger sei Dank – immer attraktiver und lohnt sich schon übers verlängerte Wochenende. Die meisten Pragbesucher bleiben im Schnitt drei bis vier Tage. Die Attraktivität der modernen Metropole beruht nicht zuletzt darauf, dass seine Sehenswürdigkeiten alle sehr zentral gelegen und gut zu Fuß erreichbar sind. Ein Tipp, will man Prag doch erst mal auf bequeme Art und Weise erkunden, ist die **Fahrt mit der Straßenbahnlinie 22**. Wo man genauer schauen will, steigt man aus. Eine Möglichkeit sind Segways, die man stundenweise mieten kann (z. B. www.pragueonsegway.com oder www.pujcovna-segway.cz) Mit der Metro bzw. der U-Bahn kommt man noch schneller ans Ziel, sieht aber nicht so viel. Trotzdem ist die Prager Metro für die eine oder andere Strecke eine lohnende Alternative. Um in einen der Prager Außenbezirke zu gelangen, nimmt man am besten den Bus. Sich in Prag mit dem Auto fortzubewegen, lohnt sich nicht. Die Parkplatzsuche ist mühsam und mit den öffentlichen Verkehrsmitteln kommt man auch überallhin. Taxifahren in Prag sollte man etwas mit Vorsicht genießen, am besten ruft man eines der Funktaxis.

Die westlichste Großstadt des ehemaligen Ostblocks ist nicht erst seit der EU-Mitgliedschaft im Wandel begriffen wie kaum eine andere europäische Metropole. Ein Besuch, bei dem Sie noch etwas von dem Charme der fast in Vergessenheit geratenen Vergangenheit miterleben können, sollten Sie planen, bevor die letzte Häuserfassade restauriert ist.

Mit dem Kapellenkranz am St.-Veits-Dom verewigte sich der geniale Peter Parler.

Tour 1 Kleinseite (Malá Strana)

Tourdauer: 1 Tag
Ziel: Laurenziberg (Petřín)
Start: Kleinseitner Ring

Beginnen sollte man seinen Pragbesuch am besten mit der Besichtigung der Kleinseite, die den Hradschin einschließt, Prags unbestrittenes Highlight, für das man schon allein einen halben Tag veranschlagen sollte. Mit Kleinseitner Ring, Loreto und Kloster Strahov kann man gut und gerne einen Tag für die Besichtigung einplanen.

Am linken Ufer der Moldau erstreckt sich die idyllische Kleinseite (Malá Strana). Die imposante Kirche ✶ ✶ **St. Niklas** am zentralen ❶ ✶ **Kleinseitner Ring (Malostranské náměstí)** gilt als Musterbeispiel des Hochbarock. Nach Jan Neruda, dem tschechischen Erzähler der »Kleinseitner Geschichten«, ist die in westlicher Richtung verlaufende und von prachtvollen spätbarocken Bürgerhäusern ge-

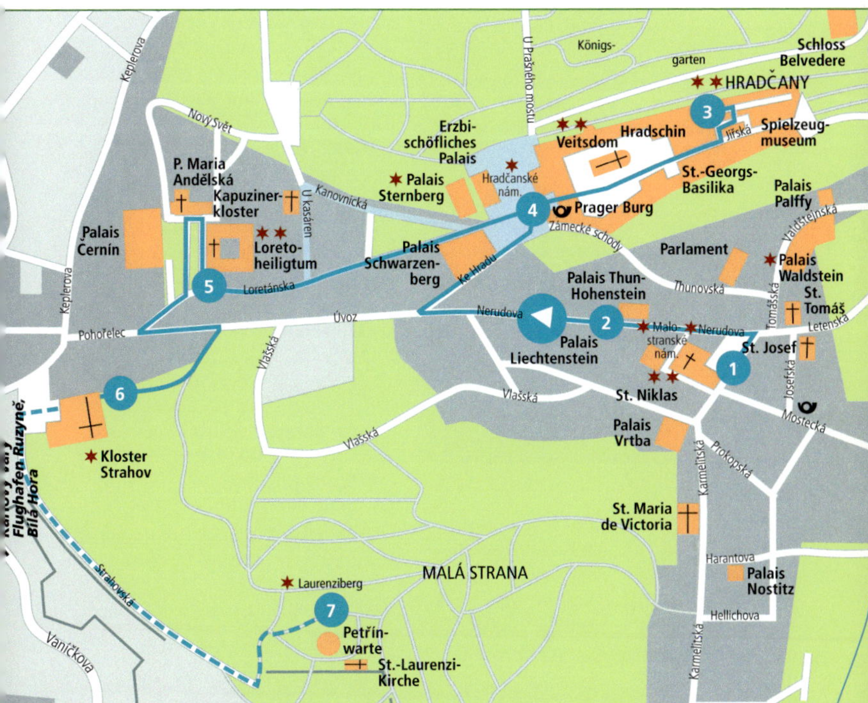

Schön gelegen: Kloster Strahov

säumte ❷ ✶ **Nerudagasse (Nerudova)** benannt, durch die man bis zur Abzweigung »Ke Hradu« hinaufschlendert, der Schlossstiege zur Prager Burg. Den Höhepunkt der Stadtbesichtigung bildet der eindrucksvolle ❸ ✶ ✶ **Hradschin** (hier befindet sich seit 1918 der Amtssitz des Präsidenten der Republik), zusammen mit dem Königspalast, dem St.-Veits-Dom, der St.-Georg-Basilika und der wertvollen Sammlung böhmischen Manierismus und Barocks in dem angrenzenden Benediktinerinnenkloster und dem berühmten Goldenen Gässchen.

Von dem ❹ ✶ **Hradschiner Platz** (Hradčanské náměstí), den auf der einen Seite das Erzbischöfliche Palais (Arcibiskupský palác) und auf der anderen Seite das ehemalige Palais Schwarzenberg (Schwarzenberský palác) mit dem Museum für Heeresgeschichte flankieren, können Unermüdliche abschließend noch einen kurzen Abstecher durch die Loretogasse (Loretánská ulička) zum Wallfahrtsbezirk des ❺ ✶ ✶ **Loretoheiligtums am Loretoplatz** einplanen. Wer immer noch nicht genug gesehen hat, dem sei noch der Abstecher zum ❻ ✶ **Kloster Strahov** ans Herz gelegt, das wegen der beiden Bibliothekssäle überaus sehenswert ist.

Stehen mehrere Tage für einen Pragbesuch zur Verfügung, so sollte man den oben beschriebenen Rundgang am ersten Tag in verkürzter Form bewältigen. Die Besichtigung des ❸ ✶ ✶ **Hradschin** sowie den Besuch der Wallfahrtsstätte ❺ ✶ ✶ **Loreto** sollte man sich dann für den Vormittag des zweiten Tages aufheben.

Für den Nachmittag bieten sich ein Besuch der berühmten Bibliothek des ❻ ✶ **Kloster Strahov** und ein anschließender Spaziergang durchs Grüne auf dem ❼ ✶ **Laurenziberg (Petřín)** an. Vom Prager Eiffelturm (Petřínwarte) kann man noch einmal über das Gesehene blicken.

! *Baedeker* TIPP

Auf königlichen Pfaden

Wer mag, kann den traditionellen Krönungsweg nachvollziehen, den die böhmischen Könige und Kaiser zur Krönung gingen. Am Pulverturm nahm die Prozession ihren Ausgang und zog über die Celetná quer über den Altstädter Ring, weiter über die Karlsbrücke hinauf zum Veitsdom auf dem Hradschin.

Tour 2 Altstadt (Staré Město)

Tourdauer: 1 Tag
Ziel: Karlsbrücke
Start: Wenzelsplatz

Mit dem Wenzelsplatz, der in der jüngsten Vergangenheit der Stadt eine bedeutende Rolle spielte, dem historischen Altstädter Ring, dem sehenswerten Viertel der Josefstadt und nicht zuletzt der Karlsbrücke sieht man auf dieser zweiten Tour die Sehenswürdigkeiten in der Altstadt.

Als guter Ausgangspunkt empfiehlt sich der geschichtsträchtige ❶ ✶ **Wenzelsplatz (Václavské náměstí)** im »Goldenen Kreuz«. Markanter Treffpunkt auf dieser Flanierzeile ist das bronzene Wenzelsdenkmal (Pomník svatého Václava) gegenüber dem **Nationalmuseum (Národní muzeum)**. Am Nordende des Platzes, wo die belebte Fußgängerzone ❷ **Am Graben (Na Příkopě)** in östlicher Richtung anschließt, beginnt die historische Altstadt (Staré Město). Hier verläuft die Železná vom ❸ **Ständetheater**, in dem 1787 die Uraufführung von Mozarts »Don Giovanni« stattfand, zum ❹ **Carolinum (Karolinum)**, das 1348 als älteste Universität Mitteleuropas von König Karl IV. gegründet wurde, bis zum historisch bedeutenden ❺ ✶ ✶ **Altstädter Ring (Staroměstské náměstí)**.
Ein alternativer Ausgangspunkt ist der Náměstí Republiky (Platz der Republik). Hier steht das wahrscheinlich schönste Jugendstilgebäude Prags, an dem eine ganze Künstlergeneration beteiligt war,

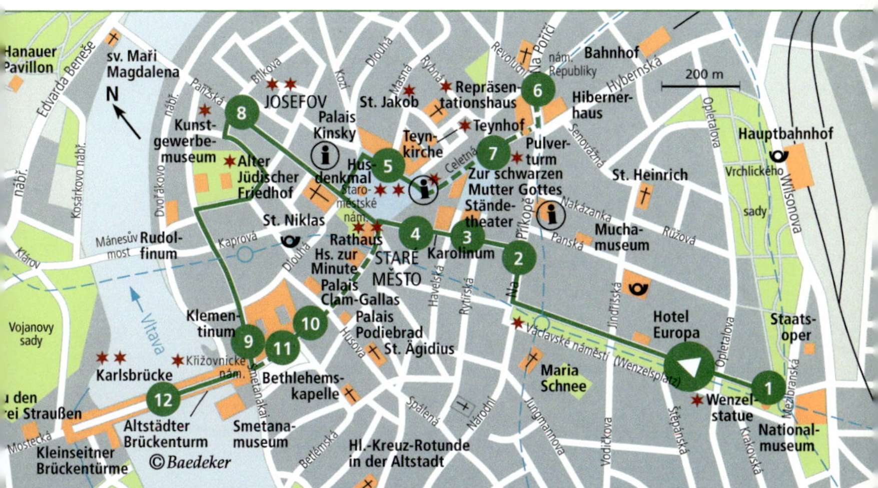

das ❻ ✶ **Repräsentationshaus (Gemeindehaus, Obecní dům)**. Kurz hinter dem benachbarten Pulverturm, der einen Teil der Altstädter Befestigungsanlagen bildete, beginnt die ❼ ✶ **Zeltnergasse (Celetná)**, eine Fußgängerzone und Einkaufsstraße, die von Barockpalästen gesäumt wird. Sie mündet ebenfalls direkt auf dem prachtvollen ❺ ✶ ✶ **Altstädter Ring (Staroměstské náměstí)** mit der gotischen Teynkirche (Týnský kostel), dem Palais Goltz-Kinsky (Palác Goltz-Kinských), der Kirche St. Niklas (Kostel Sv. Mikuláše) und der legendären Astronomischen Uhr des Magisters Hanuš am Altstädter Rathaus (Staroměstská radnice). In der Mitte des Platzes erhebt sich die Statue von Jan Hus, der 1415 wegen »Ketzerei« in Konstanz auf dem Scheiterhaufen starb. Eine Weile sollte man sich dem Treiben auf dem lebhaften Platz durchaus hingeben, zahlreiche Cafés laden zum Verweilen ein. Von der Nordwestecke des Platzes folgt man dem Jugendstilboulevard Pařížská in die ❽ ✶ ✶ **Josefstadt** mit dem Jüdischen Museum (Židovské muzeum), das die sechs erhaltenen Prager Synagogen, das Jüdische Rathaus und den Alten Jüdischen Friedhof mit einem Zeremonienhaus umfasst. Obwohl die zumeist als Geschäftsleute tätigen Juden bereits seit dem 13. Jahrhundert an dieser Stelle angesiedelt waren, erhielten die Juden erst ab 1848 Bürgerrechte und durften auch außerhalb der Josefstadt wohnen. Der Zweite Weltkrieg bildete gewissermaßen das Ende der Josefstadt, denn die meisten seiner Bewohner wurden ermordet. Am Westrand der Josefstadt liegen das ✶ **Kunstgewerbemuseum** (Uměleckoprůmyslové muzeum) mit einer berühmten Glas- und Porzellansammlung und das **Rudolfinum**, heute Sitz der Tschechischen Philharmonie.

! *Baedeker* TIPP

Sightseeing

Nach wie vor ein guter Tipp, um das historische Prag zu entdecken, ist die Fahrt mit der Straßenbahnlinie 22! Sie braucht 70 Minuten, um Prag zu durchqueren und passiert dabei den Hradschin, den Kleinseitner Ring, das Nationaltheater und den Karlsplatz. Im Volksmund wird die Linie 22 jedoch auch gerne »Pickpocket-Express« genannt – also Vorsicht vor Taschendieben!

Parallel am Moldauufer entlang geht es anschließend hinab zum ❾ ✶ **Kreuzherrenplatz (Křižovnické náměstí)**. Hier erhebt sich an der Ostseite die Kirche St. Salvator und an der Nordseite die barocke Kreuzherrenkirche sowie das gusseiserne Denkmal Karls IV. Den Kreuzherrenplatz kann man vom Altstädter Ring aus auch direkt auf dem traditionellen Krönungsweg durch die ❿ **Karlsgasse (Karlova)**, am ehemaligen Jesuitenkolleg des ⓫ **Clementinums (Klementinum)** vorüber, ansteuern. Am Kreuzherrenplatz bildet der gotische Altstädter Brückenturm (Staroměstská mostecká věž) den östlichen Zugang zur figurengeschmückten ⓬ ✶ ✶ **Karlsbrücke (Karlův most)**, die einen herrlichen Blick auf das Moldautal gewährt. Unter den Blicken der Brückenfiguren schlendert man zwischen Musikern und Karikaturisten in Richtung Kleinseite.

Tour 3 Neustadt (Nové Město)

Tourdauer: 1/2 Tag
Start: Nationaltheater
Ziel: Vyšehrad

Nachdem man die Kleinseite und die Altstadt erkundet hat, hat man schon einen Großteil der Hauptsehenswürdigkeiten von Prag gesehen, die alle nahe beieinander liegen. Der dritte Spaziergang ist etwas ausgedehnter, jedoch nicht minder interessant und trotzdem an einem halben Tag zu schaffen.

Der Rundgang beginnt am ❶**Nationaltheater**. Hier sollte man gegebenenfalls die Zeit für die Besichtigung der Innenausstattung einplanen, an der sich alle in Prag lebenden führenden Künstler des 19. Jh.s beteiligt hatten. Anschließend folgt man der Moldau in südlicher Richtung und kommt zunächst an der Sophieninsel (Slovanský ostrov), die im 18. Jh. durch Anschwemmung entstanden ist, und am ❷**Mánes-Ausstellungssaal** mit dem Šítka-Wasserturm vorbei. In dem funktionalistischen Gebäude finden heute Ausstellungen moderner Kunst statt. Das ❸✶ **Tanzende Haus** der Architekten Frank O. Gehry und Vlado Milunič ist die nächste Station auf dem Spaziergang, ein Juwel zeitgenössischer Architektur in Prag. Hier sollte man kurz Halt machen, bevor man östlich in die Resslova einbiegt, dort an den beiden Kirchen St. Wenzel am Zderaz (gotischer Bau aus dem 14. Jh.) und St. Kyrill und Method (Barockkirche von Kilian Ignaz Dientzenhofer, Nationale Gedenkstätte) vorbeikommt und dann auf den ❹**Karlsplatz** stößt. Dieser größte der Prager Plätze, Verkehrsknotenpunkt und mit seinen Grünanlagen einem Park ähnlicher als einem Platz, bietet einige interessante Sehenswürdigkeiten; so sind das Fausthaus, die barocke Kirche St.

Ignatius von Carlo Lurago – vor allem in ihrem Inneren – sowie das Neustädter Rathaus sehenswert, das heute nicht mehr als solches, sondern vor allem repräsentativen Zwecken dient.
Die Vyšehradská führt von hier weiter nach Süden, vorbei am **5 Emmauskloster (Emauzy)**, St. Johannes von Nepomuk am Felsen und dem Botanischen Garten. Man kann dann noch einen Blick auf das kubistische Mietshaus von Josef Chochol am Vyšehrad werfen.
Der sagenumwobene **6 * Vyšehrad** bietet nicht nur einen herrlichen Blick über die Stadt und das Moldautal, sondern mit der romanischen Rundkapelle St. Martin, der Kapitelkirche St. Peter und Paul und dem Ehrenfriedhof einige Sehenswürdigkeiten.

Ausflüge

In die nähere Umgebung

Schließlich kann man auch einige lohnenswerte Ausflüge in die Umgebung von Prag unternehmen, z. B. nach **Schloss Troja**, in dem heute tschechische Malerei des 19. Jh.s gezeigt wird, zum barocken **Benediktinerkloster Břevnov** oder zur berümtesten der mittelalterlichen Burganlagen Böhmens, der **Burg Karlstein**. Am **Weißen Berg**, wo 1620 die Schlacht stattfand, die für das weitere Schicksal der böhmischen Länder entscheidend war, liegt das sehenswerte **Lustschlösschen Stern** in einem Naturpark.

Etwas weiter weg

In einem Umkreis bis 70 km um Prag gibt es sehr lohnenswerte Ausflugsziele, Burgen und Festungsanlagen, in wunderschöner Landschaft gelegen, UNESCO-Weltkulturerbe oder Gedenkstätten.

Schloss Konopiště ►

Schloss Konopiště (Zámek Konopiště) liegt ca. 44 km südlich von Prag. Die nach französischem Muster errichtete gotische Burg wurde im spätgotischen Stil rekonstruiert und durch einen Renaissancepalast erweitert. Im 18. Jh. traten barocke Elemente hinzu. 1887 kam Konopiště in den Besitz des späteren österreichischen Thronfolgers Erzherzog Franz Ferdinand d'Este. Er ließ das Schloss in einen Prunkpalast umgestalten. Aus jener Zeit stammt die kostbare Inneneinrichtung einschließlich der Kunstgegenstände des kuriosen St.-Georgs-Museums mit zahlreichen Darstellungen des Heiligen.

Kutná Hora ►

Die malerische Bergstadt Kutná Hora, die durch ergiebige Silberfunde einst zu Ansehen und Wohlstand gelangte, liegt ca. 70 km östlich von Prag und wurde von der UNESCO unter Denkmalschutz gestellt. Der Silberbergbau bildete einst die Grundlage für den ab 1300 in der Kuttenberger Münze geprägten Prager Silbergroschen, die stabilste und bekannteste böhmische Münze des Mittelalters. Die Zeit wirtschaftlicher Blüte hat ihre Spuren in einzigartigen Meisterwerken gotischer Baukunst hinterlassen wie dem **»Steinernen Haus«** (Kamenný dům), das heute das Städtische Museum beherbergt. Das barocke **Ursulinenkloster** entstand nach Entwürfen von Kilian Ignaz Dientzenhofer, die barocke Kirche **St. Johann von Nepomuk** (Kostel svatého Jana Nepomuckého) realisierte František Maximilian Kaňka. Der um 1300 erbaute **Welsche Hof** (Vlašský dvůr), die nach den aus Florenz kommenden ersten Münzprägern benannte ehemalige Münze, fungierte später als königliche Residenz. Das **Kastell** (Hrádek) wurde kurz nach seiner Fertigstellung als zweite Münze eingerichtet. Die spätgotische Kirche **St. Barbara** (Chrám svaté Barbory) wurde von Peter Parlers Bauhütte begonnen und 1585 vollendet. Der eindrucksvolle Kirchenraum enthält an dem schon Renaissanceeinflüsse zeigenden Netzgewölbe viele Wappen.

◄ Mělník

Die Silhouette von Mělník, das 38 km nördlich von Prag gelegene Zentrum des böhmischen Weinbaus, beherrschen die gotische Propsteikirche **Peter und Paul** und eine ausgedehnte Schlossanlage. Rund 7 km nordwestlich liegt am rechten Elbufer der von Weinbergen umgebene Ort **Liběchov** mit einem **Schloss** aus dem 16. Jahrhundert. 17 km nordöstlich erhebt sich über dem von der Pšovka zwischen zerklüfteten Kalkfelsen durchflossenen reizvollen Kokoříntal (Kokořínský důl) die von dichtem Wald umgebene romantisch-neugotische **Burg Kokořín.**

Die von Maria Theresia bzw. Joseph II. erbaute Festungsstadt **Terezín (Theresienstadt)** entstand als böhmisches Paradebeispiel für einen geplanten Stadtgrundriss des Klassizismus und Empire. Während des Zweiten Weltkriegs wurde die Bevölkerung von den deutschen Nationalsozialisten vertrieben und die Stadt in das »Getto Theresienstadt« umgewandelt. Ab 1940 wurden über 140 000 Juden aus ganz Europa in dieses Konzentrationslager deportiert.

Vor dem Eingang der Festung erstreckt sich ein großer Nationalfriedhof.

Kutná Hora gehört zum UNESCO-Weltkulturerbe.

◄ Schloss Zbraslav (Zámek Zbraslav)

In der 2. Hälfte des 13. Jh.s ließ Ottokar II. am Zusammenfluss von Moldau und Beraun ca. 10 km südlich von Prag einen Jagdhof mit Kapelle errichten, der unter König Wenzel (Václav) II. zu einem Zisterzienserkloster umgebaut wurde. Anfang des 18. Jh.s erfolgte der Neubau des während der Hussitenkriege zerstörten Klosters, das zu Beginn des 20. Jh.s zu einer dreiteiligen Schlossanlage umgebaut wurde. Als Außenstelle der Nationalgalerie beheimatet Schloss Zbraslav die Sammlung asiatischer Kunst (www.ngprague.cz). Öffnungszeiten: Di. – So. 10.00 – 18.00 Uhr, U-Bahn: Smíchovské, Bus: 129, 241, 243, 360, 255.

Sehenswertes von A bis Z

DIE KARLSBRÜCKE, ÜBER 500 METER LANG UND EINE VON 18 MOLDAU-BRÜCKEN, VERBINDET DIE ALTSTADT MIT DER KLEINSEITE. TAGSÜBER IST SIE FEST IN DER HAND VON KLEINDARSTELLERN, KARIKATURISTEN UND TOURISTEN.

★ Agneskloster (Anežský klášter)

E 3

Lage: Praha 1, Staré Město, U milosrdných 17
Bus: 207
U-Bahn: Staroměstská
Straßenbahn: 5, 8, 14

Das Kloster gehört zu den historisch bedeutsamsten Bauwerken Prags und wurde zum nationalen Kulturdenkmal erklärt. Der Besuch lohnt sich aber nicht nur, weil sich dem Besucher ein großartiges Beispiel frühgotischer Baukunst darbietet. Im Inneren ist zudem mit der Sammlung mittelalterlicher Kunst eine sehenswerte Abteilung der Nationalgalerie ausgestellt.
Nach dem Vorbild der Ordensgründung der hl. Clara von Assisi wurde das Agneskloster 1234 für den Orden der Klarissen (Franziskanerinnen) von Prinzessin Agnes, einer Schwester König Wenzels I., gegründet. Agnes trat später in den Orden ein und wirkte seit 1235 als erste Äbtissin des Klosters; 1989 wurde sie heiliggesprochen. Gleichzeitig entstand bis 1240 das Männerkloster der Minoriten, das dem Frauenkloster angeschlossen wurde. In der Folgezeit wurden im Stil der burgundischen Zisterziensergotik die Kirchen St. Barbara (1250 – 1280), St. Franziskus (um 1250) und das Franzis-

Ob Madonnen oder mittelalterliche Porträts – das Agneskloster lohnt einen Besuch.

kanerkloster errichtet. Die Salvatorkirche (1275 – 1280) gilt als bedeutendstes Beispiel der böhmischen Frühgotik. Untersuchungen belegen, dass die Kirche wahrscheinlich als Grablege der Přemyslidendynastie diente (Kapitellplastiken der Přemyslidenherrscher). Aus dem 14. Jh. stammen das Presbyterium und die St.-Barbara-Kirche, die 1689 barock umgestaltet wurde. Bei archäologischen Forschungsarbeiten fand man im Presbyterium das Grab König Wenzels I., das der Klostergründerin Agnes († 1282) und weitere Přemyslidengrabmäler.

✔ NICHT VERSÄUMEN

- Meister Theoderich: Berühmt für »schöne Madonnen« (1. Trakt)
- Meister von Hohenfurth: Tafelbilder (eigener Saal)
- Meister von Wittingau (Třeboň): Altarbilder mit neun Flügeltafeln (eigener Saal)
- Albrecht Altdorfer: »Martyrium des hl. Florian« (letzter Saal)

Národní galerie/ Sammlung

Öffnungszeiten:
Di. – So.
10.00 – 18.00
www.ngprague.cz

Die »Ausstellung mittelalterlicher Kunst vom 13. bis zum 16. Jh. aus Böhmen und Mitteleuropa« wird hier sehr sehenswert präsentiert. Die Plastiken und Tafelbilder stammen größtenteils aus böhmischen Kirchen. Die namentlich unbekannten Künstler werden jeweils nach ihrem Werk und nach dem Ort benannt, an dem ihre Arbeit gefunden wurde. Die Mutter Gottes erscheint in der mittelalterlichen Kunst Böhmens als häufigstes Motiv.

1200 – 1378

Der erste Teil der chronologisch gegliederten Ausstellung ist im Kloster zu sehen: Er zeigt die Entwicklung von Tafelbild und Skulptur bis zur Mitte des 14. Jahrhunderts. Nach einigen frühgotischen Madonnenfiguren ist dem Zyklus des **Meisters von Hohenfurth** (Mistr Vyšebrodského oltáře) ein eigener Saal gewidmet. Dort ist der um 1330 – 1350 entstandene, aus neun Tafeln bestehende Altar des ehemaligen Zisterzienserstiftes von Hohenfurth ausgestellt. Der Zyklus mit der Darstellung von Szenen aus dem Leben Christi, den der Meister von Hohenfurth mit mindestens zwei weiteren Gehilfen schuf, steht für eine neue Auffassung von Räumlichkeit durch Komposition und Plastizität der Figuren und der Landschaft sowie eine differenzierte Erzählweise, beeinflusst durch die italienische Trecentomalerei, besonders der sienesischen. Bis dato herrschte in Böhmen ein anglo-französisch beeinflusster Stil vor. Anschließend kommt man in den Saal mit Werken des **Meisters Theoderich**. Der einzige namentlich bekannte Künstler, der hier vertreten ist, gilt als Repräsentant des Schönen oder Weichen Stils der gotischen Malerei Böhmens. Er schuf für Karl IV. auf der Burg ►Karlstein Wandgemälde und 128 Tafelbilder, von denen hier sechs (hl. Elisabeth, hl. Veit, hl. Hieronymus, hl. Matthäus, Papst Gregor, hl. Lukas; Mitte 14. Jh.) zu sehen sind. Auch hier wirkte die italienische Malerei der Zeit stilbildend. Über diesen Weichen Stil hinaus geht das Votivbild des Prager Erzbischofs Johann Očko von Vlašim (um 1370) mit porträtähnlichen Darstellungen von Karl IV. und Wenzel IV.

1378 – 1437 Der nächste Saal ist dem nur fragmentarisch erhaltenen Zyklus des **Meisters von Wittingau** (Mistr Třeboňského oltáře) gewidmet. Die drei beidseitig bemalten Tafeln des Flügelaltars (der nur an Feiertagen geöffnet wird) stellen auf der freistehenden Seite Christus am Ölberg, die Grablegung und die Auferstehung Christi dar, auf der Rückseite befindet sich ein Zyklus von Heiligenbildern, der ebenfalls aus der Werkstatt des Meisters von Wittingau stammt (er selbst malte nur die Köpfe).

Es folgen Bilder und Skulpturen, die die Entwicklung der spätgotischen Kunst in Böhmen unter besonderer Berücksichtigung des Weichen Stils belegen. Dieser Stil, der hauptsächlich zu Beginn des 15. Jh.s verbreitet war, ist z. B. in der kindhaft wirkenden Madonna von Český Krumlov (Krumau; um 1400) oder der Madonna aus dem Franziskanerkloster in Pilsen vertreten. Der **Meister des Altars von Raigern** (Mistr Rajhradského oltáře, Anfang 15. Jh.) leitete mit einer fast karikaturistischen Verzerrung der Figuren in seiner Kreuzigungsdarstellung eine Wende in der Malerei Böhmens ein.

1437 – 1526 Während Böhmen und insbesondere Prag im 14. Jh. als wichtige eigenständige europäische Kunstzentren galten, hat sich im 15. Jh. zunehmend der Einfluss Mitteleuropas ausgewirkt. Die Werke des **Meisters des Altars von Leitmeritz** (Litoměřice, er zeigt sich für die Ausschmückung des oberen Teils der Wände in der Wenzelskapelle des St.-Veits-Doms mit der Legende des Heiligen verantwortlich) verdeutlichen dies ebenso wie die »Madonna mit Kind« des Monogrammisten I W, der einer der bedeutendsten Schüler von Lucas Cranach d. Ä. war.

Die Ausstellung endet mit den Arbeiten des Meisters der »Beweinung Christi« von Žebrák und dem holzgeschnitzten Altarschrein des Meisters I. P. (um 1520), der den Einfluss Albrecht Dürers erkennen lässt und dessen Arbeit sich zusammen mit dem »Martyrium des hl. Florian« von Albrecht Altdorfer im letzten Raum der Ausstellung befindet.

★ ★ Altstädter Ring (Staroměstské náměstí)

E 4

Lage: Praha 1, Staré Město, Staroměstské náměstí
Bus: 207
U-Bahn: Staroměstská
Straßenbahn: 17, 18

Der Altstädter Ring ist neben dem ► Hradschin der historisch bedeutendste Ort Prags. Der 9000 m² große Platz, in dessen Mitte das monumentale Denkmal für den Reformator **Jan Hus** steht, entstand im 11. und 12. Jh. als zentraler Marktplatz der Kaufleute. Im Verlauf

Der Altstädter Ring mit der gotischen Teynkirche ist das Herzstück von Prag. →

der Jahrhunderte erlebte der Platz jedoch nicht nur ruhmreiche, sondern auch tragische Momente, die in die Geschichte eingegangen sind. Er diente als Station auf dem traditionellen Krönungsweg der böhmischen Könige vom Pulverturm (► S. 244) zum ► Hradschin als Krönungsplatz und als Hinrichtungsstätte.

1621 wurden auf dem Altstädter Ring die Anführer des ständischen Aufstandes hingerichtet, worauf eine Bronzetafel mit den Namen der 27 Hingerichteten am Altstädter Rathaus hinweist.

In der jüngeren Geschichte demonstrierten hier die Prager für eine eigenständige Tschechoslowakei (1918) und 1945 empfing eine jubelnde Menge die siegreiche Rote Armee. Der Altstädter Ring war auch Schauplatz der Geschichte, als der Prager Frühling durch den Einmarsch von Truppen des Warschauer Pakts 1968 ein gewaltsames Ende fand. 1988 protestierten am 20. Jahrestag des Prager Frühlings Tausende auf einem Zug durch die Altstadt gegen die fortdauernde sowjetische Besatzung und die Niederwerfung der Reformbewegung, für Freiheit und Bürgerrechte.

Bebauung

Ende 1987 wurde die groß angelegte Restaurierung des Altstädter Rings und seiner prachtvollen Gebäude beendet, zu denen das Altstädter Rathaus, die Teynkirche und die Teynschule, das Palais Goltz-Kinsky und St. Niklas in der Altstadt gehören. Rund um den Platz zeigen die Fassaden nun vornehmlich Pastelltöne.

Eine Messingplatte mit lateinischer und tschechischer Aufschrift kennzeichnet auf dem Altstädter Ring den Verlauf des einst für die Zeitrechnung in Prag verwendeten Meridians.

Jan-Hus-Denkmal

Das monumentale Denkmal des Jan Hus beherrscht die Mitte des Platzes. Es wurde 1903 gestiftet und 1915 anlässlich seines 500. Todestages enthüllt. **Ladislav Šaloun** (1870 – 1946) hat die Skulptur, die den Reformator inmitten von Verfolgten und Vertriebenen zeigt, entworfen. Nicht nur durch ihre kurzzeitige Nähe zur Mariensäule, die als Symbol des Habsburger Katholizismus und somit der Unterwerfung galt, ist das Denkmal auch ein Zeichen für die nationale Erneuerung der Tschechen.

✶ ✶ Altstädter Rathaus (Staroměstská radnice)

Öffnungszeiten:
Mo. 11.00 – 18.00,
Di. – So. ab 9.00
Turm:
Mo. 11.00 – 20.00,
Di. – So. ab 9.00

Im ehemaligen Rathaus der Altstadt finden heute kulturelle und gesellschaftliche Veranstaltungen (z. B. Hochzeiten) statt, seinen Namen »Altstädter Rathaus« hat es jedoch behalten. Die Geschichte dieses Rathauses – seine ältesten Teile gehen bis auf das 11. Jh. zurück – ist eine Geschichte einzelner Bürgerhäuser und fortwährender Bautätigkeit.

Im Jahr 1338 erteilte König Johann von Luxemburg den Altstädtern die Genehmigung zum Bau eines Rathauses als eigenes Verwaltungszentrum. Stammhaus wurde das **Stein'sche Eckgebäude**, an das 1364 ein viereckiger Turm angebaut wurde. Die Erkerkapelle an

Die Uhr am Altstädter Rathaus zieht zur vollen Stunde die Besucher in Scharen an – sie sind neugierig auf das Spektakel, das sie erwartet.

der Nordostseite des Turms wurde 1381 eingeweiht, 1945 erheblich beschädigt, aber wieder instand gesetzt.
Die in das Mauerwerk eingelassene Kassette enthält Erde vom Dukla-Pass, wo Tschechen und Russen 1944 die deutschen Truppen zurückdrängten. An der Ostseite hängt eine bronzene **Gedenktafel** für die im Jahr 1621 hingerichteten Anführer des tschechisch-protestantischen Aufstands, im Pflaster sind zwei gekreuzte weiße Schwerter mit Dornenkranz, das Datum der Hinrichtung und 27 kleine Kreuze eingelassen. Darüber hinaus erinnert eine Büste von Karel Lidický an den hussitischen Prediger Jan Želivský, der 1422 hingerichtet wurde.
Anfang des 15. Jh.s entstand auf der Südseite des Turms die Astronomische Uhr und bis 1480 war das gotische Portal auf der Südfront als Haupteingang fertiggestellt.
Um 1360 wurde das **Křížhaus** hinzugekauft. Die Aufschrift »Praga Caput Regni« (»Prag, Hauptstadt des Königreichs«) über dem Renaissancefenster stammt aus dem Jahr 1520. Als drittes Gebäude kam 1458 das Mikešhaus dazu (1878 im Neorenaissancestil umgebaut).
Im »**Haus zum Hahn**« (»U Kohouta«), das ab 1830 in den Rathauskomplex einbezogen wurde, ist im Keller ein romanischer Saal erhalten. Beachtenswert sind auch die Renaissancedecken und Wandgemälde im ersten Stock.
Zum Stillstand kam die bauliche Weiterentwicklung erst Ende des 19. Jahrhunderts. Stark beschädigt wurde das Rathaus am vorletzten Tag des Zweiten Weltkriegs, als restliche Einheiten der deutschen

! Baedeker TIPP

Sie wollen heiraten?
Im Altstädter Rathaus befindet sich auch das Standesamt. Die Vorfahrt in geschmückten Kutschen oder blank polierten Oldtimern und Zeremonien mit Konfettiregen aus den alten Bleiglasfenstern wirken besonders stimmungsvoll. Eine Aufgebotsfrist gibt es nicht mehr, Pass und Geburtsurkunde genügen. Wer samstags im Alten Rathaus heiraten will, sollte allerdings mindestens zwei Monate vorab einen Termin vereinbaren (Tel. 221 097 469).

Wehrmacht den Turm unter Beschuss nahmen: Die neugotischen Erweiterungsbauten (Ost- und Nordflügel) und das Stadtarchiv wurden vernichtet. Heute erstreckt sich an dieser Stelle eine kleine Parkanlage.
Der Südflügel wurde in den Jahren 1978 – 1981 vollkommen restauriert. Der Ratssaal im zweiten Stock ist noch in seiner ursprünglichen gotischen Gestalt (1470) erhalten. Im großen Sitzungssaal hängen zwei Gemälde des tschechischen Historienmalers Václav Brožík: »Jan Hus vor dem Konstanzer Konzil« und »Die Wahl Georgs von Podiebrad zum böhmischen König«. Den Trauungssaal zieren Malereien von Cyril Bouda (1901 – 1984). Im Kreuzgang ist die Galerie der Stadt Prag untergebracht. Vom 3. Stock aus kann man den 69 m hohen **Rathausturm** mit dem Fahrstuhl erreichen oder über Treppen besteigen. Den Rundblick von der Aussichtsgalerie über die Prager Altstadt sollte man sich nicht entgehen lassen.

✶ ✶ Astronomische Uhr (Orloj)

»An dieser Uhr waren zu sehen des Himmels Lauf durch das ganze Jahr mit der Zahl der Monate, Tage und Stunden. Auf- und Niedergang der Sterne, der längste und der kürzeste Tag, die Aequinoctia, die Feste durchs ganze Jahr, die Länge der Nacht und des Tags, der Neu- und Vollmond neben den Vierteln, die drei unterschiedlichen Schlagstunden nach der ganzen und halben Uhr.«
So beschrieb 1650 der Maler, Kupferstecher und Kunstverleger Merian die Uhrenscheibe des Horologiums auf der Südseite des Altstädter Rathausturms. Seit 500 Jahren hat sich hier fast nichts verändert. Die ursprüngliche Fassung der Uhr wird auf 1410 datiert. Im Jahr 1490 baute der Magister Hanuš von der Karlsuniversität die Uhr um. Es heißt, dass die Ratsherren Hanuš blenden ließen, damit er für keine andere Stadt ein derartiges Kunstwerk bauen könne. Kurz vor seinem Tod stieg der Blinde auf den Turm und hielt das Uhrwerk an, bevor sich der Apostelumzug in Bewegung gesetzt hatte. Die Uhr stand still, bis Jan Táborský, und hier endet die Sage, in den Jahren 1552 – 1572 den Mechanismus wiederherstellte.
Die Astronomische Uhr besteht aus drei Teilen: **Apostelumzug**, Uhrenscheibe und Kalendarium. Hauptattraktion ist der von 9.00 bis 21.00 Uhr jeweils zur vollen Stunde stattfindende Apostelumzug mit den Figuren aus dem 19. Jh.: Der Knochenmann Tod reißt mit einem Arm am Seil der Sterbeglocke, mit dem anderen hebt er die

Sanduhr hoch. Die Fenster öffnen sich, Christus und die zwölf Apostel ziehen vorbei. Sind die Fenster wieder geschlossen, flattert und kräht in der Nische ein Hahn und die volle Stunde wird geschlagen. Dieses allegorische Spiel ergänzen ein kopfschüttelnder Türke neben der Uhr, ein Geiziger, der auf seinen Säckel starrt, und ein Eitler, der sich im Spiegel betrachtet.
Die Uhrenscheibe ist in zwei Kreise unterteilt. Die obere Scheibe zeigt den Umlauf der Sonne, des Mondes sowie die Uhrzeit an. Die untere Scheibe ist in 24 Felder unterteilt und gibt mit ihren arabischen Ziffern auch die böhmische Zeit (von Sonnenaufgang bis Sonnenuntergang) an. Die Szenen für das **Kalendarium** schuf der Historienmaler Josef Mánes (1820 – 1871). Neben den zwölf Rundbildern mit den Tierkreiszeichen, die um das Prager Wappen gruppiert sind, zeigen sie Szenen aus dem Landleben entsprechend den jeweiligen Monaten. Die Originale hängen im Treppenaufgang zum ►Museum der Hauptstadt Prag.

Der »Tod« und der »Türke« – Allegorien für -Vergänglichkeit und Begierde

Das südwestlich anschließende **Haus »Zur Minute«** (U Minuty) mit Figurensgraffiti biblischer sowie mythologischer Szenen entstand um 1600, die Sgraffiti kamen erst um 1615 bzw. noch später hinzu. Die an der Ecke angebrachte Löwenfigur geht auf das 18. Jh. zurück. In den Arkaden gibt es einen Durchgang zum Kleinen Ring.

Das Haus **»Na Kamenci«** auf der Südseite des Platzes geht auf einen romanischen Bau mit gotischen Erweiterungen zurück; sein spätgotisches Portal stammt aus dem 16. Jh., die Frühbarockfassade aus dem 17. Jahrhundert. Im benachbarten frühbarocken Haus **»Zum blauen Stern«** (U Modré hvězdy; Nr. 25) wird bereits seit dem 16. Jh. Wein ausgeschenkt. Das Haus **»Zum goldenen Einhorn«** (U Zlatého jednorožce; Nr. 20) wuchs im 14. Jh. über seinen romanischen Kern hinaus und wurde 1496 spätgotisch umgestaltet; dem 18. Jh. entstammt die spätbarocke Fassade. Eine Gedenktafel am Haus erinnert an den berühmten Komponisten Bedřich Smetana, der hier seine erste Musikschule gründete. Am Ende der prachtvollen Barockhäuser an der Südseite des Platzes steht das **Štorchhaus** (Nr. 16) im Stil der Neorenaissance. Ursprünglich befand sich dort ein Gebäude aus gotischer Zeit (14./15. Jh.), das 1897 durch den heutigen Bau nach Entwürfen von Friedrich Ohmann ersetzt wurde. Das Fassadengemälde des hl. Wenzel zu Pferde stammt von Mikoláš Aleš.

Teynschule (Týnská škola)

Dieser ursprünglich gotische Bau mit einem Rippengewölbe im Laubengang an der Ostseite wurde Mitte des 16. Jh.s erweitert, im Stil der venezianischen Renaissance umgebaut und mit einem doppelten Giebel verziert. Seit Beginn des 15. Jh.s bestand hier über vier Jahrhunderte die Teyn-Pfarrschule, an der u. a. Mitte des 15. Jh.s der große Baumeister Matthias Rejsek von Prostějov unterrichtete. Durch den dritten Bogen von links gelangt man zur Teynkirche.

✶ Teynkirche (Kostel Panny Marie před Týnem)

Die gotische Teynkirche (»Mutter Gottes vor dem Teyn/Zaun«) am Altstädter Ring gilt als Wahrzeichen der Prager Altstadt. Sie ist durch die vorgelagerte Teynschule leicht nach hinten versetzt. Dennoch beherrschen ihre beiden Türme die Ostseite des Platzes. Dreischiffig wurde sie 1365 an Stelle einer romanischen Kirche errichtet. Der Chor wurde 1380 vollendet; die Fassade mit dem hohen Giebeldach hat König Georg von Podiebrad 1460 ausführen lassen. Zur Zeit der hussitischen Reformbewegung war die Teynkirche das Zentrum der böhmischen Utraquisten in Prag.

Der goldene Kelch, den König Georg von Podiebrad neben seinem Standbild zum Andenken an seine Krönung im Giebel aufstellen ließ, wurde nach der Niederlage der Protestanten am ►Weißen Berg (1620) durch ein Marienbild ersetzt, für dessen Strahlenkranz man das Gold des Kelchs verwendete.

Die 80 m hohen Türme, deren Helme mit zierlichen Ecktürmen versehen sind, wurden 1463 – 1466 (Nordturm) und 1506 – 1511 (Südturm) errichtet. Beachtenswert ist auch das Nordportal mit gotischem Baldachin und Tympanon aus Peter Parlers Bauhütte (»Das Leiden Christi«, Kopie).

Der Kirchenraum wirkt trotz des hohen gotischen Chors etwas düster. Am Ende des Mittelschiffs fällt der **Hochaltar** mit den prachtvollen Gemälden »Himmelfahrt Mariä« und »Hl. Dreifaltigkeit« von Karel Škréta (1649) ins Auge. In der Kapelle nördlich des Chors befindet sich eine schöne gotische **Kalvarienberggruppe** aus dem 15. Jh.; den Abschluss des südlichen Seitenschiffs zieren gotische Konsolen aus der Parlerhütte, Büsten eines unbekannten Herrscherpaars und die Marmorgruppe **»Kyrill und Method«** von Emanuel Max

Teynkirche Orientierung

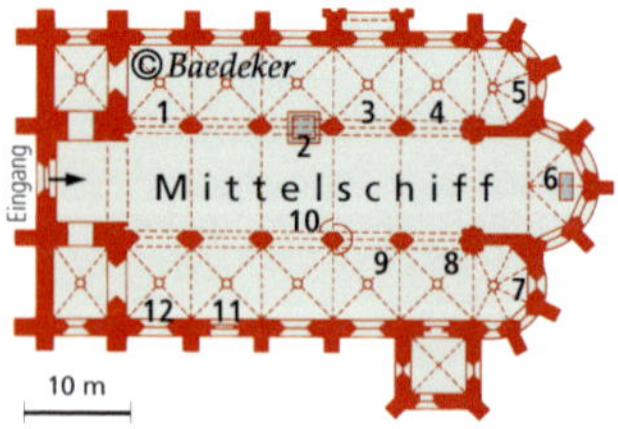

- **1** St.-Adalbert-Altar
- **2** Spätgotischer Baldachin
- **3** St.-Josef-Altar
- **4** Verkündigungsaltar
- **5** Kalvarienberggruppe
- **6** Hochaltar
- **7** Gotische Konsolen, Zinntaufbecken
- **8** St.-Barbara-Altar
- **9** Marmorgrab Tycho Brahe
- **10** Gotische Madonna
- **11** Renaissancealtar
- **12** St.-Wenzel-Altar

(1847). Ferner steht hier ein schönes gotisches Taufbecken aus Zinn, das auf 1414 datiert wird.
Das Altarbild des hl. Adalbert am ersten Mittelpfeiler des nördlichen Seitenschiffs stammt ebenfalls von Škréta, der nach 1660 auch die Gemälde für den Verkündigungs- und den St.-Barbara-Altar sowie 1664 das Bild für den St.-Josef-Altar schuf. Ein **spätgotisches Tabernakel** (1493) des Meisters Matthias Rejsek von Prostějov überwölbt den neugotischen St.-Lukas-Altar (19. Jh.); sein Altarbild stammt von Josef Hellich. Am südlichen Chorpfeiler befindet sich das rotmarmorne **Grabmal des dänischen Astronomen Tycho Brahe** (►Berühmte Persönlichkeiten), der am Hof Rudolfs II. tätig war; die beiden lateinischen Sprichworte über dem Bildnis lauten sinngemäß: »Mehr sein als scheinen« und »Nicht Macht, nicht Reichtum, nur die Kunst ist ewig«. Der einstige Hofastronom ist in voller Rüstung dargestellt, der für das Grabmal verantwortliche Künstler ist nicht bekannt.

Die gotische Madonna in der zweiten Kapelle des südlichen Seitenschiffs entstand um 1400. Anfang des 17. Jh.s wurde das Relief der Taufe Christi für den Renaissancealtar hergestellt, Ende des 17. Jh.s das Bild des St.-Wenzel-Altars (A. Stevens).

Zur steinernen Glocke

Neben der Teynschule steht das Haus »Zur steinernen Glocke« (U Kamenného zvonu). Die Vorderseite mit den hoch aufstrebenden gotischen Fenstern wurde bis zu den Arbeiten zur Instandsetzung, die in den 1960er-Jahren durchgeführt wurden, von einer neubarocken Fassade von 1899 verdeckt. Ihren Anfang nahm die Baugeschichte dieses Hauses in der zweiten Hälfte des 13. Jh.s, der Name »Zur steinernen Glocke« ist 1417 erstmals urkundlich belegt. Bauherrin war vermutlich Königin Elisabeth, die Gemahlin Johanns von Luxemburg. Ende des 15. Jh.s erfolgten bauliche Veränderungen, und nach 1685 sorgte ein Umbau dafür, dass von der Palaisgestalt des einst königlichen Wohnsitzes kaum etwas übrig blieb. Im Zuge einer umfangreichen Rekonstruktion erhielt das Gebäude bis 1987 seine alte gotische Gestalt zurück.
Im Haus »Zur steinernen Glocke« veranstaltet die **Galerie der Hauptstadt Prag** Ausstellungen (Di. – So. 10.00 – 18.00 Uhr, www.ghmp.cz), Konzerte und Vorträge.

◄ Galerie hlavního města Prahy

Palais Goltz-Kinsky (Palác Goltz-Kinských)

Národní galerie

Öffnungszeiten:
Di. – So.
10.00 – 18.00
www.ngprague.cz

Im ehemaligen Palais Goltz-Kinsky (Nr. 12), unmittelbar neben dem Haus »Zur steinernen Glocke«, werden Dauerausstellungen der Nationalgalerie gezeigt. Derzeit ist dort die Dauerausstellung zu asiatischer und antiker Kunst zu sehen. Im Untergeschoss ist in 18 Aquarien das tierische Leben der Moldau zu bewundern.
Der Spätbarockbau mit den eindrucksvollen Rokokoelementen entstand auf den Grundmauern eines romanischen und eines frühgotischen Hauses (Reste im Souterrain des Westflügels). Die Pläne für

Auch für St. Niklas zeichnet ein Dientzenhofer verantwortlich.

den Palast, der 1755 von Johann Arnold Graf von Goltz in Auftrag gegeben worden war, stammen von **Kilian Ignaz Dientzenhofer**; sein Nachfolger **Anselmo Lurago** vollendete den Bau 1765. Bereits drei Jahre später ging das Palais in den Besitz des Fürsten Rudolf Kinsky über. Knapp 80 Jahre später wurde hier Berta von Suttner geboren. Die fast klassizistische Platzfront mit reicher Stuckatur von G. Campione de Bossi und pilastergesäumten Risaliten besitzt zwei dreieckige Giebel. An der breiten Fassade verläuft ein von zwei Säulenportalen getragener Balkon. Vier stehende und vier liegende mythologische Plastiken von **Ignaz Franz Platzer d. Ä.** schmücken die Attika. Im Rokokostil sind die fein gegliederten Einfassungen der Fenster mit dem typischen Motiv der Steinchenrocaille gehalten. Die drei Seitenflügel im Empirestil wurden später angefügt.

St. Niklas in der Altstadt (Kostel svatého Mikuláše)

Die Kirche des ehemaligen Benediktinerklosters (► Emmauskloster) dient heute als Gotteshaus der tschechischen Hussitischen Kirche. Der prachtvolle helle Sakralbau an der Nordwestecke vom Altstädter Ring wurde 1732 – 1735 nach Plänen von **Kilian Ignaz Dientzenhofer** mit der monumentalen Südfront, dem langen Hauptschiff mit Seitenkapellen und der Kuppel im Barockstil errichtet.
Der Skulpturenschmuck stammt von **Anton Braun**, das reiche Stuckwerk von Bernardo Spinetti, die Deckengemälde (Leben des hl. Nikolaus und des hl. Benedikt) von **Cosmas Damian Asam**, der auch die Fresken im Presbyterium und in den Seitenkapellen schuf. Der Kristallleuchter im Hauptschiff wurde Ende des 19. Jh.s von der Glashütte in Harrachov geliefert. Im Jahr 1906 kam die St.-Nikolaus-Statue von B. Šimonovský an der seitlichen Fassade hinzu.
Da Kloster und Kirche 1787 säkularisiert wurden, sind der Hochaltar, das Kirchengestühl und viele der sich ursprünglich hier befindlichen Gemälde heute in anderen Kirchen untergebracht.

! *Baedeker* TIPP

Kafkas Prag

Westlich der Kirche St. Niklas, am »náměstí Franze Kafky« (Nr. 5), lag das Geburtshaus des Prager Schriftstellers. Hier hängt zur Erinnerung eine Bronzetafel. Gegenüber von St. Niklas befand sich sein Gymnasium, Kafkas Eltern besaßen ein Galanteriegeschäft im Palais Kinsky. Kein anderer Schriftsteller ist so eng mit der Stadt verbunden; seine Spuren lassen sich noch an vielen anderen Stellen Prags nachverfolgen.

Am Graben (Na Příkopě)

E 4

Lage: Praha 1, Staré Město (Fußgängerzone)

U-Bahn: Můstek, Náměstí Republiky

Die Straße »Na Příkopě« (Am Graben) gilt als die belebteste der Stadt. Sie verbindet das untere Ende vom ► Wenzelsplatz mit dem Platz der Republik (náměstí Republiky). Am Graben, Wenzelsplatz und Národní třída mit ihren Nebenstraßen und -gassen bilden das **»Goldenes Kreuz«** genannte Prager Geschäftszentrum mit Verwaltungs-, Bank- und Bürogebäuden, Passagen, Läden, Hotels, Restaurants und Kaffeehäusern.
In der Fluchtlinie des heutigen Fußgängerbereichs »Am Graben« verlief einst der bereits 1760 zugeschüttete Stadtgraben zwischen den Befestigungen von Altstadt und Neustadt.
Vom Wenzelsplatz aus gesehen erstreckt sich linker Hand die Altstadt, rechts die Neustadt. An der Ecke Na Příkopě/Na Můstku liegt das markante, Ende der 1970er-Jahre errichtete frühere Verwal-

tungsgebäude der Maschinenfabrik **»ČKD Praha«**. Den Giebel des modernen Stahlbaus krönt eine große Uhr des Vorgängerbaus. In dem komplett renovierten Gebäude sind Geschäfte und Büroräume untergebracht.

Gegenüber an der Ecke zum Wenzelsplatz steht das **Haus Koruna** (Krone), das 1911 nach einem Entwurf von Antonín Pfeiffer gebaut wurde. Die drei unteren Geschosse werden von gläsernen Schaufensterflächen dominiert. Eine weiträumige Passage verbindet die beiden Straßen miteinander und wurde zum Vorbild für die späteren Gebäude in der Nachbarschaft.

Nur wenige Schritte entfernt liegt das **Palais Sylva-Taroucca** (Nr. 10). In diesem Kleinod böhmischen Spätbarocks sind ein Museum sowie ein Fast-Food-Restaurant untergebracht. **Anselmo Lurago** erbaute den Barockpalast von 1743 – 1751 nach Plänen von Kilian Ignaz Dientzenhofer für den Fürsten Ottavio Piccolomini. In Anlehnung an den französischen Klassizismus entstanden zwei Höfe, ein Garten mit Reitschule und eine Säulendurchfahrt. An der Fassade

Ein beliebtes Einkaufszentrum am Graben: die Passage Černa růže

lassen sich die Besonderheiten des Spätstils Dientzenhofers ablesen: Neben dem Dreiecksgiebel, der die drei Hauptachsen der neunachsigen Fassade bekrönt, überspannen zwei Segmentgiebel die beiden äußeren Gebäudeteile, dort aber nur die jeweils mittleren Achsen. Dientzenhofer hat sich hier wohl vom Rokoko beeinflussen lassen. Das Dekor der architektonisch reich gegliederten Fassade mit mythologischen Plastiken sowie der Schmuck des Rokokotreppenaufgangs stammen von **Ignaz Franz Platzer d. Ä.**, das Stuckwerk im Inneren von Carlo Bossi. Die Fresken am Treppengewölbe (Wagen des Helios und Allegorien der vier Jahreszeiten) schuf Václav Bernard Ambrozzi.

Das benachbarte neuromanische Haus **»Zur schwarzen Rose«** (U Černé růže) gehörte früher der Prager Universität. Hier trafen sich seit 1411 deutsche Anhänger des großen Reformators Johannes (Jan) Hus. Schüler dieser »Schwarzen Rose« (u. a. Draendorf und Turnow) trugen wesentlich zur Verbreitung des Hussitentums in Deutschland bei. Mitte des 20. Jhs. entstand hier eine Nobelpassage; heute befinden sich in dem rekonstruierten Palais luxuriöse Geschäfte, Büros und Wohnungen. Die einzige Empirekirche Prags, die **Hl.-Kreuz-Kirche** (Kostel svatého Kříže), wurde 1819 – 1821 von J. Fischer für den Piaristenlehrorden erbaut. Die ehemaligen Schulgebäude des Piaristenkonvents befinden sich in der Panská.

! *Baedeker* TIPP

Vergangenheitsbewältigung ...

... auf Tschechisch: Das Museum des Kommunismus im Palais Savarin (Nr. 10) lädt zu einem Rundgang durch die jüngste Geschichte des Landes ein. Bisher zeigen die Tschechen selbst wenig Interesse an der Aufarbeitung der Vergangenheit der einstigen Tschechoslowakei, umso beliebter ist das vom amerikanischen Geschäftsmann Glenn Spicker gegründete Museum bei Touristen aus aller Welt (tgl. 9.00 – 21.00 Uhr, www.muzeumkomunismu.cz).

Das Haus »Am Graben« Nr. 20, im Stil der böhmischen Renaissance gehalten, schmücken allegorische Mosaiken nach Entwürfen von Mikoláš Aleš und Reliefs aus den Werkstätten von Celda Klouček und Stanislav Sucharda.

Das 1695 – 1700 von Graf Jean B. Vernier de Rougemont erbaute Barockpalais Příchovských, als »Deutsches Haus« von 1875 – 1945 Treffpunkt der Prager Deutschen, wurde nach dem Zweiten Weltkrieg in **»Slawisches Haus«** (Slovanský dům) umbenannt. Das klassizistische Aussehen erhielt das Gebäude durch eine Umgestaltung gegen Ende des 19. Jahrhunderts, heute befinden sich in dem renovierten Gebäude ein Einkaufszentrum mit Restaurants, Cafés und einem Garten und ein Multiplexkino (www.slovansky-dum.cz).

Das Haus »Am Graben« Nr. 28 ist der 1935 bis 1942 errichtete **Palast der Tschechischen Staatsbank**. Hier befanden sich einst die Gewerbebank und die berühmten Hotels »Zum blauen Stern« und »Zum schwarzen Ross«, wo im 19. Jh. Europas Prominenz logierte (u. a. Liszt und Chopin). Im Hotel »Zum blauen Stern« wurde 1866 der Prager Frieden zwischen Österreich und Preußen unterzeichnet.

Der aus Prag stammende Schriftsteller Franz Kafka gehört zu den wichtigsten Vertretern deutscher Prosa des 20. Jahrhunderts. Dass sein Werk erhalten blieb, ist vor allem einem gebrochenen Versprechen zu verdanken.

LITERATURERBE: KASSE MIT KAFKA

Mit Krimis hatte Franz Kafka nichts am Hut, obwohl in seinen Romanen so manches recht geheimnisvoll wirkt. Doch die jahrelangen Auseinandersetzungen um seinen Nachlass, der gemäß seinem Willen doch eigentlich hätte verbrannt werden sollen, könnten glatt Stoff für einen Thriller sein.

In die jüngsten Konflikte um diesen Nachlass verwickelt waren und sind insbesondere die Erben, nämlich zwei betagte Damen, das Deutsche Literaturarchiv Marbach und der Staat Israel. Beispielsweise wurden infolge eines aus Tel Aviv ergangenen Gerichtsbeschlusses diverse Banksafes in Zürich geöffnet, in denen man bislang unbekannte Manuskripte Kafkas vermutete. Die Fachwelt war aufs Äußerste gespannt – doch was man fand, war praktisch schon bekannt und veröffentlicht.

Das vorläufig letzte Kapitel des Erbstreits drehte sich um 111 Schriftstücke. Sie kamen im April 2011 beim Berliner Auktionshaus J. A. Stargardt unter den Hammer. Es handelte sich um **Kafkas Korrespondenz mit »Ottla«** (Ottilie) – seiner Lieblingsschwester, der Jüngsten unter den vier Geschwistern und für Bruder Franz die beste Freundin. Kafka blieb trotz Doppelverlobung Junggeselle und hinterließ, soweit bekannt, keinen Nachwuchs.

Alles verbrennen

Seine Manuskripte und Niederschriften hatte Kafka einst seinem Freund und Herausgeber **Max Brod** vermacht. Dieser sollte alles bis zum letzten Fitzelchen Papier verbrennen. Die Literaturszene wäre um höchst eigenwillige Romane ärmer, hätte Brod

sich an das gegebene Versprechens gehalten. Als der ebenfalls berühmte Prager Autor 1939 vor den Nazis die Flucht ergriff, nahm er in einem Koffer hauptsächlich Manuskripte und handschriftliche Notizen des verstorbenen Freundes nach Palästina mit.

Auf der Flucht lernte er in Paris **Ilse Esther Hoffe** kennen, eine tüchtige Sekretärin, die seine Lebensgefährtin wurde. Nach Brods Tod 1968 verwaltete Hoffe den Kafka-Koffer. Gemäß dem Brod'schen Testament von 1961 sollte sie den wertvollen Inhalt einem geeigneten Archiv im In- oder Ausland zur Verfügung stellen. Die materiellen Rechte daran sollten hingegen bei Hoffe verbleiben und damit auch vererbt werden können.

Das kostbarste Stück aus dem Kafka-Koffer gelangte schon vor über zwei Jahrzehnten, nämlich 1988, bei Sotheby's in London zur Auktion – **»Der Prozess«**. Damals erwarb das Deutsche Literaturarchiv in Marbach den von Hand geschriebenen(!) Roman für immerhin mehr als drei Millionen D-Mark.

Kafka in Jerusalem

Inzwischen hat sich das **Israelische Nationalarchiv** eingeschaltet. In Jerusalem soll das größte Kafka-Zentrum entstehen. Der Prager, ein deutschsprachiger Schriftsteller jüdischer Herkunft, ist einer der wichtigsten Protagonisten der jüdischen Weltliteratur, was mit diesem Zentrum dokumentiert werden soll. Die weit verzweigten, internationalen Kafka-Gesellschaften protestieren: »Kafka gehört keinem Land, Kafka ist Weltkulturerbe« – und man hält es für etwas abwegig, über Kafka als israelisches Kulturgut zu sprechen: »In Israel gibt es bis heute weder eine Kafka-Gesamtausgabe, noch eine einzige Straße, die nach Kafka benannt wäre«, so sein Biograf Reiner Stach.

Diese über der Karlsbrücke schwebende geheimnisvolle Stimmung könnte aus einem Kafkaroman stammen.

Opfer der Nazis

Doch wie kamen eigentlich Briefe von Kafkas Schwester an Erben, die gar keine Familienangehörigen sind? In jenem Koffer, den Max Brod mit nach Palästina schleppte, waren die Briefe nämlich nicht gewesen. Sie waren bei der Adressatin verblieben und nach Hitlers Einmarsch nach Prag zuerst gut versteckt worden.

Doch Ottla Kafka wurde zusammen mit ihren beiden Schwestern Elli und Walli 1943 im KZ Auschwitz-Birkenau ermordet, genauso wie Brods Bruder Otto, der sich um die in Prag verbliebenen Reste von Kafkas Hinterlassenschaft gekümmert hatte.

Vom Koffer in den Safe

Nach 1945 gelang es Max Brod in mühevoller Kleinarbeit, das Verbliebene an verschiedenen Orten aufzuspüren, einzusammeln und nach Tel Aviv zu schaffen. Später wurden die wertvollen Memorabilien aus Sicherheitsgründen – Israel führte in derZwischenzeit mehrere Kriege – peu à peu in diversen **Banktresoren in Zürich** und in der **Bodleian Library in Oxford** deponiert.

Als Generalerbin hatte Brod mit einer Schenkungsurkunde Ilse Esther Hoffe bestimmt. Diese Entscheidung wurde damals von israelischen Kulturwächtern akzeptiert. Erst im Jahr 2007, als mit dem Tod der alten Dame im hohen Alter von 101 Jahren die Kafka-Erbschaft an ihre beiden Töchter Eva und Ruth Hoffe überging, entflammte der Streit: Die Nationalbibliothek in Tel Aviv beanspruchte Kafkas Erbe »als nationales Kulturgut« für sich.

Auch der Briefwechsel zwischen Ottla und Franz wurde dem Marbacher Literaturarchiv zur Aufbewahrung und Erschließung für die Fachwelt angeboten. Dieser Deal scheiterte jedoch am Geldmangel, denn das Deutsche Literaturarchiv hatte unlängst bereits acht Millionen Euro für das Suhrkamp-Kafka-Archiv auf den Tisch geblättert. Die Korrespondenz zwischen Franz und Ottla kam aus Oxford nach Berlin. Israels Jurisprudenz konnte die Versteigerung nicht verhindern.

Kafkas letztes Geheimnis

Die Odyssee, die Kafkas unfrewilliger Nachlass genommen hat, ist noch lange nicht zu Ende. Eine Nachricht, die alle »Kafkologen« bewegt: Es soll noch **20 Tagebücher von Kafka** geben, die er seiner letzten Lebensgefährtin, Dora Diamant, geschenkt hat. Sie war die Letzte, die ihn pflegte, bis zu seinem Tod 1924. Offenbar wurden diese Hefte nach 1940 von der Gestapo in Prag konfisziert und später nach Krakau und Warschau ausgelagert. Der Zugriff auf die polnischen Archivbestände ist bislang allerdings blockiert. Bislang konnten sich die Bundesrepublik Deutschland und Polen nicht über eine wechselseitige Rückgabe der im Zweiten Weltkrieg geraubten Dokumente und Kunstwerke einig werden.

Ob darunter tatsächlich auch »Kafkaeskes« zu finden ist? – Eine Spur würde sich womöglich in **Dora Diamants Briefen** an Max Brod finden. Doch die Einsicht in diese Korrespondenz muss erst ein Ermittlungsrichter in Tel Aviv genehmigen. Die Verhandlungen darüber gleichen denen in Kafkas Roman »Der Prozess«.

»Jemand mußte Josef K. verleumdet haben, denn ohne daß er etwas Böses getan hätte, wurde er eines Morgens verhaftet.«

Baumgarten (Stromovka)

D–F 2

Lage: Praha 7, Holešovice **Straßenbahn:** 5, 12, 17

Nördlich von der Letnáhöhe (► Letnáanlagen) erstreckt sich bis zur Moldau der Baumgarten (Stromovka), ein prächtiger Park.
An seiner Südwestseite befindet sich das Lustschloss im neogotischen Stil. König Vladislav Jagiello ließ es Ende des 15. Jh.s als Jagdschloss erbauen, Anfang des 19. Jh.s wurde das Schloss stilistisch dem englischen Garten angepasst.

Ausstellungsgelände (Výstaviště)

Öffnungszeiten: Di. – Sa.

An der Südostseite des Parks wurde für die Jubiläumsausstellung 1891 und die Ethnografische Ausstellung 1895 nach Plänen von **Antonín Wiehl** ein Ausstellungsgelände angelegt; seit 1918 fanden hier die Prager Mustermessen statt. Anfang der 1950er-Jahre wurde das Gelände zu einem Erholungspark erweitert.
Sehr eindrucksvoll wirkt die Eisenkonstruktion des um das Jahr 1900 von **Bedřich Münzberger** und **Josef Fanta** entworfenen **Indus-**

Beeindruckend: der alte Industriepalast mit seinen Springbrunnen

triepalasts (Průmyslový palác). Bis zur Eröffnung des Kulturpalasts am ► Vyšehrad fanden hier Kongresse und Tagungen statt. 2008 brannte der linke Flügel nieder, er wird zurzeit rekonstruiert.
Die Fassade des Pavillons von Prag, ebenfalls ein Bauwerk des späten 19. bzw. frühen 20. Jh.s, zeigt historische Persönlichkeiten der böhmischen Geschichte von G. Zoula sowie allegorische Plastiken von F. Hergesell. Heute birgt der Pavillon das **Lapidarium** des ► Nationalmuseums mit sehenswerten Exponaten aus Architektur und Bildhauerei vom 11. bis 19. Jahrhundert. Viele Skulpturen in und um Prag, die im Laufe der Zeit durch Kopien ersetzt wurden, um sie vor Verwitterung zu schützen, sind hier im Original zu bewundern, so etwa die Statuen der Karlsbrücke von Braun und Brokoff (wegen Sanierungsarbeiten seit Ende 2010 geschlossen).
Der kreisförmige **Pavillon** mit dem Panorama der »Schlacht bei Lipany« wurde 1908 von J. Koula entworfen. Im Inneren stellt ein Gemälde von L. Marolds (1898) die Hussitenschlacht vom 30. Mai 1434 dar. Das **Planetarium** wurde 1960 – 1962 nach einem Entwurf von J. Fragner auf kreisrundem Grundriss erbaut. Um dieselbe Zeit wie das Planetarium entstand aus dem ehemaligen Maschinenbau-Ausstellungspavillon (1907) die **Sporthalle** mit 18 500 Zuschauerplätzen. Um 1990 wurden die abends eindrucksvoll angestrahlte **Křižíksfontäne**, ein Amphitheater und mehrere Pavillons errichtet.

Schloss Belvedere (Královský letohrádek)

D 3

Lage: Praha 1, Hradčany
Straßenbahn: 22
U-Bahn: Malostranská, Hradčanská

Ferdinand I. ließ das Lustschloss (1538 – 1563) gleichzeitig mit dem Königsgarten für seine Gemahlin Anna erbauen. Von Paolo della Stella entworfen, ist das königliche Lustschloss eines der schönsten Beispiele für die Umsetzung der italienischen Renaissance nördlich der Alpen. Eine Loggia, deren Rundbögen auf schlanken Säulen mit Volutenkapitellen ruhen, läuft rings um das Gebäude. Die Arkadenbögen sind mit Rankenfriesen und Reliefs mit Szenen aus der griechischen Mythologie geschmückt, aber auch Jagd- und Genreszenen werden dargestellt. An der westlichen Stirnwand findet sich zwischen dem zweiten und dritten Bogen eine interessante Darstellung: Ferdinand I. überreicht seiner Frau einen Feigenzweig.
Die neuartige Konstruktion des geschwungenen Längsdachs in Form eines Schiffsrumpfes ist an der Schiffbautechnik orientiert.
Das Schloss wurde Ende des 18. Jh.s der Armee zur Verfügung gestellt und bis 1838 sogar als Artillerielaboratorium genutzt, sodass spätere Umbauten das Aussehen der Innenräume nicht unwesentlich veränderten. Gegenwärtig werden im Lustschloss Wechselausstellungen präsentiert.

Schloss Belvedere: im Vordergrund der Singende Brunnen

Singender Brunnen Westlich vom Schloss Belvedere steht der »Singende Brunnen«. Er wurde in den Jahren 1564 bis 1568 von **Tomáš Jaroš** entworfen und in Bronze gegossen. Die Bronzeschale mit resonierenden Hohlräumen wird durch fallende Wassertropfen zum Klingen gebracht. Diese akustische Besonderheit lässt sich mit am Brunnenrand angelegtem Ohr deutlich vernehmen.

Ballhaus Das Ballhaus entstand zwischen 1567 und 1569 unter der Leitung von Bonifaz Wohlmut. Die Sgraffiti an den Außenseiten zeigen Allegorien der Elemente, Tugenden und freien Künste. Vor dem Ballhaus steht die Statuengruppe »Die Nacht« von **Matthias Bernhard Braun** (um 1730), deren Pendant (»Der Tag«) kurz nach Entstehung während der preußischen Bombardierung Prags zerstört wurde.

Chotekanlagen Südlich vom Schloss Belvedere breiten sich die Chotekanlagen (Chotkovy sady) aus. In den Jahren 1833 – 1841 wurde durch eine Initiative des Statthalters Graf Chotek eine öffentliche Parkanlage errichtet, die zweite in Prag.

Bethlehemskapelle (Betlémská kaple)

E 4

Lage: Praha 1, Staré Město, Betlémské n. **Straßenbahn:** 6, 9, 18, 21, 22, 23
U-Bahn: Národní třída

Öffnungszeiten:
April – Okt. Di. – So. 10.00 – 18.30
Nov. – März Di. – So. 10.00 – 17.30

Die schlichte, ursprünglich gotische Bethlehemskapelle wurde von 1950 bis 1953 anhand alter Drucke, Beschreibungen und Veduten originalgetreu nach Entwürfen des Architekten Jaroslav Fragner wiederaufgebaut. Der Sakralbau, 1962 zum Nationalen Kulturdenkmal erklärt, gehört zu den bedeutendsten religiösen Denkmälern der tschechischen Geschichte.

1391 wollten Prager Bürger eine Kirche gründen, in der die Messe auf Tschechisch gelesen werden sollte. Die katholische Obrigkeit gestattete jedoch nur den Bau einer gotischen Kapelle; diese Kapelle allerdings fasste 3000 Menschen, und nicht der Altar war das Zentrum, sondern die Kanzel. Von 1402 bis 1413 predigte hier der tschechische Reformator Jan Hus. Auch nach seinem Tod 1415 blieb die Kapelle geistiger Mittelpunkt der Hussitenbewegung. Im Jahr 1521 setzte sich der deutsche Bauernführer Thomas Müntzer von der Kanzel aus für einen auf Gleichheit und Gütergemeinschaft beruhenden Gottesstaat ein und gab sein Prager Manifest heraus. Zwischen 1609 und 1620 gehörte die Kapelle der Gemeinde der Böhmischen Brüder. Hier wirkte u. a. Senior Jan Cyrillus, der spätere Schwiegervater des großen Volkserziehers Jan Amos Comenius. Nachdem Ferdinand II. 1620 in der Schlacht am Weißen Berg den »Winterkönig« Friedrich V. von der Pfalz besiegt hatte und ab 1627 nur noch der katholische Glaube erlaubt war, kauften die Jesuiten die Kapelle. 1773 wurde der Orden aufgelöst und die Kapelle 1786 bis auf die Grundmauern abgerissen.
An den **Kirchenwänden im Inneren** sind Fragmente von Traktaten der Magister Jan Hus und Jakoubek ze Stříbra zu sehen. Nach Miniaturen des Jenaer Codex, der Richenthal'schen Chronik und der Velislavbibel wurden die Wände in jüngster Zeit von Schülern der Akademie der bildenden Künste mit Wandgemälden ausgestattet. Neueren Datums sind auch die rekonstruierte hölzerne Kanzel, der Chor und das Oratorium.
Im **Predigerhaus von Jan Hus** über der Kapelle sind Dokumente über Leben und Werk des Reformators sowie über die Baugeschichte der Kapelle ausgestellt.

! *Baedeker* TIPP

Snacks und Bildbände

Im »Klub architektů« verkehren gerne die »kopflastigen Prager«. Eine Mehrzweckoase in der Altstadt mit Blick auf die gotische Bethlehemskapelle, in der einst Jan Hus predigte. Die Fachbuchhandlung bietet geistige, der mittelalterliche Keller leibliche Kost. Eine Reservierung ist empfehlenswert (Öffnungszeiten: tgl. 11.30 – 24.00 Uhr; Tel. 224 401 214).

St. Ägidius (Kostel svatého Jiljí)

Vom Bethlehemsplatz aus in nördlicher Richtung zweigt die Husova třída ab. Nach einigen Metern stößt man auf der rechten Seite auf die Kirche St. Ägidius. Der romanische Bau wurde 1339 – 1371 gotisiert. Ursprünglich im Besitz der hussitischen Utraquisten, wurde die Kirche nach der Schlacht am Weißen Berg von Ferdinand II. den Dominikanern im Jahr 1625 geschenkt.
Anno 1733 erfolgte die Barockisierung, die wahrscheinlich nach Plänen von **Kilian Ignaz Dientzenhofer** geschah. Wenzel Lorenz Reiner schuf das Deckengemälde »Verherrlichung des Dominikanerpredigerordens«. Das Thema gab ihm die Möglichkeit, sein Können in

vollem Umfang anzuwenden: Er schuf eine fantastische Scheinarchitektur mit Kuppel und Dreiecksportikus, die im Einsturz begriffen ist, jedoch vom hl. Domenikus gestützt wird. Reiner realisierte auch das Altarbild in der Kapelle des linken Seitenschiffs. Sein Grabmal befindet sich ebenfalls hier. Die prunkvollen Beichtstühle stammen aus der Werkstatt von Richard Prachner.
In St. Ägidius finden regelmäßig Kirchenkonzerte statt.

Kloster Břevnov (Klášter Břevnov)

Ausflug

Lage: Praha 6, Břevnov, Markétská 28 **Bus:** 108, 174, 180
Straßenbahn: 15, 22

Fährt man von der Stadtmitte in Richtung Karlovy Vary (Karlsbad; Straße Nr. 6), so erreicht man nach rund 5 km den Stadtteil Břevnov, in dem sich das gleichnamige Benediktinerkloster befindet. Es wurde 993 von Fürst Boleslav II. und dem hl. Adalbert (später Bischof von Prag) gegründet und ist die zweite Benediktinerabtei und das älteste Mönchskloster Böhmens. Von der ursprünglich romanischen Klosterkirche, die im 11. Jahrhundert erbaut wurde, blieb nur die Krypta im Chor erhalten.
Der heutige Barockkomplex entstand unter der Leitung von **Christoph Dientzenhofer**; zunächst wurde die Kirche St. Margareta (bis 1716), vier Jahre später das Kloster vollendet.
Der Besuch des Klosters ist nur mit einer Führung möglich, die ausschließlich am Wochenende angeboten wird (Sa./So. 10.00, 14.00 und 16.00 Uhr). Reisegruppen können auch während der Woche eine Führung buchen (Tel. 220 406 270, Fax 233 351 566 oder im Internet: www.brevnov.cz). Leider finden die Führungen nur in tschechischer Sprache statt, zur Information bekommt der interessierte Besucher jedoch eine ausführliche Broschüre in deutscher Sprache zur Verfügung gestellt.

Klosteranlage Man betritt den Klosterhof durch ein schönes Portal (1740), das **Kilian Ignaz Dientzenhofer** schuf. Es ist mit einer Statue des hl. Benedikt (von Karl Josef Hiernle) geschmückt. Die barocken Klosterbauten wurden 1708 von **Paul Ignaz Bayer** begonnen und bis etwa 1715 von Christoph Dientzenhofer vollendet. Im Inneren ist vor allem der Prälatensaal beachtenswert, dessen Deckenfresko (»Pfauenwunder des hl. Günther«, 1727) von Cosmas Damian Asam stammt; die Stuckaturen entwarf Bernardo Spinetti. Schöne Malereien von A. Tuvora findet man im Empfangssaal und im Chinesischen Salon.

Margaretenkirche Mittelpunkt der Klosteranlage ist die Margaretenkirche (Kostel svaté Markéty). Sie wurde ebenfalls von **Christoph Dientzenhofer** erbaut (bis ca. 1720). Ihre Deckenfresken schuf Johann Jakob Steinfels, ihre

Altarbilder Peter Brandl. Die hl. Margarete auf dem Hauptaltar ist eine Arbeit von Matthias Wenzel Jäckel. Vor der Kirche erinnert ein Johannes-von-Nepomuk-Standbild (von Karl Josef Hiernle) an den böhmischen Landespatron.
Vom Kloster Břevnov aus erreicht man auf dem direkten Wege mit der Straßenbahnlinie 22 das Schloss Stern am ►Weißen Berg.

Carolinum (Karolinum)

E 4

Lage: Praha 1, Staré Město, Železná 9 (Fußgängerzone)

U-Bahn: Můstek

Am 7. April 1348 gründete Karl IV. das nach ihm benannte Carolinum – die erste Universität Mitteleuropas. Als Kernstück des Kollegiums stiftete Wenzel IV. 1383 das Rothlev'sche Haus (1370) mit dem heute noch erhaltenen gotischen Prunkerker. Die Architektur der anderen Gebäude der Karlsuniversität reicht von der Gotik bis zum 20. Jahrhundert.
Bereits 1409 schien die Geschichte des Karlskollegiums als universale Universität – Lehrende und Studierende kamen aus ganz Europa – zu Ende zu sein: König Wenzel beschnitt auf Betreiben von Magister Jan Hus die Rechte der Deutschen. Rund 2000 Studenten und viele Profssoren wanderten aus. Von nun an wirkte der Reformator Hus als Rektor (Bronzestatue von K. Lidický im Ehrenhof), bis sich im Jahr 1412 die katholische Fakultät gegen ihn aussprach und er nach Südböhmen fliehen musste. Nach der Zerschlagung der böhmischen Adelsrevolte übernahmen die Jesuiten die Leitung der Universität.
Von dem ursprünglichen Gebäude sind außer dem Erker zwei Kreuzrippengewölbefelder des ehemaligen Laubengangs und einige erst in jüngerer Zeit freigelegte gotische Elemente erhalten. Die Barockisierung der Anlage wurde 1718 von **František Maximilian Kaňka** durchgeführt.

Der gotische Erker am Obstmarkt

Das Herz des Carolinumgebäudes bildet die durch zwei Stockwerke gehende große **Aula** aus dem 17. Jh., die 1946 – 1950 durch Jaroslav Fragner erweitert wurde. Nur wenige Meter vom Carolinum entfernt befindet sich das ►Ständetheater.

St. Gallus

Die St.-Gallus-Kirche (Kostel svatého Havla), in der Havelská südwestlich des Carolinums gelegen, wurde 1232 gleichzeitig mit der süddeutschen Kolonie »Gallistadt« gegründet und bis 1263 als eine der vier Altstädter Pfarrkirchen fertiggestellt. Ein Umbau erfolgte 1353 im Stil der Hochgotik. Einem erneuten Umbau im 18. Jh. verdankt sie die wellenförmige Fassade sowie die beiden Türme.
Das barocke Innere enthält wertvolle Altargemälde, linker Hand eine holzgeschnitzte Pietà, vermutlich von **Ferdinand Maximilian Brokoff**. In der rechten Seitenkapelle ist der Maler **Karel Škréta** beigesetzt. Ab 1363 wirkte in St. Gallus auf Wunsch Karls IV. der österreichische Reformprediger Konrad von Waldhausen, ein Vorgänger des großen tschechischen Reformators Jan Hus.

Clementinum (Klementinum)

E 4

Lage: Praha 1, Staré Město, Křižovnická, Platnéřská, Karlova
Bus: 207
U-Bahn: Staroměstská
Straßenbahn: 17, 18

Öffnungszeiten:
Jan. – März tgl. 10.00 – 17.00,
April, Okt. – Dez. tgl. bis 18.00,
Mai – Aug. tgl. bis 20.00

Das ehemalige Jesuitenkolleg zwischen Kreuzherrenplatz und Marienplatz ist heute Sitz der Staatlichen Bibliothek der Tschechischen Republik. In ihrem Besitz befinden sich über 5 Mio. Bände, 6000 Handschriften – darunter der Codex Vyšehradiensis – und mehr als 4000 Inkunabeln.
Nachdem Ferdinand I. 1526 über seine Frau zum Herrscher von Böhmen und Ungarn geworden war, versuchte er seine Erblande ohne allzu rigorose Maßnahmen zu rekatholisieren; 1556 rief er die Jesuiten nach Prag. Sie übernahmen das Kloster und die Kirche St. Clemens der seit 1232 ansässigen Dominikaner. Ein ganzes Altstadtviertel mit über 30 Bürgerhäusern, drei Kirchen und mehreren Gärten wurde niedergerissen und ab 1578 unter der Leitung von **Francesco Caratti** und später von **František Maximilian Kaňka** durch die Bauten des Clementinums ersetzt, das neben dem ►Hradschin den größten Gebäudekomplex Prags darstellt. 1622 wurde die Karlsuniversität (►Carolinum) angeschlossen.
Der Bereich des Clementinums umfasst fünf durch Zwischentrakte getrennte Innenhöfe, die Kirchen St. Clemens und St. Salvator (►Kreuzherrenplatz), die der italienischen Gemeinde gehörende Wälsche Kapelle und eine Sternwarte (1751). Die Hauptfassade des Kollegiengebäudes gegenüber der Franziskuskirche wurde Mitte des 17. Jahrhunderts errichtet. Sie schmücken reich gegliederte Stucka-

Der Bibliothekssaal des Clementinums: Er gilt mit seiner umlaufenden Empore als einer der schönsten Barockräume in Prag.

turen in Form von Muscheln, Lorbeer, Teufelsfratzen und Büsten römischer Kaiser.

Beachtenswert sind die Innenräume des **Bibliothekssaals** (»Barocksaal«) der Jesuiten in der ersten Etage, der nach Entwürfen von František Maximilian Kaňka gebaut wurde und mit Deckenfresken von Johann Hiebl ausgestattet ist, auf denen die Musen und biblische Themen dargestellt sind. Die Mitte bildet der Blick in eine gemalte Domkuppel, die mit ihrer Tiefenillusion für das barocke Bildempfinden schlechthin steht.

Sehenswert ist ferner der Mozartsaal mit Rokokomalereien und Bücherschränken aus derselben Epoche. Die ehemalige Spiegelkapelle wurde ebenfalls 1724 von František Maximilian Kaňka eingerichtet und mit einem Deckengemälde (Marienbilder) von Hiebel ausgeschmückt. Heute finden hier Kammerkonzerte und Ausstellungen statt. Interessant ist auch der Mathematische Saal mit seiner Globen- und Tischuhrensammlung.

Im Südwesthof erinnert die Statue »Prager Student« an den Einsatz der Studenten, als am Ende des Dreißigjährigen Kriegs (1648) die Karlsbrücke gegen die anstürmenden Schweden verteidigt wurde.

✶ **St. Clemens**

Die Barockkirche St. Clemens (Kostel svatého Klimenta) gehört zum Clementinum und ist durch ein Eisengitter mit der Wälschen Kapelle verbunden. Die Kirche entstand zwischen 1711 und 1715. Die Plastiken im Inneren zählen zu den Kostbarkeiten des böhmischen Barocks. **Matthias Bernhard Braun** schuf die acht Skulpturen der Evangelisten und Kirchenväter; von ihm stammen auch die Holzschnitzereien an den Seitenaltären, der Kanzel und dem Beichtstuhl. Das Altarbild stammt von Peter Brandl und stellt den hl. Linhart dar.
Die Kirche St. Clemens dient heute der griechisch-katholischen Gemeinde als Gotteshaus.

Emmauskloster (Emauzy)

E 6

Lage: Praha 1, Nové Město, Vyšehradská
Straßenbahn: 3, 4, 7, 10, 14, 16, 17 18, 21, 24
U-Bahn: Karlovo náměstí

Öffnungszeiten:
Okt. – Mai Mo. – Fr. 9.00 – 16.00,
Juni – Sept. Mo.–Sa. 9.00 – 17.00

Das Emmauskloster (Kloster bei den Slawen, Klášter na Slovanech) – die Benediktinerabtei wurde 1949 aufgehoben – und die Marienkirche befinden sich erst seit 1990 wieder im Besitz des Benediktinerordens. Karl IV. gründete das Kloster 1347 (mit Genehmigung des Papstes) für die Benediktiner des slawischen Ritus, für Kroaten, Serben, Tschechen und Russen. Durch die altslawisch gelesene Messe suchte die Kirche Zugriff auch auf den wenig erschlossenen Osten zu gewinnen. Das Kloster war im 14. Jahrhundert ein bedeutendes Kultur- und Bildungszentrum; bis 1546 wurde hier der glagolitische Teil des sogenannten Reimser Evangelienbuchs aufbewahrt, auf das die Könige Frankreichs bei der Krönung ihren Eid leisteten.
Im Jahr 1945 brannte das Gebäude nach einem US-amerikanischen Luftangriff aus. Erst 1967 konnte die Wiederherstellung der gotischen Klosterkirche beendet werden, als sie an Stelle der ursprünglichen Türme ihre zwei modernen, sich durchdringenden Betontürme erhielt, die wie ein Flügelpaar gen Himmel streben. Im Inneren stößt man auf grobe Betonwände und unverputztes Gemäuer.

Kreuzgang

Die Fresken des mehrfach restaurierten gotischen Kreuzgangs zählen zu den Hauptdenkmälern der alten Prager Malerschule: Nach Art der spätmittelalterlichen Armenbibeln sind wichtige Heilstatsachen des Neuen und Ereignisse aus dem Alten Testament auf insgesamt 26 Wandtafeln dargestellt (datiert: ca. 1360). Ihr Erhaltungszustand ist jedoch nicht besonders gut.

Marienkirche

Die Marienkirche des Emmausklosters wurde 1348 – 1372 im gotischen Stil erbaut. Sie besteht aus drei gleich großen Schiffen. Der Barockisierung im 17. Jh. folgte eine neugotische Umgestaltung. Die konkaven Spitztürme von 1967 sind ein Werk des Architekten **František M. Černý** und stellen einen Kompromiss zwischen Barocktürmen und gotischem Hochgiebel dar.

St. Johannes von Nepomuk am Felsen

Schräg gegenüber vom Emmauskloster liegt St. Johannes von Nepomuk am Felsen (Kostel svatého Jana Nepomuckého na Skalce, Vyšehradská 18). Der um 1730 von **Kilian Ignaz Dientzenhofer** errichtete Zentralbau mit zwei Türmen und einer doppelarmigen Freitreppe ist einer der schönsten Kirchenbauten des Spätbarock.
Das Fresko von Karel Kovář (1748) stellt die Himmelfahrt des hl. Johannes von Nepomuk dar. Johann Brokoff schnitzte die Holzstatue des Heiligen auf dem Hauptaltar. Die bronzene Ausführung des Holzmodells steht auf der ►Karlsbrücke. Die Kirche ist zum Gottesdienst zugänglich.

Botanischer Garten

Die Vyšehradská geht in südlicher Richtung in die Straße Na Slupi über, in der sich der Eingang zum Botanischen Garten (Botanická zahrada) befindet. Die Gartenanlage hat eine 600-jährige Tradition vorzuweisen und bietet eine entsprechende Vielfalt einheimischer und exotischer Pflanzen, u. a. einen Japanischen Garten und eine Königsrosenwiese.
Der florentinische Apotheker Angelo legte ihn unter der Herrschaft Karls IV. an. Der 1775 in Smíchov gegründete Universitätsgarten wurde im Jahr 1897 hierher verlegt (Öffnungszeiten: April tgl. 9.00 – 18.00, Mai – Sept. tgl. bis 19.00, Okt. und März tgl. bis 17.00, Nov. – Febr. tgl. bis 16.00 Uhr; www.botanicka.cz).

Galerie der Hauptstadt Prag

Internet: www.citygalleryprague.cz

Die Galerie der Hauptstadt Prag (Galerie hlavního města Prahy) mit ihrer Sammlungspräsentation und regelmäßig wechselnden Ausstellungen legt den Schwerpunkt auf die **tschechische Kunst des 19. und 20. Jahrhunderts**. Die Ausstellungen sind an verschiedenen Orten Prags zu sehen: Im **Schloss Troja** gibt es eine permanente Präsentation der böhmischen Kunst des 19. Jahrhunderts in Bezug auf die europäische Entwicklung und die nationale Vergangenheit. In der **Bílek-Villa** (Bílkova vila, Praha 6, Mickiewiczova 1) wird das Werk des Bildhauers František Bílek (1872 – 1941) gezeigt. Der Vertreter des Symbolismus und des Jugendstils hat die Villa aus dem Jahr 1911 selbst entworfen. Das **Haus »Zum goldenen Ring«** (U Zlatého prstenu, Praha 1, Týnská 6) präsentiert die tschechische Kunst des 20. Jahrhunderts. Wechselnde Ausstellungen werden im Haus »Zur steinernen Glocke« und im Altstädter Rathaus am ►Altstädter Ring gezeigt.

Großpriorsplatz (Velkopřevorské náměstí)

D 4

Lage: Praha 1, Malá Strana **Straßenbahn:** 12, 22

Der Großpriorsplatz ist durch das Gegenüber von zwei hochbarocken Palais bestimmt: dem Großpriorspalais und dem Palais Buquoy. Nördlich vom Großpriorspalais befindet sich die Kirche St. Maria unter der Kette. Folgt man der Prokopská in südlicher Richtung, so gelangt man zum Palais Nostitz an der Südseite des Malteserplatzes.

Großpriorspalais

Das Großpriorspalais des Souveränen Malteser Ritterordens (Palác maltézského velkopřevora) auf der Kleinseite ist heute mit dem Gebäude des ehemaligen Ordenskonvents in der Lázeňská 4 wieder Sitz des Ordens und Residenz des Malteser Großpriors. Die eindrucksvollen Barocksäle sind mit Holzsockeltäfelungen, kunstvollen Barocköfen und schönen Intarsienfußböden ausgestattet.
Im Auftrag des Malteser Großpriors Gundaker Poppo Graf Dietrichstein errichtete der italienische Architekt **Bartolomeo Scotti** das zweiflügelige Eckpalais zwischen 1724 und 1728, indem er das ursprüngliche Renaissancegebäude umbaute und ein neues Ordensportal, Ziersimse und Erkerfenster anfügte. Die Vasen und Lichtträgerstatuen im Treppenhaus gehen auf die Werkstatt von Matthias Bernhard Braun zurück.

Palais Buquoy

Das Palais Buquoy (Nr. 486, Buquoyský palác) gegenüber ist heute Sitz der französischen Botschaft. Es wurde 1719 im Auftrag von Marie Josefa von Thun (geb. Waldstein) nach Plänen von **Giovanni Santini-Aichl**, wahrscheinlich unter Mitwirkung von **František Maximilian Kaňka**, erbaut und 1735 erweitert. Den plastischen Schmuck führte **Matthias Bernhard Braun** aus. Nachdem das Palais in den Besitz der Familie Buquoy gelangt war, erhielt die Inneneinrichtung ihren neobarocken Stil. In den Jahren 1889 – 1896 wurden der Treppenaufgang und der Rückflügel, in dessen großem Saal zwei sehenswerte Gobelins hängen (16. und 18. Jh.), von J. Schulz im Stil der Neorenaissance gestaltet. Ein weiterer Umbau erfolgte 1904. Der alte, natürlich belassene Palastgarten reicht bis zur Insel ►Kampa.

St. Maria unter der Kette

Nördlich vom Großpriorspalais liegt St. Maria unter der Kette (Kostel Panny Marie pod Řetězem, Lázeňská). Sie ist eine der ältesten Kirchen auf der Kleinseite und wurde 1169 mit dem ehemaligen

Malteserkloster als Verwaltungszentrum der böhmischen Provinz dieses Ordens gegründet. Reste der romanischen Basilika, die 1420 abbrannte, sind in der rechten Mauer des Vorhofs zu sehen. Die zwei massiven Türme wurden 1389 fertiggestellt. **Carlo Lurago** gab dem Presbyterium im 17. Jh. seine jetzige Barockgestalt.
Von der barocken Innenausstattung sind besonders das Gemälde am Hochaltar (»Himmelfahrt Mariä«) und ein Gemälde der hl. Barbara, die beide von Karel Škréta stammen, sehenswert. Die Kanzel stammt aus der Hand von Johann Georg Bendl.

Palais Nostitz

Das vierflügelige Palais Nostitz (Nostický palác) am Malteserplatz (Maltézské náměstí 1, südwestlich vom Großpriorsplatz gelegen) – heute Sitz von verschiedenen Abteilungen des Kulturministeriums – bildet die Südseite der Platzanlage. Der Palast wurde 1658 – 1660 für Johann Hartwig von Nostitz (vermutlich nach Plänen von **Francesco Caratti**) im Barockstil erbaut, 1720 um die Dacherker und Imperatorenstatuen aus der Brokoffwerkstatt (heute Kopien) und nach

Die Ausstattung des Palais Nostitz kann man nur als edel bezeichnen.

1765 um das Säulenportal im Rokokostil von Anton Hafenecker bereichert. Beachtenswert sind der Hof und die um 1757 von Wenzel B. Ambrozzi geschaffenen Deckenfresken mit mythologischen Motiven in den Sälen.

Hl.-Kreuz-Rotunde (Rotunda svatého Kříže)

E 5

Lage: Praha 1, Staré Město, Karoliny Světlé/Ecke Konviktská

Straßenbahn: 6, 9, 17, 18, 22

Romanisches Kleinod

Die Hl.-Kreuz-Rotunde, nur wenige Schritte vom Moldauufer entfernt, ist eine der drei noch bestehenden Rotunden (Rundkapellen) Prags aus romanischer Zeit. Sie wurde um 1100 errichtet.

Ein geplanter Abriss scheiterte am Einspruch des Tschechischen Künstlervereins; stattdessen erfolgte in den Jahren 1863 – 1865 die Renovierung durch den Architekten **Vojtech Ignaz Ullmann** und den Maler **Bedřich Wachsmann**, der auch den Entwurf für den neuen Altar lieferte. Reste gotischer Wandfresken im Inneren der Kapelle, die die Krönung Marias darstellen, wurden durch **Soběslav Pinkas** und František Sequens ergänzt. Das Eisengitter stammt von **Josef Mánes**, die Malereien für den Triumphbogen und die Apsis sind von **Peter Maixner**.

✶ ✶ Hradschin (Hrad, Burg)

C/D 4

Lage: Nordwestlich oberhalb der Moldau

Straßenbahn: 22

U-Bahn: Malostranská, Hradčanská

Internet: www.hrad.cz

Öffnungszeiten:
April – Okt.
tgl. 9.00 – 18.00
Nov. – März
tgl. 9.00 – 16.00

Die Prager Burg, der Hradschin, ist wie die ► Karlsbrücke und die ► Josefstadt eine der Hauptattraktionen der Stadt. Seit 1918 ist sie Amtssitz des Präsidenten der Republik.

Der Hradschin wurde Ende des 9. Jh.s von den Přemysliden als eine dreiteilige, hölzerne Burgstatt gegründet, die ein Lehmwall umgab. Zu Ehren des hl. Veit ließ Wenzel der Heilige zwischen 926 und 929 an der Stelle der heutigen Wenzelskapelle eine romanische Rotunde erbauen.

Ab 973 residierte auf dem Hradschin außer dem Fürsten auch der Bischof der neu gegründeten Diözese Prag. Unter Břetislav I. wurde die Burg 1042 mit einer 2 m dicken Ringmauer umgeben, im Osten und Westen wurden Türme angefügt, im Süden kam später ein Tor hinzu. Nach 1135 baute Sobieslav I. die Burg zu einer fürstlichen Pfalz im romanischen Stil aus. Der 30 m hohe »Schwarze Turm« diente als Gefängnis. Unter Ottokar II. begannen erste Arbeiten am Mittelteil des ehemaligen Königspalasts. Nach Ende der Hussiten-

Lassen Sie sich die Wachablösung nicht entgehen!

kriege erfolgten Umbauten unter den Jagiellonen sowie unter den Königen Vladislav (ab 1471) und Ludwig II. (ab 1516). In diesen Phasen zeigten sich erste Renaissanceelemente in Verbindung mit der Spätgotik. Sowohl Ferdinand I. (Kaiser ab 1556), der Künstler aus Italien, den Niederlanden und Deutschland nach Prag berief, als auch Rudolf II. bereicherten Burg und nächste Umgebung durch prachtvolle Renaissancebauten. Ein Großbrand im Jahr 1541 machte weitere Erneuerungen notwendig. 1614 ließ Kaiser Matthias den ersten profanen Barockbau Prags errichten, das frei stehende Tor im Westen. Auf Wunsch von Maria Theresia wurde dieser Turm im 18. Jh. in die Stirnseite des neu angelegten ersten Burghofs einbezogen. Durch diesen Umbau wuchs der Hradschin zu einer baulichen Einheit, die im Prager Stadtbild als bestimmendes Element verankert ist. Nach dem Umsturz 1918 und der Befreiung 1945 wurde der Hradschin für Repräsentationszwecke und kulturelle Veranstaltungen hergerichtet.

Erster Burghof (První nádvoří)

Wachablösung

Den auch als Ehrenhof bezeichneten ersten und jüngsten der drei Burghöfe erreicht man vom ► Hradschiner Platz (Hradčanské náměstí) durch ein Gittertor, auf dem die »Kämpfenden Giganten«

(1786; seit 1912 Kopien) von **Ignaz Franz Platzer d. Ä.** thronen. Hier steht auch die Burgwache, deren stündliche Wachablösung stets Scharen von Neugierigen anzieht.
Der erste Burghof entstand 1756 – 1774 unter Maria Theresia nach Plänen des Wiener Oberhofarchitekten **Nikolaus Pacassi**. Die bauliche Leitung hatte Anselmo Lurago. Ebenfalls Kopien sind die Trophäenskulpturen (Platzer) an den Attiken der Gebäude. Die letzten Umgestaltungen führte in den 1920er-Jahren der slowenische Architekt **Josip Plečnik** durch. Er wurde von Tomáš G. Masaryk beauftragt, alle Renovierungsarbeiten auf der Burg auszuführen – schlicht, aber nobel –, die die Unabhängigkeit des Staates symbolisieren und dem Herrschersitz das Bedrohliche nehmen sollten.

✓ NICHT VERSÄUMEN

- Ablösung der Burgwache zu jeder vollen Stunde und Punkt 12.00 Uhr mit Fanfaren und Fahnenritual (1. Burghof, Matthiastor)
- St.-Veits-Dom: das prächtigste Gebäude auf dem Hradschin
- Vladislav-Saal: Netzgewölbe, der schönste Großraum der Prager Gotik (Königspalast)
- »Stiertreppe«: Moderne der 1920er-Jahre von Architekt Josip Plečnik (3. Burghof)
- »Kafkas Haus« Zwerghäuschen im Goldenen Gässchen Nr. 22 (3. Burghof)

Kaiser Matthias ließ das nach ihm benannte **Matthiastor** (Matyášova brána) 1614 als frei stehenden Westeingang zum Hradschin von **Giovanni Maria Philippi** bauen. Im Jahr 1760 wurde der Turm von **Pacassi** mit der neu errichteten Stirnseite der Burg verbunden. Von dem Tor führt ein

Hradschin (Prager Burg) Orientierung

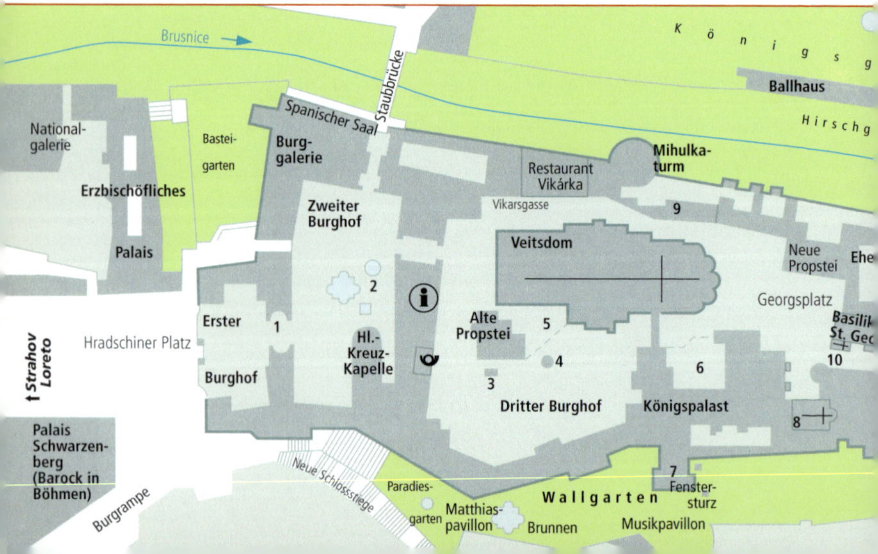

1765/1766 ebenfalls von Pacassi geschaffener Treppenaufgang zu den Repräsentationssälen der Burg: Thronsaal, Saal mit Gemälden von Václav Brožík, Spiegel-, Musik- und Gesellschaftssaal. In diesem Trakt befindet sich auch die Wohnung des Präsidenten der Republik Tschechien.
Die Flaggenmasten vor dem Matthiastor sind Föhrenstämme aus den tschechischen Grenzwäldern – eine Idee Josip Plečniks.

Zweiter Burghof (Druhé nádvoří)

Durch das Matthiastor betritt man den zweiten Burghof. Die Architektur wurde mit der Zeit im Renaissance- und Spätbarockstil umgebaut und die Fassaden von **Pacassi** entsprechend denen im ersten Burghof gestaltet.
In der Mitte steht ein Barockbrunnen, der von **Francesco della Torre** 1686 erbaut und mit Plastiken von **Hieronymus Kohl** geschmückt wurde. Das schmiedeeiserne Ziergitter für den Ziehbrunnen stammt aus dem Jahr 1702.
Die Nüchternheit dieses Burghofs versuchte man 1967 durch einen modernen Löwenbrunnen (V. Makovský) und das schimmernde Granitpflaster (J. Fragner) zu beleben. An der Nordfront des zweiten Burghofs entstand 1927 – 1931 durch Umbau älterer Gebäudeteile der Plečniksaal, der zusammen mit dem sogenannten Treppensaal in eine Eingangshalle zum Spanischen Saal und zur Rudolfsgalerie umgewandelt wurde.

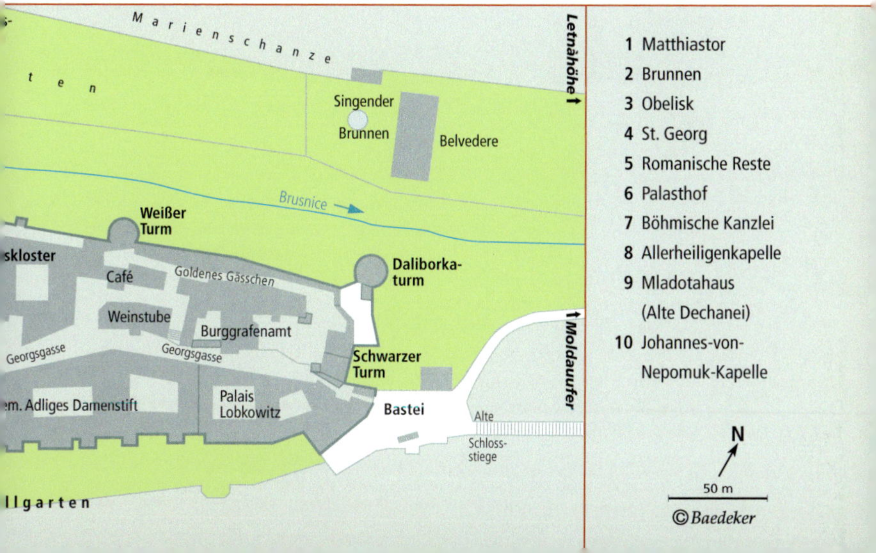

Hl. Georg: Meisterwerk der Brüder Martin und Georg von Klausenburg

Vom zweiten Burghof gelangt man über die Staubbrücke (darunter der Hirschgraben) durch die Marienschanze (Mariánské hradby) am **Königsgarten** (nur im Frühjahr zugänglich) und dem ehemaligen Ballhaus vorbei zum Schloss ►Belvedere.

Durch den Umbau der zuvor im Nordflügel untergebrachten Marställe und des Erdgeschosses im Westflügel wurde 1965 die **Burggalerie** (Obrazárna Pražského hradu) geschaffen und nach umfangreicher Sanierung 1997 der Öffentlichkeit zugänglich gemacht. In sechs Sälen befinden sich u. a. Gemälde und Skulpturen der einstigen Rudolfsgalerie und der später entstandenen, dann wieder aufgelösten Burggalerie Ferdinands II. Zu den hervorragendsten Werken dieser Sammlung europäischer und tschechischer Kunst zählen das um 1612 von **Hans von Aachen** gemalte Porträt des Kaisers Matthias, **Tizians** »Junge Frau bei der Toilette«, (1512 – 1515), **Tintorettos** »Ehebrecherin vor Jesus«, **Veroneses** »Hl. Katharina mit dem Engel« und **Rubens'** »Die Versammlung der olympischen Götter« (um 1602). Ferner sind hier Bilder der böhmischen Barockkunst (Jan Kupecký, Peter Johann Brandl) und die Kopie einer Plastik von **Giovanni Battista Quadri** (»Anbetung der Könige«) ausgestellt.
Im Raum der Gemäldegalerie wurden Überreste einer Marienkirche aus dem 9. Jh. gefunden, des ersten Sakralbaus auf der Prager Burg.

Hl.-Kreuz-Kapelle

In der Südecke des zweiten Burghofs befindet sich die Hl.-Kreuz-Kapelle (Kaple svatého Kříže). Sie dient seit 1961 als Schatzkammer des St.-Veits-Doms. Hier sind kostbare liturgische Geräte aufbewahrt, so u. a. Messgewänder, Monstranzen und Reliquien sowie das Kettenhemd des hl. Wenzel und das Schwert des hl. Stephan.
Die Hl.-Kreuz-Kapelle entstand in den Jahren 1756 – 1763 unter der Leitung von **Anselmo Lurago**. Die klassizistische Strenge versuchte man in der Zeit des Biedermeiers durch einen Umbau aufzulockern (1852 – 1858). **Emanuel Max** entwarf 1854 die Statue des hl. Johannes von Nepomuk im Inneren sowie die Statuen der hll. Petrus und Paulus in den Nischen. Aus der Werkstatt von **Franz Ignaz Platzer** stammen die Skulpturen am Hoch- und an den Seitenaltären, das mittlere Gemälde des Gekreuzigten am Hochaltar ist ein Werk von Franz Xaver Balko.

Dritter Burghof (Třetí nádvoří)

Der dritte Burghof war früher das Zentrum des Burglebens. Hier begann der Hauptverkehrsweg der alten slawischen Siedlung.

Im Norden begrenzt der St.-Veits-Dom den dritten Burghof. An der Südseite des Doms sind die 1920 – 1928 freigelegten Grundmauern einer romanischen Bischofskapelle zu besichtigen. Zwischen 1750 und 1770 wurden die älteren Bauten der Königssiedlung von **Nikolaus Pacassi** mit einer einheitlichen Fassade versehen (der ehemalige Renaissancepalast Rudolfs II., der frühbarocke Königinnenpalast und der Palast Maximilians II.).

Unter dem Balkon mit den Lichtträgerstatuen von **Ignaz Platzer** liegt der Eingang zur Kanzlei des Präsidenten der Republik.

Der von **Josip Plečnik** 1928 entworfene Obelisk aus Mrákotíngranit an der Südseite der Alten Propstei erinnert an die Opfer des Ersten Weltkriegs.

Die Reiterstatue des hl. Georg (Kopie; das Original steht im St.-Georgs-Kloster) ist ein Werk der Bildhauer **Georg und Martin von Klausenburg** von 1373. Tomáš Jaroš restaurierte die frühgotische Skulptur nach dem Burgbrand von 1541. Den jetzigen Sockel schuf Josip Plečnik 1928. Vom südlichen Gebäudetrakt des Königspalasts verbindet die sogenannte »Stiertreppe« (Býčí schodiště) Plečniks den dritten Burghof mit dem Paradiesgarten. Treppe und Gang sind durch die griechische und ägyptische Mythologie angeregt.

> **!** *Baedeker* TIPP
>
> **Shakespeare auf der Burg**
>
> Ein Balkon für Julia, Romeo steht im Hof – im mittelalterlichen Amtssitz des Burggrafen werden Werke von Shakespeare aufgeführt. Alljährlich lockt das sommerliche Shakespeare-Fest Tausende Zuschauer auf die Burg. Die Vorstellungen finden von Ende Juni bis Mitte September täglich ab 20.30 Uhr im Areal des Burggrafenamts und im Palais Lichtenstein statt (nähere Infos auf www.shakespeare.cz).

Alte Propstei

An die Westseite des St.-Veits-Doms schließt die Alte Propstei (Staré proboštství) an. Ursprünglich war sie eine romanische Bischofspfalz und erhielt ihre jetzige Barockgestalt nach einem Umbau im 17. Jahrhundert. Die Statue des hl. Wenzel lieferte **Johann Georg Bendl** im Jahr 1662.

✶ ✶ St.-Veits-Dom (Chrám svatého Víta)

Prachtvollster Bau auf dem Hradschin

Der St.-Veits-Dom ist die Metropolitankirche des Erzbistums Prag. Er erhebt sich an der Stelle einer Rundkapelle, die Herzog Wenzel der Heilige 925 dem hl. Veit gewidmet hatte.

Herzog Spytihněv II. stiftete 135 Jahre später eine romanische Basilika mit Doppelchor. 1344 begann Karl IV. mit dem Bau der gotischen Kathedrale. Den Ostteil entwarf der französische Baumeister **Matthias von Arras** in Anlehnung an den älteren Stil der Gotik in Südfrankreich (Kathedralen von Narbonne und Toulouse). Von ihm stammt der 47 m lange und 39 m hohe Chor, der bei seinem Tod (1352) erst in den unteren Teilen fertiggestellt war. **Peter Parler** bereicherte den Dom als Nachfolger des Matthias von Arras um die frei aufstrebenden Formen der deutschen Gotik. Danach leiteten **Parlers Söhne Wenzel und Johann** die Bauarbeiten (1399 – 1420); in dieser Zeit entstand der gesamte Chor mit dem Kapellenkranz und dem Grundstock des Hauptturms. Nach den Hussitenkriegen setzten **Bonifaz Wohlmut** und **Hans von Tirol** 1560 – 1562 diesem 99 m hohen Turm eine Renaissancehaube mit Brüstung auf; 1770 erhielt er das barocke Zwiebeldach (Entwurf von Nikolaus Pacassi).

Erst zu Beginn des 20. Jh.s konnte der Veitsdom vollendet werden. Ab dem Jahr 1872 leitete **Josef Mocker** in Anlehnung an die Pläne von Peter Parler die Arbeiten am Dom und begann am neugotischen Westteil mit dem Hauptportal, das 1929 unter Kamil Hilbert fertiggestellt wurde.

Der St.-Veits-Dom ist nicht nur die imposanteste Kirche Prags und der prachtvollste Bau auf dem Hradschin, sondern mit seiner Außenlänge von 124 m, seiner Breite von 60 m im Querschiff und seiner Höhe von 33 m im Mittelschiff auch die größte Kirche in Prag. Der in den Sommermonaten zugängliche Südturm – mit gotischen,

Ein Muss für Pragbesucher: der Hradschin mit dem Veitsdom

Der Blick in den Chor des St.-Veits-Doms ist auch heute noch beeindruckend wegen seiner Größe und der Qualität der Ausstattung.

Grabmal des Grafen Schlick

Am ersten Pfeiler gegenüber der Wenzelskapelle liegt das Barockgrabmal des Feldmarschalls Graf Schlick (gest. 1723); es wurde von **Matthias Braun** nach einem Entwurf **Joseph Emanuel Fischer von Erlachs** ausgeführt. Das 1723 entstandene Grabmal zeigt Anklänge an die römischen Vorbilder Berninis. Der Obelisk wird von Minerva (Weisheit) und Mars (Tapferkeit) flankiert. Putten halten das gekrönte Wappen und Fama verkündet den Ruhm des Toten. Die Büste des Verewigten zeigt das in sich gekehrte menschliche Antlitz.

Wenzelskapelle

Die schönste der Chorkapellen ist die bis in den Südteil des Querschiffs reichende gotische Wenzelskapelle. **Peter Parler** errichtete sie 1358 – 1367 an Stelle des ursprünglichen romanischen Rundbaus, in dem der hl. Wenzel beigesetzt war, auf einem quadratischen Grundriss und stattete sie mit einem Sterngewölbe aus. Die Kapelle enthält den Reliquienschrein des 935 von seinem Bruder Boleslav I. in Altbunzlau (Stará Boleslav) ermordeten Herzogs Wenzel, des Schutzpatrons von Böhmen. Wenzel soll der Legende nach bei seiner Ermordung den hier angebrachten Türgriff mit dem Löwenkopf umklammert haben. Dieser wird jedoch in die Wende des 12./13. Jh.s datiert und kann so dem Heiligen nicht als Halt in der Todesstunde gedient haben.

Das untere Viertel dieser Kapelle schmücken 1300 böhmische Halbedelsteine. Die beispiellose Ausstattung findet sich im 14. Jh. nur noch in Karlstein. Von den Wandgemälden stammt die untere Reihe (Passionszyklus) von dem Prager **Meister Oswald** (1373), die obere Reihe mit der Wenzelslegende aus der Werkstatt des **Meisters**

Der hl. Wenzel, in einer Rüstung dargestellt, von Engeln begleitet

des Altars von Leitmeritz (um 1509). Es werden jedoch auch zeitgenössische Personen dargestellt (Vladislav II. und seine Gemahlin Anna auf der Ostwand). Die Ausstattung der Kapelle steht stilistisch auf einem hohen Niveau und verweist bereits auf die Renaissance.

Wichtigstes Werk ist jedoch die Statue des Heiligen selbst. Wahrscheinlich ausgeführt von **Heinrich Parler**, dem Neffen Peter Parlers; das Familienwappen befindet sich am Sockel der 2 m hohen Statue. Der Herzog tritt in einer Rüstung auf: In der Linken hält er das Schild mit dem Adler, in der Rechten trägt er die Lanze. Im Gegensatz dazu steht die fließende Bewegung und der abwesende, fast entrückte Blick des Dargestellten. Er verkörpert so das Idealbild des Heiligen. An den Seiten der Statue sind zwei Engel aufgemalt; sie haben der Legende nach Wenzel zu seiner Audienz bei König Heinrich I., dem Vogelfänger, begleitet.

Kronkammer

Von der Wenzelskapelle gelangt man zur Kronkammer über dem Südportal, in der die böhmischen Kroninsignien – Krone, Zepter, Reichsapfel, Königsmantel und Stola – aufbewahrt werden. Sie sind durch sieben Schlösser gesichert und werden nur sehr selten zur Schau gestellt.

✶ ✶ Königspalast (Královský palác)

Bauentwicklung

Der Fürsten- und Königspalast, an dem die historische Bauentwicklung abgelesen werden kann, steht an der Ostseite des dritten Burghofs. An Stelle eines ersten Fürstenhofs aus dem 9. Jh. wurde hier im 11. Jh. ein romanischer Palast erbaut, der 1135 im Rahmen der gesamten Umbauten der Burganlage neu gestaltet wurde. Ab Mitte des 13. Jh.s fand eine umfassende Vergrößerung während der Regierungszeit von Ottokar II. statt; unter Kaiser Karl IV. erfolgten weitere bauliche Umgestaltungen. Ende des 15. Jh.s führte **Benedikt Ried** die letzten großen Veränderungen am Palast unter Vladislav Jagiello durch. Bis zum Ende des 16. Jh.s diente der Königspalast als Herrschersitz. Als sich unter den Habsburgern die eigentliche Residenz nach Westen vorschob, wurden seine Räume zu Kanzleistuben bzw. Magazinen umfunktioniert.

Unter dem jetzigen Vladislav-Saal sind im Erd- und im Untergeschoss Teile des romanischen Palasts erhalten, auch Reste der ursprünglichen Burgbefestigung sind zu sehen. Darüber liegen die unter Přemysl Ottokar II., Karl IV. und Wenzel IV. erbauten neuen Palastanlagen. Den Mittelpunkt des von Vladislav Jagiello durch Umbau und Erweiterung neu errichteten zweiten Stockwerks bildet der Vladislav-Saal als Prunkstück der profanen Burgbauten.

Grüne Stube

Durch den mittleren Eingang unter dem Balkon und rechts vom Adlerbrunnen von **Francesco della Torre** (1664) erreicht man über einen Vorraum links die Grüne Stube. Sie diente Karl IV. als Gerichtssaal und war seit dem 16. Jh. Sitz des Kammer- und Hofgerichts. An der Ostseite zieren Wappen der Ober- und Niederlausitz die Wände, zudem erinnern mehrere Wappen an die ehemaligen Beisitzer aus dem 18. Jahrhundert. 1963 wurde die Kopie des barocken Deckenfreskos »Salomonisches Urteil« aus dem ehemaligen Burggrafenamt in die Grüne Stube übertragen.
Mit der Grünen Stube sind das **Vladislav'sche Schlafgemach** (auch: **Kleiner Audienzsaal**) und das Landtafeldepositorium verbunden. Der Raum hat ein schönes spätgotisches Gewölbe mit polychromen Rippen; dargestellt sind die Wappen Böhmens, Mährens, Schlesiens und Luxemburgs sowie das königliche Monogramm von Vladislav Jagiello über dem Fenster. Im Depositorium sind die Wappen der Obersten Kämmerer zu sehen.

Königspalast Orientierung

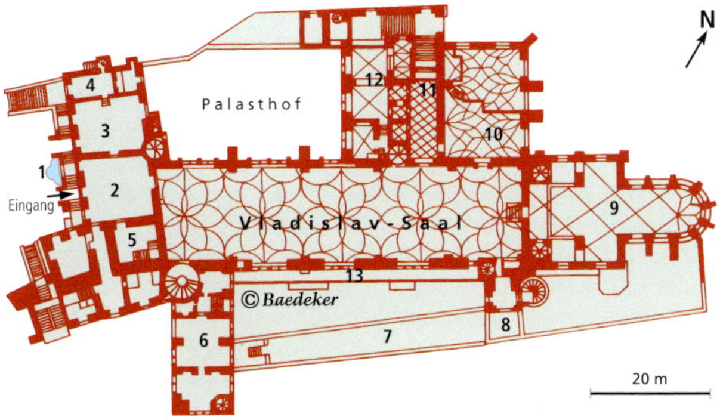

1 Adlerbrunnen
2 Vorsaal (Kleiner Saal)
3 Grüne Stube
4 Vladislav-Schlafstube
5 Romanischer Turm
6 Böhmische Kanzlei
7 Theresianischer Flügel
8 Aussichtsterrasse
9 Allerheiligenkapelle
10 Landtagssaal
11 Reitertreppe
12 Neues Appellationsgericht
13 Aussichtsgang

Vladislav-Saal Der auch Huldigungssaal genannte Vladislav-Saal ist 62 m lang, 16 m breit und 13 m hoch. Er wurde in den Jahren 1493 – 1503 von **Benedikt Ried** aus Piesting erbaut und ist mit dem spätgotischen Netzgewölbe eines der Prunkstücke des Hradschin. Die kühn ausgearbeitete Decke, deren Rippen tief in den Raum hineinreichen, ist von einer Fragilität und Leichtigkeit, die auch durch die massiven Wandpilaster nicht aufgehoben wird. Trotz des gotischen Gewölbes deutet sich in seinen wenig überhöhten Proportionen bereits die Renaissance an. Der hölzerne Fußboden stammt wahrscheinlich vom Ende des 18. Jh.s, drei der Kronleuchter stammen aus dem 16. Jh., die anderen beiden sind Kopien. Der Saal diente hauptsächlich für Repräsentationszwecke. Hier wurden die böhmischen Könige gewählt, fanden Landtagssitzungen und Reitturniere statt. Heutzutage wird in dem Saal der Präsident der Republik vereidigt, die Wahl selbst erfolgt im Spanischen Saal. Eine Treppe führt hinauf zu einer Empore, von der aus man in die **Allerheiligenkapelle** blicken kann.

Ludwigsflügel Der an den Vladislav-Saal angrenzende Ludwigsflügel wurde 1502 bis 1509 von Benedikt Ried im Auftrag der Jagiellonen errichtet. Durch eine Tür in der südwestlichen Ecke erreicht man die in Höhe des Vladislav-Saals liegenden Räume der **Böhmischen Kanzlei**. Der größere Raum mit dem gotischen Gewölbe war früher Amtssitz der böhmischen Statthalter. Der kleinere Sitzungsraum ist durch ein Renaissanceportal aus dem Jahr 1509, auf dem das Monogramm Ludwigs zu sehen ist, mit dem großen Raum verbunden.

Aus einem Fenster dieses zweiten Raums der Böhmischen Kanzlei wurden 1618 die kaiserlichen Statthalter Jaroslav Bořita von Martinitz und Wilhelm Slavata von Chlum mit dem Schreiber Ph. Fabricius 15 m tief in den Schlossgraben gestürzt (kamen aber »mit der Todesangst, dem Leben und ein paar Schrammen davon«). Dieser **Zweite Prager Fenstersturz** gab das Signal zum Böhmischen Aufstand gegen die Habsburger und führte zum Dreißigjährigen Krieg.

Über eine Wendeltreppe erreicht man die ehemalige **Kanzlei des Reichshofrats**. Hier wurde am 19. Juni 1621 den 27 Vertretern des Ständeaufstands gegen die Habsburger das Todesurteil verlesen, das auf dem Altstädter Ring vollstreckt wurde. Hier endete die Ständerevolte, die mit dem Fenstersturz der Statthalter ein Stockwerk tiefer begann. Die Eingangstür zieren Intarsienarbeiten aus dem 17. Jh.; der Innenraum ist im Stil der Spätrenaissance gestaltet, die Kanzleieinrichtung und der Kachelofen stammen aus dem 17./18. Jahrhundert. Das Porträt des spanischen Königs Philipp IV. links über der Tür ist die Kopie eines Gemäldes von Velázquez.

Aussichtsterrasse Von der Südseite des Vladislav-Saals kommt man auf einen Aussichtsgang mit Blick über die südlichen Burggärten. Unterhalb liegt der Theresianische Flügel, dahinter erstreckt sich der Wallgarten. Der Ausblick in westlicher Richtung wird durch den Ludwigsflügel verstellt.

Reste romanischer Wandmalereien in der St.-Georgs-Basilika zeigen das Himmlische Jerusalem.

Westfassade

Die rotfarbige Fassade ist durch Pilaster gegliedert, auf denen die Gründer der Kirche, Fürst Vratislav I., und des Klosters, die Äbtissin Mlada, dargestellt sind. Disharmonisch im Aufbau wirkt die Vorderfront durch die barocke Kapelle des hl. Johannes von Nepomuk. Die Statue des Heiligen über dem Portal der Kapelle schuf **Ferdinand Maximilian Brokoff**.
Das in Richtung Georgsgasse orientierte **Südportal** (um 1500) im Frührenaissancestil stammt aus der Werkstatt des Benedikt Ried; es ist geschmückt mit der Kopie eines spätgotischen St.-Georgs-Reliefs, dessen Original sich in der Nationalgalerie befindet.

Inneres

Das Hauptschiff besitzt Tribünenfenster aus dem 12. Jh., die ursprünglichen Arkaden stammen aus dem 10./11. Jahrhundert. Vor dem Eingang zur Krypta umgibt ein schmiedeeisernes Barockgitter (um 1730) das Grabmal Herzog Boleslavs II. (gest. 999); rechts davon sieht man die bemalte Holztumba Vratislavs I. (gest. 921). Die Krypta wurde Mitte des 12. Jh.s angelegt; das Kreuzgratgewölbe wird von Säulen mit Würfelkapitellen getragen.
Im erhöhten Chor, der durch eine zweiarmige symmetrische Barocktreppe zu erreichen ist, befinden sich Reste romanischer Deckenmalereien des »Himmlischen Jerusalems« vom Anfang des 13. Jahrhunderts. Spätrenaissancefresken (16. Jh.) an der Apsisdecke stellen die Krönung der Jungfrau Maria dar. Dem Chor schließt sich an der Südseite die **Kapelle der hl. Ludmilla** an, die durch ein Marmorgeländer und ein Gitter abgetrennt ist. Im 13. Jh. erbaut, wurde

die Kapelle der Landesheiligen im 14. Jh. für die Reliquien umgestaltet. Im Renaissancegewölbe – der Anbau aus dem 14. Jh. musste nach einem Brand neu eingewölbt werden – befindet sich das von **Peter Parler** um 1380 geschaffene Grabmal der Ludmilla (921 ermordet), deren Leben an der schwer einsehbaren Westwand der Kapelle auf einem Fresko (1858) von J. V. Hellich dargestellt ist. Weitere Malereien vom Ende des 16. Jh.s zeigen Christusbilder, die Jungfrau Maria, die Evangelisten und böhmische Landesväter.

Johannes-von-Nepomuk-Kapelle

An die Südseite der Basilika baute **František Maximilian Kaňka** von 1718 bis 1722 die Johannes-von-Nepomuk-Kapelle an, durch die man die St.-Georgs-Basilika verlässt. Zweimal ist der Heilige von **Wenzel Lorenz Reiner** dargestellt: in den Kuppelfresken in der »Apotheose des Heiligen« und im Altarbild. Um das Jahr 1730 entstanden die Statuen des heiligen Adalbert und des heiligen Norbert in den Kapellennischen.

✶ St.-Georgs-Kloster (Klášter svatého Jiří)

Ältester böhmischer Klosterbau

An die St.-Georgs-Basilika stößt das Benediktinerinnenkloster zum hl. Georg an, das 973 von Herzog Boleslav II. und seiner Schwester Mlada, der ersten Äbtissin des Klosters, gegründet wurde. Der vorromanische, ottonische Bau ist der älteste Klosterbau in Böhmen, er bestand aus einem kleinen Gebäude ohne Kreuzgang. Nach Schäden durch Feuersbrünste 1142 während der Belagerung der Prager Burg und 1541 wurde das Kloster mehrmals umgebaut, vergrößert, barockisiert (1657 – 1680) und 1782 aufgehoben. Heute ist es eine **Dependance der Nationalgalerie** (www.ngprgue.cz) und beherbergt neben wechselnden Ausstellungen die Sammlung der böhmischen Kunst des 19. Jahrhunderts.

Dauerausstellung

Öffnungszeiten:
Di. – So.
10.00 – 18.00

Die ständige Ausstellung im St.-Georgs-Kloster beherbergt Exponate der tschechischen Malerei, Bildhauerei und der angewandten Kunst des 19. Jahrhunderts. Es werden alle wichtigen Strömungen der bildenden Kunst jener Zeit – vor dem Hintergrund der europäischen Kunstentwicklung – mit ihren Vertretern präsentiert.

Ein wichtiges historisches Ereignis des 19. Jahrhunderts war der Bau des ►Prager Nationaltheaters. Es entstand in einer Epoche der nationalen Wiedergeburt. Den Bau und die Ausstattung des Theaters übernahmen zahlreiche Künstler, darunter Julius Mařák, Mikoláš Aleš, František Ženíšek, Václav Brožík, Václav Hynais und Josef Václav Myslbek.

Außer Werken von diesen Künstlern findet man in der Ausstellung auch Gemälde von Josef Mánes, Adolf Kosárek und Jakub Schikaneder, restaurierte Plastiken aus dem Schloss Zbraslav, die 2002 durch Hochwasser beschädigt worden sind, und (in der Kapelle) Josef Václav Myslbeks überlebensgroße Statuen von tschechischen Heiligen vom St.-Wenzel-Denkmal am Wenzelsplatz.

Reiterstatue des hl. Georg

Weiter im Nordgang steht das Original der Reiterstatue des hl. Georg, die ursprünglich im dritten Burghof des Hradschin Aufstellung fand und dort durch eine Kopie ersetzt wurde. Die 1373 von **Martin und Georg von Klausenburg** in Bronze gegossene Figur wird als die erste bekannte freie Plastik nördlich der Alpen, die sich aus dem architektonischen Kontext gelöst hat, angesehen.

✶ Goldenes Gässchen (Zlatá ulička)

Das Goldene Gässchen – auch Goldmachergässchen genannt – verläuft zwischen den von Vladislav Jagiello angelegten Burgmauern und dem Alten Burggrafenamt; einst reichte es bis zum St.-Georgs-Kloster. Ein Wehrgang verband den Weißen Turm mit dem Daliborkaturm. Die erhalten gebliebene nördliche Front besteht aus pittoresken Häuschen, die in die Bogen des Wehrgangs eingelassen wurden. Rudolf II. teilte sie seinen 24 Burgschützen zu, die in ihrer freien Zeit ein Handwerk betrieben. Der Name »Goldmachergässchen« oder »Alchimistengässchen« bezieht sich auf die Alchimisten Rudolfs II., die der Überlieferung zufolge hier gewohnt und versucht haben sollen, Gold herzustellen; ihre Laboratorien befanden sich aber nachweislich im Mihulkaturm (Alchimistenstube). Später bewohnten Handwerker und arme Leute die Häuserzeile. Im Haus Nr. 22 arbeitete Franz Kafka (► Berühmte Persönlichkeiten) 1916/

Selten kann man das Goldene Gässchen so besinnlich erleben, schließlich gehört es zu den beliebtesten Sehenswürdigkeiten auf dem Hradschin.

1917 an seinen Prosatexten, hier entstanden u.a. »Ein Landarzt«, »Auf der Galerie«, »Ein Bericht für eine Akademie« und »Eine Kaiserliche Botschaft«. Heute befinden sich kleine Souvenirläden in den bunten Häusern des Goldenen Gässchens. Seit Mai 2010 wird es restauriert und ist bis zum Ende der Arbeiten nicht zugänglich.

! *Baedeker* TIPP

Kindheitserinnerungen

Nicht nur für Kinder äußerst reizvoll ist das im ehemaligen Burggrafenamt hinter dem Goldenen Gässchen gelegene Spielzeugmuseum (Muzeum Hraček) – Zugang von der Georgsgasse. Alte, zerknautschte Teddybären warten dort neben über 270 Barbiepuppen, den ältesten Märklin-Lokomotiven, Flugzeugen, alten Luftschiffen und einer Fülle von Blechspielzeug auf große und kleine Besucher (Öffnungszeiten: tgl. 9.30 – 17.30 Uhr).

Von der Bastei, die eine schöne Aussicht bietet, erreicht man den großen **Wallgarten**. Zwei Obelisken markieren die Stellen, wo die kaiserlichen Statthalter im Jahr 1618 beim Zweiten Prager Fenstersturz in den damaligen Burggraben fielen. Oberhalb der Neuen Schlossstiege liegt der Paradiesgarten mit dem Matthiaspavillon und einem Musikpavillon.

Das tiefe Tal des **Hirschgrabens** im Norden der Burg diente einst der Zucht von Jagdwild. Nördlich des Hirschgrabens schließt sich der Königsgarten an, an dessen Westseite – im Löwenhof – Rudolf II. Löwen, Tiger und Bären halten ließ.

✶ Hradschiner Platz (Hradčanské náměstí)

C 4

Lage: Praha 1, Hradčany
U-Bahn: Hradčanská, Malostranská
Straßenbahn: 22

Die Stadt Hradschin, um 1320 als dritte Prager Stadt gegründet, war keine königliche Freistadt, sondern unterstand dem Burggrafen des Hradschin. Sie nahm anfangs nur den Raum um den Hradschiner Platz ein, bis Karl IV. sie erweiterte und mit einem Mauerring umgab. Der Hradschiner Platz mit der barocken Pestsäule von **Ferdinand Maximilian Brokoff** (1725) und einem sehenswerten gusseisernen Kandelaber aus der Zeit der Gasbeleuchtung im 19. Jahrhundert bildet den Zugang zur Prager Burg (►Hradschin) und war Zentrum der ehemaligen Stadt Hradschin. Über ihn führte der Krönungsweg der böhmischen Könige, der seinen Anfang beim Pulverturm (►S. 244) nahm. Auf dem Hradschiner Platz wurden 1547 die Führer der misslungenen Ständeerhebung gegen den Habsburger Ferdinand I. hingerichtet. Er besitzt heute noch Umfang und Grundriss eines mittelalterlichen Marktplatzes, hat diese Funktion jedoch nie ausgeübt. Nach dem Brand von 1541 wurde der Platz gänzlich umgestaltet. Alle bürgerlichen Häuser wurden abgetragen, um Palästen für Adel und Domherren Platz zu machen.

Parlerhaus In dem Sächsisch-lauenburgische Residenz genannten Haus Nr. 10 wohnte 1372 der Baumeister des Veitsdoms, **Peter Parler**, dem auch das Palais Hrzán an der ►Loretogasse gehörte. Im 18. Jh. erhielt das Haus zusammen mit dem Nachbargebäude (Nr. 9) eine gemeinsame Fassadenverkleidung.

Mariensäule Das Zentrum des Hradschiner Platzes bildet die Mariensäule. Sie entstand zum Dank für das Ende der Pestepidemie im Jahr 1726. **Ferdinand Maximilian Brokoff** (1688 – 1731) hat sie entworfen. Die Figuren am Fuß der Säule sind auf zwei Ebenen gestaffelt und stellen Heilige dar: Johannes von Nepomuk, Elisabeth, Petrus, Paulus, Norbert, Florian, Karl Borromäus auf der unteren Ebene, darüber befinden sich Wenzel, Veit und Adalbert. Gekrönt wird die Säule von der Figur der Maria Immaculata (Unbefleckte Empfängnis; ein im Barock beliebtes Motiv), die erst nach seinem Tod entstanden und wahrscheinlich eine Arbeit aus der Werkstatt Brokoffs ist.

Erzbischöfliches Palais (Arcibiskupský palác)

Das Erzbischöfliche Palais an der Nordseite des Platzes war ursprünglich ein Renaissancehaus, das Ferdinand I. dem königlichen Sekretär Florian von Gryspek abkaufte und dem ersten katholischen

Die Wachablösung am Hradschiner Platz, ein wahres Touristenspektakel! Im Hintergrund sieht man das Erzbischöfliche Palais.

nachhussitischen Erzbischof übergab. In den Jahren 1562 bis 1564 wurde es nach Plänen von Hans von Tirol umgebaut, um 1600 vergrößert und 1675 – 1684 von dem französischen Architekten **Jean Baptiste Mathey** barockisiert und mit einem prunkvollen Hauptportal (1676) versehen. Die heutige Rokokogestalt mit der Marmorverblendung der Fassade geht auf **Johann Joseph Wirch** zurück (1763 bis 1764). Zwei Eckrisalite setzen ein Gegengewicht zum Mittelrisalit, der durch einen flachen Giebel nochmals eine Akzentuierung erfährt. Das Familienwappen des Fürsterzbischofs Anton Peter Graf von Přichowitz (Wurzelsdorf) krönen Plastiken des Bildhauers Ignaz Michael Platzner, von denen »Glaube« und »Hoffnung« 1888 durch neue Arbeiten von T. Seidan ersetzt wurden.
Unter Wirch wurde auch die spätbarocke Innenausstattung gefertigt. Neun von A. Desportes im Pariser Atelier Neilson gefertigte Gobelins behandeln hier die Themen »Das Alte und das Neue Indien«. Erwähnung verdienen insbesondere die reichen Holzschnitzarbeiten, Stuckverzierungen, zwei gotische Reliquienbüsten der Apostel Petrus und Paulus in der Kapelle sowie die Glas- und Porzellansammlung.
Ein Durchgang im linken Portal des Erzbischöflichen Palais führt zum ►Palais Sternberg mit der Sammlung alter europäischer Kunst.

Palais Martinitz (Martinický palác)

Öffnungszeiten:
tgl. 10.00 – 18.00

An der nordwestlichen Seite des Hradschiner Platzes steht das Palais Martinitz (www.martinickypalac.cz), das seit 2007 für die Öffentlichkeit zugänglich ist. In dem Palais sind u. a. das **Museum für Musikautomaten** und das **Puppenmuseum** untergebracht.
Der Renaissancebau wurde am Ende des 16. Jh.s als schlichtes Gebäude mit vier Flügeln für **Andreas Teyfl** errichtet; 1624 übernahm es Jaroslav Bořita von Martinitz, einer jener Statthalter, die durch den Zweiten Prager Fenstersturz in die Geschichte eingegangen sind. Bořita Martinitz erhöhte das Gebäude um ein Stockwerk und ließ die Renaissancegiebel und Wappen anbringen.
Die östliche Hausfront schmücken figurale Renaissancesgraffiti mit Szenen aus dem Leben Samsons (nach deutschen Holzschnitten des 15. Jh.s) und aus dem Leben des Herakles (um 1634).
Zudem entdeckte man ähnliche Sgraffiti aus dem 16. Jh. und der ersten Hälfte des 17. Jh.s mit biblischen Szenen auf der dem Platz zugewandten Palastfront (u. a. Josefs Flucht vor Potiphars Frau).
Im Inneren sind Renaissancebalkendecken und die Palastkapelle mit einem reich geschmückten Renaissancegewölbe sehenswert.

Palais Toscana (Toskánský palác)

Das zweistöckige, vierflügelige Palais (Nr. 5) an der westlichen Schmalseite des Platzes wurde 1689 – 1691 von dem französischen Architekten **Jean Baptiste Mathey** für Michael Oswald Thun-

Hohenstein erbaut. Von 1718 bis 1918 war es im Besitz der Herzöge von Toskana; heute gehört es zum Außenministerium der Tschechischen Republik.
Die Ausgewogenheit der Proportionen erwächst aus der kühlen Distanziertheit von der Umgebung. Die frühbarocke Stirnwand ist mit zwei Säulenportalen und mit Wappen der toskanischen Herzöge auf der breiten Front über den Balkonen geschmückt; die Gebäudeattika trägt sechs Barockstatuen der freien Künste von **Johann Brokoff**, dem Vater Ferdinand Maximilians, der einer der herausragenden Prager Bildhauer des Barock war. Die Eckplastik des hl. Michael im Kampf mit dem Drachen stammt von Ottavio Mosto von 1693.

Palais Schwarzenberg (Schwarzenberský palác)

Öffnungszeiten:
Di. – So.
10.00 – 18.00

Das ehemalige Palais Schwarzenberg, in dem die zur ►Nationalgalerie gehörende Ausstellung **»Barock in Böhmen«** untergebracht ist, bildet zusammen mit der Burg und dem Erzbischöflichen Palais die Dominante des Hradschinpanoramas. Mit den reich verzierten Giebeln, dem vorgeschobenen Lünettengesims nach lombardischem Vorbild, dem kunstvollen Sgraffitodekor in Diamantquadermanier, das 1567 nach norditalienischen, vor allem alten venezianischen, Grafikmustern geschaffen wurde, und den Darstellungen antiker Götter sowie allegorischer Figuren im Inneren ist das Palais Schwarzenberg ein Musterbeispiel der Renaissance nördlicher Prägung. Der Eckpalast an der Südfront des Platzes entstand durch einen Umbau zweier Renaissancepaläste. Diese Veränderung wurde 1800 bis 1810 von F. Pavíček für den Erzbischof Salm – daher die Initiale »S« über dem Portal – im Empirestil durchgeführt. Der rechte Gebäudeteil entstand 1545 bis 1563 nach Plänen von Agostino Galli.
Auf drei Stockwerken des rekonstruierten Palais werden in der neuen ständigen Ausstellung der Nationalgalerie über 160 Plastiken und 280 Gemälde der Spätrenaissance und des Barock (Ende des 16. – Ende des 18. Jh.s) präsentiert,

Steil steigt es zum Schwarzenbergpalais an.

die auf dem Gebiet von Böhmen entstanden. Zu sehen sind u. a. Plastiken von Matthias Bernhard Braun (1684 – 1738) und Ferdinand Maximilian Brokoff (1688 – 1731), Gemälde von Karel Škréta (1610 – 1674), Peter Johann Brandl (1669 – 1735) , Wenzel Lorenz Reiner (1689 – 1743) und Norbert Grund (1717 – 1767), desweiteren bedeutende Werke, u. a. von Škréta, Brandl und Reiner, aus der Sammlung von A. I. Lobkowitz, kunstgewerbliche Exponate des Manierismus (Ende des 16./Anfang des 17. Jh.s) bis zum Klassizismus (Ende des 18. Jh.s), liturgische Gegenstände, Gedecke, Glas, Porzellan, Fächer, Textilien und Schmuck. Temperafresken (um 1580) eines unbekannten Künstlers zieren die Decke im Hauptsaal der zweiten Etage. Sie zeigen Personifikationen und Allegorien zu Homers berühmten Dichtungen (Das Urteil des Paris, Helenas Entführung, Szenen aus dem Trojanischen Krieg und die Flucht des Äneas aus dem brennenden Troja). Im Nachbarraum ist die Phaeton-Sage dargestellt. Zwei weitere Säle sind mit Gemälden von Chronos und Persephone sowie von Jupiter und Juno ausgeschmückt.

✶ ✶ Josefstadt (Josefov, ehemalige »Judenstadt«)

E 4

Lage: Praha 1, Staré Město, Maiselova u. a.
Bus: 207
U-Bahn: Staroměstská
Straßenbahn: 17, 18

Geschichtsträchtiges Viertel

Eingeschlossen in den nördlichen Altstadtkern liegt die einstige »Judenstadt«, die zu den ältesten und bedeutendsten jüdischen Gemeinden des ganzen Abendlandes zählte. In dem recht kleinen Viertel lebten und arbeiteten zeitweise über 7000 Menschen.
Mehrere Pogrome in verschiedenen Jahrhunderten dezimierten immer wieder die dort ansässige Bevölkerung und verwüsteten das Viertel. Zum Andenken an den österreichischen Kaiser Joseph II., der Ende des 18. Jahrhunderts das 600 Jahre lang bestehende Ghetto der Juden erstmals zum gleichberechtigten Stadtviertel Prags erhob, wurde sie Josefstadt (Josefov) genannt.

> ! *Baedeker* TIPP
>
> **Ewig lockt das Weib**
>
> Kontrastprogramm zu Judaika: Wie unterschiedlich die Prager Maler das Thema Erotik sehen, zeigt die kleine Galerie La Femme. Von romantisch bis kubistisch, mit blauen Strümpfen oder aus dem Bade steigend ... (Bílkova 2, Öffnungszeiten: tgl. 10.00 – 18.00 Uhr; www.glf.cz).

Jüdisches Museum

Das Jüdische Museum, im Jahr 1906 gegründet und zwischen 1950 und 1994 unter staatlicher Obhut, ist Eigentum der jüdischen Gemeinde Prags (www.jewish-museum.cz, Židovské muzeum).
Das Museum verwaltet nicht nur Objekte der ehemaligen »Judenstadt«. Die nationalsozialistischen Machthaber wollten während ih-

Mit viel Nostalgie: Das jüdische Viertel gehört heute den Touristen.

rer Vernichtungsaktion aus den 1939 nur geringen Beständen des damaligen Jüdischen Museums ein »Exotisches Museum einer ausgestorbenen Rasse« machen. Während der deutschen Besatzungszeit wuchs die Sammlung auf fast 200 000 Stücke an. Auf Initiative der Prager Judengemeinde wurde wertvolles Material aus böhmischen, mährischen u. a. europäischen Synagogen für eine einzigartige Dokumentation zusammengetragen.

Öffnungszeiten: April – Okt. 9.00 – 18.00, Nov. – März 9.00 – 16.30 (außer Sa. und jüd. Feiertage)

Zum Jüdischen Museum gehören die Maiselsynagoge, die Spanische Synagoge, in der während des Sommers Konzerte gegeben werden, die Pinkassynagoge, der Alte Jüdische Friedhof, die Klausensynagoge und das Zeremonienhaus. Die Altneusynagoge ist nicht dem Jüdischen Museum unterstellt.

Maiselsynagoge (Maiselova synagoga)

Mordechaj Markus Maisel, Primas der Prager »Judenstadt« unter Kaiser Rudolf II., gründete die nach ihm benannte Maiselsynagoge als Familienbethaus; Baumeister waren **Joseph Wahl** und **Juda Goldschmied**. Nach einem Brand im Jahr 1689 wurde der Bau im Stil des Barock erneuert; eine Umgestaltung nach neugotischen Vorstellungen nahm 1893 – 1905 Alfred Grotte vor. Dabei blieben lediglich der dreischiffige Grundriss und die Frauenempore erhalten.

Das Jüdische Museum präsentiert hier die **Geschichte der Juden in Böhmen und Mähren** vom 10. bis zum 18. Jahrhundert. Neben der Darstellung der Anfänge der jüdischen Besiedlung in Böhmen und Mähren und der Stellung der Juden im Mittelalter liegt der Schwerpunkt auf der Zeit der Renaissance – und knüpft damit an die Zeit der Gründung der Maiselsynagoge an.

★ Spanische Synagoge (Španělská synagoga)

Die Spanischen Synagoge steht an der Stelle der ältesten Synagoge Prags (12. Jh.), der sog. Alten Schule (Stará škola), die der Zerstörung zum Opfer fiel. Der Name der Synagoge geht auf eine Gruppe von Juden zurück, die aus Spanien vor der Inquisition nach Prag flohen. In den folgenden Jahrhunderten wurde die Synagoge mehrmals niedergebrannt und immer wieder neu errichtet.

Erinnert an die Alhambra

Zwischen 1882 und 1893 erhielt die Spanische Synagoge von **Vojtech Ignaz Ullmann** ihre jetzige Gestalt als Zentralbau im maurischen Stil mit imposanter Kuppel und an drei Seiten offenen Galerien. Im Inneren, das der Alhambra von Granada nachempfunden ist, wurden 1882 bis 1883 Stuckaturen nach orientalischem Muster angebracht. Hier wird der zweite Teil der Ausstellung der Geschichte der Juden in Böhmen und Mähren – von der Aufklärung bis in die Gegenwart – gezeigt.

Pinkassynagoge (Pinkasova synagoga)

Die Pinkassynagoge entstand auf der Südseite des Alten Jüdischen Friedhofs in einem Haus, das die führende Familie der jüdischen Gemeinde, die Familie Horowitz, im 14. Jh. dem Rabbi Pinkas abgekauft hatte. Salman Munka Horowitz ließ hier 1535 eine Synagoge im spätgotischen Stil errichten; aus dieser Zeit stammt das Netzgewölbe des Saals. Juda Goldschmied de Herz baute die Synagoge 1625 im Stil der Spätrenaissance um und erweiterte sie um Frauengalerie, Vestibül und Sitzungssaal.

Die Pinkassynagoge ist neben der Altneusynagoge die älteste und architektonisch wertvollste in Prag. Archäologische Ausgrabungen haben bestätigt, dass der Bau aus dem 11. oder 12. Jh. stammt und sich hier einst ein rituelles Bad befand.

In den Jahren 1950 – 1958 wurde in der Synagoge die **»Gedenkstätte der 77 297«** errichtet, deren Mahnmal die Namen all jener Opfer des Nationalsozialismus trug. Das Gebäude wurde Ende der 1960er-Jahre für längere Zeit geschlossen, Grundwasser hatte die Inschriften auf den Wänden beschädigt. Bei den Renovierungsarbeiten ent-

deckte man auch einen alten Brunnen und ein Ritualbad. In den 1990er-Jahren wurden die Namen der Opfer neu auf die Wände der Synagoge übertragen.
In der ständigen Ausstellung befinden sich Kinderzeichnungen, Schulhefte, Tagebücher, Briefe und Lyrik aus dem nationalsozialistischen Konzentrationslager Theresienstadt (►Terezín).

✶ Alter Jüdischer Friedhof (Starý židovský hřbitov)

Grabsteine dicht an dicht

Der Alte Jüdische Friedhof gehört neben der Altneusynagoge zu den bedeutendsten historischen Objekten der ehemaligen jüdischen Stadt – und zu den »zehn interessantesten Sehenswürdigkeiten der Welt«, wie viele meinen. Er entstand Anfang des 15. Jh.s; bestattet wurde hier bis 1787. Unter den Eschen befinden sich noch etwa 12 000 Grabsteine.
1900 m² fielen 1903 der Sanierung zum Opfer, die knapp bemessene Fläche des Friedhofs konnte die große Zahl der Toten nicht fassen; auf die bestehenden Gräber musste weiteres Erdreich für neue Grabstellen aufgehäuft werden, da nach jüdischem Gesetz Gräber niemals aufgelöst werden dürfen, sodass an manchen Stellen bis zu neun Grabschichten übereinander liegen. Dadurch entstand die eindrucksvolle Anhäufung der Grabsteine, deren Anordnung und Alter für das Aussehen des Alten Jüdischen Friedhofs typisch sind.
Die hebräischen Inschriften auf den Grabsteinen führen die persönlichen Angaben – Namen des Verstorbenen und seines Vaters (bei verheirateten Frauen auch den des Ehemanns) – sowie Datum des Todes und des Begräbnisses. Die Aufzählung der guten Werke des Verstorbenen geschieht nicht nur in Prosa, sondern auch in Versen. Die Reliefs auf den Grabsteinen versinnbildlichen oft den Namen des Verstorbenen (Hirsch, Bär, Karpfen, Hahn u. a.), seinen Beruf (ärztliche Instrumente, Schneiderscheren u. a.), zuweilen zeigen sie weitere Symbole, z. B. segnende Hände oder Kannen (bei Mitgliedern von Priesterfamilien), Weintrauben (beim Stamm Israel), Kronen, Pinienzapfen oder andere Motive.
Der älteste Grabstein kennzeichnet das Grab des Gelehrten und Dichters Avigdor Karo († 1439), der das Pogrom von 1389 miterlebte und darüber eine Elegie verfasste. Das jüngste Grab von Moses Beck wurde 1787 angelegt, seither fanden hier keine Beerdigungen mehr statt.

✔ NICHT VERSÄUMEN

- Mosaiken, inspiriert von der Alhambra in Granada (Spanische Synagoge)
- 77 297 Opfernamen des Holocaust mit roter Tinte in die Wand geritzt (Pinkassynagoge)
- Grab von Rabbi Löw, Golemschöpfer, mit Sinnbildern von Löwe, Bären, Rosen (Alter Jüdischer Friedhof)
- »Tod eines Juden«, Zyklus von 15 Bildern über die Bestattungsbruderschaft (Alter Jüdischer Friedhof, Zeremonienhaus)
- Leuchtende Chronik mit Gebetsdaten für die Toten: 3. Juni: Franz Kafka (Altneusynagoge)

Nach jüdischem Gesetz dürfen Gräber nie aufgelöst werden.

Ein Sarkophag im Stil der Spätrenaissance mit eingemeißelten Löwen und von Arkaden umrahmten Schrifttafeln bezeichnet das **Grab des gelehrten Hohen Rabbi Jehuda Löw ben Bezalel** (gest. 1609).

Zu weiteren bekannten Ruhestätten gehören die Tumben des Primas der Prager jüdischen Stadt, Mordechaj Markus Maisel (gest. 1601), des Historikers und Astronomen David Gans († 1613), des Gelehrten Joseph Schlomo Delmedigo († 1655) sowie des Büchersammlers und Gelehrten David Oppenheim († 1736).

Zu den reichsten und schönsten gehört der Grabstein von Heudele Baševi (gest. 1628), der Frau des Waldstein-Finanzmannes Jakob Baševi, der als erster Prager Jude in den Adelsstand erhoben wurde.

Die auf den Grabmälern angehäuften Steinchen werden von Verwandten oder Freunden niedergelegt. Dieser Brauch entstammt der Zeit der Wüstenwanderung des Volkes Israel unter Moses. Damals war es üblich, die Toten mit Steinen zuzudecken, weil im Wüstensand keine andere Möglichkeit bestand – außerdem wegen des Schutzes vor wilden Tieren. In die Tumba des Hohen Rabbi Jehuda Löw werfen gläubige Besucher Zettel mit Wünschen, um deren Erfüllung sie den wundertätig geglaubten Rabbi bitten.

Zeremonienhaus

Neben dem Ausgang des Alten Jüdischen Friedhofs steht das neoromanische Zeremonienhaus mit einem kleinen Turm von 1911/1912 nach einem Entwurf von J. Gerstl. Früher diente das Zeremonienhaus den bis zu sieben Tagen dauernden Trauerfeiern. Hier wird der zweite Teil der Ausstellung jüdischer Sitten und Gebräuche – u. a. die Tätigkeit der Prager Begräbnisbruderschaft – gezeigt. 1780 entstand der 15-teilige Zyklus eines unbekannten Künstlers, der sich den Aufgaben der Begräbnisbruderschaft widmet.

Klausensynagoge (Klausova synagóga)

Die Klausensynagoge liegt unmittelbar neben dem Ausgang des Alten Jüdischen Friedhofs und Zeremonienhauses. Die 1694 im Barockstil errichtete und 1884 äußerlich umgestaltete Klausensynagoge enthält eine Dauerausstellung über jüdische Traditionen und Gewohnheiten, die Bedeutung der Synagoge und die jüdischen Feiertage.

In der Klausensynagoge lehrte der Rabbi Jehuda Löw ben Bezalel als einer der wichtigsten jüdischen Philosophen des 16. Jahrhunderts. Das Ansehen der Klausensynagoge im Getto der Prager »Judenstadt« war auf ihre Größe und die Tatsache zurückzuführen, dass sie der Prager Begräbnisbruderschaft vorbehalten war.

? WUSSTEN SIE SCHON ...?

- was der Synagogenname »Klausen« (»Geschlossene«) ursprünglich bedeutete? Der Begriff leitet sich vom Lateinischen »clausum« (Verschluss) ab und hat hier nichts mit dem deutschen Vornamen Klaus zu tun.

★ Altneusynagoge (Altneuschul, Staronová synagóga)

Gegenüber der Hohen Synagoge steht die Altneusynagoge, was sich vom Hebräischen »altnai«, zu Deutsch: »unter der Bedingung, dass« ableitet. Hinter diesem Namen steckt eine Legende: Engel brachten für den Bau der Prager Synagoge Steine von der Ruine des zerstörten Jerusalemer Tempels, allerdings »unter der Bedingung, dass« diese Steine nach Jerusalem zurückgebracht würden, wenn der Messias käme und seinen Tempel wieder aufbauen wolle. Sie ist die einzige Synagoge dieses Alters auf europäischem Boden, die noch als Gotteshaus dient.

Öffnungszeiten:
April – Okt.
So. – Do.
9.30 – 18.00,
Fr. 9.30 – 17.00,
Nov. – März
So. – Do.
9.30 – 16.30,
Fr. 9.30 – 14.00

Josefstadt Orientierung

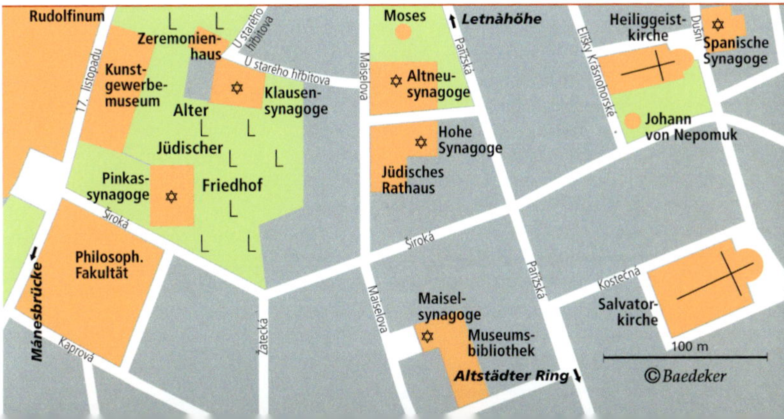

GOLEM, GRÄBER UND GELEHRTE – DAS PRAGER GETTO

Viel ist von dem einst von Juden bewohnten Viertel in Prag nicht erhalten geblieben – nur ein Rathaus, sechs Synagogen und ein Teil des Alten Friedhofs. Alles andere wurde Anfang des vergangenen Säkulums abgerissen, um einem modernen Stadtteil Platz zu machen.

Damals verschwanden die verwinkelten Gassen, in denen dicht gedrängt Häuser mit so viel sagenden Namen wie »Zur kalten Herberge«, »Zum Mäuseloch« oder »Keine Zeit« standen. Doch die Geschichte des Gettos ist lebendig geblieben, nicht nur durch die kleine Gemeinde von knapp 1600 Juden, die heute wieder Gottesdienste in der Altneusynagoge feiert und das Jüdische Museum verwaltet.

Vor allem der Alte Friedhof mit noch etwa 12 000 verfallenen Grabstelen aus der Zeit zwischen 1439 und 1787 übt eine ungeheure Anziehungskraft aus. Dort liegt auch der sagenumwobene Jehuda Löw ben Bezalel begraben, jener Hohe **Rabbi Löw**, von dem man erzählt, er habe Ende des 16. Jh.s den hünenhaften **Golem** aus Lehm erschaffen. Nach dem Willen Gottes sollte diese »seelenlose Materie« (hebräisch = Golem) dem Rabbi zur Hand gehen und die verfolgten Juden beschützen. Um das Wesen zu beleben, legte ihm der Rabbi ein Pergamentröllchen mit dem unaussprechlichen Namen Gottes in den Mund. Nun arbeitete das stumme Geschöpf bis auf den Sabbat, an dem kein gläubiger Jude arbeiten darf,

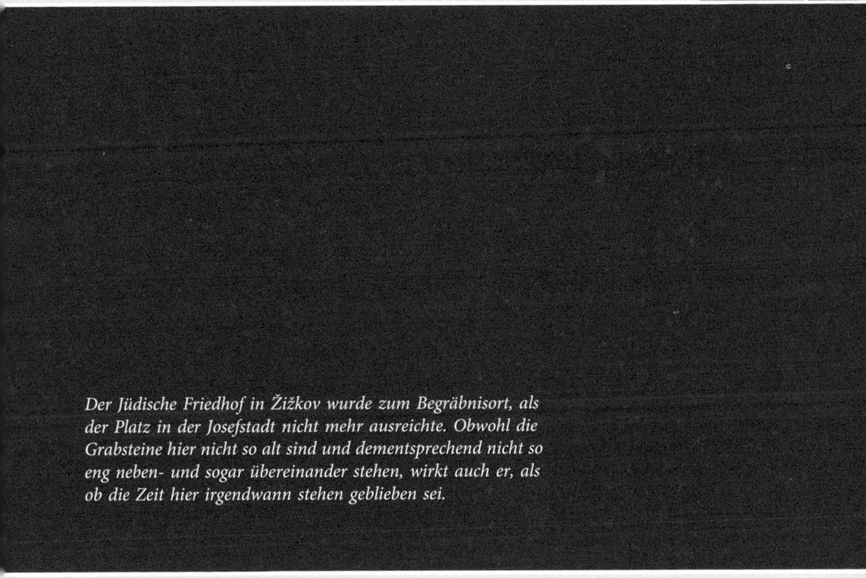

Der Jüdische Friedhof in Žižkov wurde zum Begräbnisort, als der Platz in der Josefstadt nicht mehr ausreichte. Obwohl die Grabsteine hier nicht so alt sind und dementsprechend nicht so eng neben- und sogar übereinander stehen, wirkt auch er, als ob die Zeit hier irgendwann stehen geblieben sei.

Woche um Woche für den Gelehrten. Doch es kam, wie es kommen musste: An einem heiligen Sabbat vergaß der Rabbi, dem Golem das Röllchen zu entfernen, um ihn ruhen zu lassen. Der Hüne begann, zerrissen zwischen seiner Bestimmung zu arbeiten und seiner Existenz aus göttlichem Willen, der ihm die Arbeit an diesem Tag verbot, zu rasen. Er zerschlug mit gewaltigem Getöse das Mobiliar des Rabbis, der seine Gemeinde in der Synagoge gerade den 92. Psalm singen ließ. Die Menschen stürzten aus dem Gotteshaus, doch der Golem war nicht mehr zu bremsen. Um das Schlimmste zu verhindern, warf sich der Rabbi auf den Golem und entriss ihm das heilige Röllchen. Dann schaffte er ihn fort – niemand weiß bis heute genau wohin –, doch ist der Golem wohl auf irgendeinem Dachboden zu Staub und Erde zerfallen. (Aber Vorsicht: Bisweilen soll der Golem in finsteren Nächten in den Straßen Prags gesehen werden!) Danach ließ der Rabbi den 92. Psalm nochmals singen, und bei diesem Brauch blieb es in Prags Synagogen bis heute.

Sündenböcke

So wenig, wie der Golem die Juden auf lange Sicht beschützen konnte, so wenig Hilfe wurde ihnen auch von

Der Rabbi Löw in der Vorstellung von Ladislav Šaloun

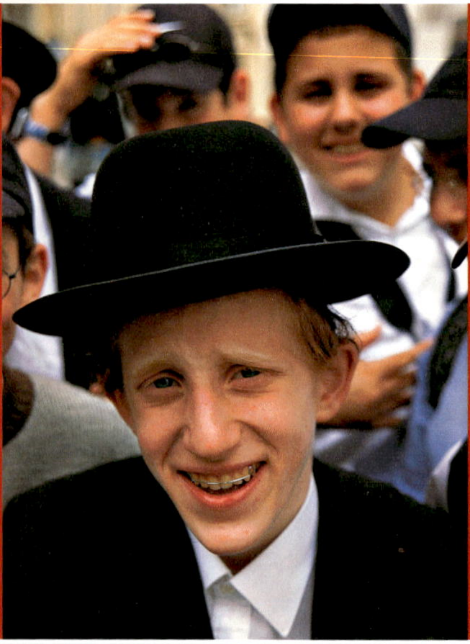

Die Josefstadt und der Jüdische Friedhof sind das Ziel von Juden aus aller Welt.

anderer Seite über Jahrhunderte hinweg zuteil. Gut 100 Jahre nach der ersten jüdischen Ansiedlung 995 auf der Kleinseite fand das erste Pogrom durch fanatisierte Kreuzfahrer statt. Im 12. Jh. mussten die Juden von der Kleinseite auf das andere Moldauufer ziehen, wo ihre Siedlung entsprechend den Bestimmungen des Dritten Laterankonzils (1179) von einer Mauer umgeben wurde. Jahrhunderte hindurch ist ihre Geschichte von solcher Ausgrenzung geprägt. Einen Grund für ein Pogrom zu finden, fiel den Christen zu keiner Zeit schwer: So wurde den Juden die Schuld an der Pest zugeschrieben – schließlich erkrankten sie erheblich seltener an der Seuche. Dass die zeitweise geringere Anfälligkeit für diese Krankheit, die von Rattenflöhen übertragen wird, an den rituellen Reinigungsbräuchen der Juden lag, durch die sie wesentlich hygienischer lebten als die Christen, darauf kam man nicht.

Scheinprivilegien

Die sogenannten christlichen Wohltäter, die dem jüdischen Getto kurze Zeiten der Sicherheit und Selbstbestimmung bescherten, taten dies bis auf sehr wenige Ausnahmen nur aus Gründen der persönlichen Bereicherung: So strich Rudolf II. (1576 bis 1611) auf einen Schlag alle Privilegien, die er den Juden in vergangenen Jahrzehnten zugebilligt hatte, just in dem Moment, als der jüdische Geschäftsmann Mordechaj Markus Maisel, von dem er finanziell abhängig war, verstarb. Die Privilegien aber, in deren Genuss die Juden bisweilen kamen, waren meist Zugeständnisse, die für andere Bevölkerungsgruppen selbstverständlich waren, wie das Recht auf »Schutz vor willkürlicher Verfolgung« oder die Erlaubnis, die Toten zollfrei von einer Provinz in eine andere zu überführen. Nur dem Habsburger Joseph II. (1765 – 1790), nach dem das jüdische Getto 1861 in

Die Thorarolle enthält die fünf Bücher Mose. Diese hier gehört der Klausensynagoge.

Josefstadt umbenannt wurde, ist wohl eine uneigennützige Unterstützung der Juden nachzusagen. Unter Josephs aufklärerischer Geisteshaltung wurde das Viertel als gleichberechtigter Stadtteil anerkannt und der Ausgrenzung der Juden ein vorläufiges Ende bereitet. Zu Beginn des 19. Jh.s wurde das ehemalige jüdische Getto dann aber fast komplett abgerissen, da man das in Jahrhunderten der Zwangsansiedlung immer dichter bebaute, dadurch düstere und größtenteils verkommene Viertel als untragbar ansah. Das gewaltsame Ende für die von Pogromen, Brandschatzungen und etlichen Ausweisungen (so im 16. Jh. unter Ferdinand I. und im 18. Jh. durch Maria Theresia) immer wieder heimgesuchte jüdische Gemeinde kam mit dem Rassenwahn der Nationalsozialisten. Zwischen 1939 und 1945 kamen 90 Prozent der Juden aus Böhmen und Mähren ums Leben. Ihre Namen wurden in der »Gedenkstätte der 77 297« in der Pinkassynagoge verzeichnet.

Sightseeing

Die wenigen Juden, die heute noch in Prag leben, erleben ihre zu einem Museum umgewandelten Kulturdenkmäler nun als eine touristische Hauptattraktion. Wer an einem ruhigen Tag in der Nebensaison das Viertel mit den Synagogen und dem Alten Friedhof besucht, kann sich noch von dem Zauber der uralten verwitterten Grabsteine gefangen nehmen lassen, die über die Jahrhunderte erhalten geblieben, doch zum Teil halb oder ganz in der Erde versunken sind. Nur wenn sich in der Hochsaison schnappschusswütige Touristenmassen durch die Pfade des Alten Friedhofs wälzen, mag sich der eine oder andere den hünenhaften Golem zurückwünschen, der wieder für Ruhe zu sorgen wüsste.

Ihr ältester Teil ist die frühgotische Südhalle, ursprünglich Hauptraum des Bethauses, an die im 13. Jh. ein zweischiffiger Saal im Stil der Zisterziensergotik angebaut wurde. Sie enthält ein für die böhmische Architektur einmaliges fünfkappiges Gewölbe. Im 17. und 18. Jh. wurden die Frauengalerien vollendet – im Hauptraum dürfen nur die Männer beten. Die große Fahne war ein Geschenk Karls IV., der das »hohe Banner« 1358 der jüdischen Gemeinde als Zeichen ihrer Privilegien verlieh; die heutige Fahne stammt aus der Regierungszeit Karls VI. (1716). Diese rote Fahne mit sechseckigem Stern (Davidschild) und Hut galt als offizielles Banner der Prager Juden, das sich auch auf dem historischen Wappen der Hauptstadt als dritte Fahne von rechts neben dem böhmischen Löwen wiederfindet. Prag ist damit die einzige Stadt der Welt, die eine jüdische Fahne im Wappen trägt. Auf der Ostseite der Synagoge befindet sich in einem Thoraschrein die Pentateuch-Pergamentrolle (die fünf Bücher Mose). In der Mitte erhebt sich die durch ein Gitter (15. Jh.) abgetrennte Kanzel. Renoviert wurde die Synagoge laut den hebräischen Inschriften an den Wänden schon 1618, weitere umfassende Rekonstruktionen erfolgten 1883 und 1966.

! *Baedeker* TIPP

Faszination Golem

Wer sich für die Geschichte des Golem interessiert, kann diese nachlesen. Literarisch verarbeitet wurde die Legende nicht nur von tschechischen, sondern auch von deutschen Schriftstellern wie beispielsweise von Gustav Meyrink (1868 – 1932) in seinem Roman »Der Golem« und von dem Reporter Egon Erwin Kisch (1885 – 1948) in »Auf den Spuren des Golem« aus seinem Werk »Pulverturm«.

Auf dem Dachboden der Altneusynagoge sollen sich der Legende nach die Überreste des **Golem** befinden, der berühmtesten Prager Sagengestalt, die 1580 bzw. 5340 nach jüdischer Zeitrechnung von Rabbi Löw aus Lehm erschaffen wurde, um die Juden Prags vor Verfolgung zu schützen, ► Baedeker Special S. 188.

Im kleinen Park neben der Altneusynagoge steht eine Mosestatue von František Bílek (1872 – 1941).

Jüdisches Rathaus

Gegenüber der Altneusynagoge an der Maiselova 18, Ecke Pařížská, liegt das ehemalige Jüdische Rathaus (Židovská radnice). Hier haben die Prager Jüdische Gemeinde und der Rat der Jüdischen Gemeinden der Tschechischen Republik ihren Sitz. Das Rathaus ist für eine Besichtigung nicht zugänglich.

Mordechaj Markus Maisel, Hofbankier und Bürgermeister der »Judenstadt« unter Kaiser Rudolf II., stiftete dieses Rathaus um 1580 der jüdischen Gemeinde. Der Bau wurde 1586 im Renaissancestil ausgeführt und 1765 von Josef Schlesinger barockisiert.

Der südliche Anbau stammt aus dem ersten Jahrzehnt des 20. Jahrhunderts. Der Nordgiebel unter dem hölzernen Uhrturm besitzt eine Uhr mit hebräischen Ziffern. Die Zeiger laufen links herum, da auch das Hebräische von rechts nach links gelesen wird.

Hohe Synagoge

Die ursprünglich zum Jüdischen Rathaus gehörende Hohe Synagoge (Vysoká synagóga) in der Červená 4 ist wie das Jüdische Rathaus nicht zugänglich.
Die Synagoge wurde 1568 ebenfalls von Pankraz Roder als quadratischer Saal im Renaissancestil erbaut, im 19. Jh. vom Rathaus abgetrennt und mit einem eigenen Treppenhaus sowie einem Zugang zur Straße versehen. Der im ersten Stockwerk des Rathauses – daher »Hohe« Synagoge – angelegte Innenraum wurde im 17. Jh. erweitert und im 19. Jh. im Stil der Neorenaissance umgebaut. Mit seinem prächtigen Sterngewölbe steht dieser Saal – ein Muster israelitischer Sakralbauten – im Gegensatz zum einfachen Äußeren der Synagoge.

St. Salvator

Die ursprünglich deutsche Lutheranerkirche St. Salvator (Kostel svatého Salvátora) in der Salvátorská (von der Pařížská zugänglich) dient heute den Böhmischen Brüdern als Gotteshaus. Sie wurde 1611–1614 nach Entwürfen des gebürtigen Schweizers J. Christoph im Renaissancestil errichtet, nach der Erwerbung durch den Paulanerorden (Einsiedlerorden des hl. Franziskus von Paola) Mitte des 17. Jh.s barock umgestaltet und 1720 mit einem Turm versehen. Zur Finanzierung des Kirchenbaus kamen Spenden aus dem gesamten protestantischen Europa.

Altneusynagoge und ehemaliges Jüdisches Rathaus. Die Zeiger der Uhr am Giebel laufen – wie die hebräische Schrift – links herum.

Jungmannplatz (Jungmannovo náměstí)

E 5

Lage: Praha 1, Staré Město **U-Bahn:** Můstek
Straßenbahn: 3, 9, 14, 24

Auf dem Jungmannplatz steht das 1878 von Ludvík Šimek geschaffene Jungmanndenkmal (Jungmannův pomník). Der Schriftsteller, Philosoph und Sprachforscher **Josef Jungmann** (1773 – 1847) war ein bedeutender Vertreter der »Wiedergeburt« des tschechischen Nationalgefühls während der Romantik, verfasste ein umfangreiches deutsch-tschechisches Wörterbuch und schrieb eine Geschichte der tschechischen Literatur.

Maria Schnee

Die 1347 von Karl IV. als Krönungs- und Klosterbau in Auftrag gegebene Kirche Maria Schnee (Kostel Panny Marie Sněžné) sollte den St.-Veits-Dom (► Hradschin) an Größe übertreffen. Bis 1397 war lediglich der 30 m hohe Chorraum fertiggestellt; an der Nordseite entstand das wertvolle gotische Portal mit seinen zahlreichen Heiligenskulpturen. Seit dem 15. Jh. verfiel der Bau, 1611 stürzte das Gewölbe ein und wurde von den Franziskanern durch eine Renaissancedecke ersetzt. Der barocke Hochaltar (1625 – 1651) ist der größte aller Prager Kirchen. Über dem linken Seitenaltar hängt das Gemälde »Mariä Verkündigung« von **Wenzel Lorenz Reiner**.
Die Kirche spielte eine bedeutende Rolle in der Hussitenbewegung. Vor den Armen der Stadt predigte hier Jan Želivský gegen die päpstliche Kirche, gegen den Adel und das reiche Bürgertum. 1419 stürmte Želivský mit den radikalsten seiner Anhänger das Neustädter Rathaus und stürzte die katholischen Ratsherren aus dem Fenster. Dieser **Erste Prager Fenstersturz** löste die Hussitenkriege aus. Auch nach der Ermordung Želivskýs (1422), der hier begraben liegt, blieb die Kirche Maria Schnee ein Zentrum der Hussiten.

Franziskanergarten

Vor der Südseite der Maria-Schnee-Kirche liegt die grüne Oase des klösterlichen Franziskanergartens (Františkánská zahrada). Passagen verbinden den öffentlichen Park mit dem ►Wenzelsplatz sowie den Straßen Jungmannova, Palackého und Vodičkova.

Kampa (Kampa)

D 4/5

Lage: Praha 1, Malá Strana, Kampa **U-Bahn:** Malostranská
Straßenbahn: 12, 22

Getrennt von der Kleinseite durch den idyllischen (früher auch gefährlichen) Moldauarm Čertovka (Teufelsbach), formt die Flussinsel Kampa den grünen Streifen im Panorama des linken Moldauufers

von der Legienbrücke bis zur Mánesbrücke. Über die Insel führt der westliche Teil der ► Karlsbrücke; einige Häuschen auf der Insel stützen sich in ihren Grundfesten noch auf die Brückenbogen der ursprünglichen Judithbrücke. Nördlich der Karlsbrücke fließt die Čertovka durch zwei Häuserreihen, die oft als »Prager Venedig« (Pražské Benátky) bezeichnet werden.
Die Bebauung dieses anfangs sumpfigen Geländes mit einigen Gärten begann erst im 15. Jahrhundert. Die Čertovka diente dann zum Antrieb von Mühlen, deren Räder bei der Karlsbrücke und bei der Brücke zum Großpriorsplatz zu besichtigen sind. Das große Rad der früheren Großprioratsmühle (Ende 16. Jh.) ist erst vor Kurzem restauriert worden.
Auf der Insel Kampa werden nicht nur Töpfermärkte abgehalten, sondern sie lädt auch zu schönen Spaziergängen ein. Von ihr bieten sich reizvolle Ausblicke auf die Moldau mit der Schützeninsel, auf die Karlsbrücke und die Altstadt sowie auf die Gartenfronten einiger Kleinseitner Paläste. Die große Parkanlage entstand durch die Zusammenlegung früherer Palastgärten.
Dicht bei der Karlsbrücke steht die 1884 von L. Simek rekonstruierte spätgotische Rolandstatue. Sie markierte einst die Grenze zwischen der nach Magdeburger Recht verwalteten Kleinseite und der dem Nürnberger Recht verpflichteten Altstadt.

! *Baedeker* TIPP

Kanu ahoi!

Vergessen Sie Kanada! Fans von Riverrafting stürzen sich gleich hier in die dramatischen Stromschnellen. Schäumende Staustufen locken am Wochenende die Schlauchboote an. Die Kanufahrer benötigen viel Geschick, um durch den Teufelsbach (Čertovka) zu paddeln. Die Enge bei der Teufelsmühle (auch Mühle des Großpriorats genannt) zu meistern, bringt die beste Übung gar für olympisches Gold, wie Prager Kanu-Kanonen es schon schafften. Der Wassersportclub liegt auf der Insel.

★ ★ Karlsbrücke (Karlův most)

D 4

Lage: Praha 1, Staré Město, Karlův most **U-Bahn:** Staroměstská, Malostranská
Straßenbahn: 17, 18

Die Karlsbrücke ist den Fußgängern vorbehalten und verbindet die beiden Moldauseiten Altstadt (Staré Město) und Kleinseite (Malá Strana). Von ihr bietet sich ein prächtiger Blick auf das Moldautal mit den zahlreichen Brücken, der Schützeninsel und der Slawischen Insel (früher Sophieninsel), auf die Altstadt und die Kleinseite mit der Prager Burg (► Hradschin). Unter den westlichen Pfeilern liegt die Insel ► Kampa, die durch den schmalen Flussarm Čertovka (»Prager Venedig«) von der Kleinseite getrennt ist.
Die im Sommer von Malern, Musikern und Kunsthandwerkern bevölkerte, auf 16 Pfeilern ruhende Brücke ist 520 m lang und 10 m

Skulpturen der Karlsbrücke Orientierung

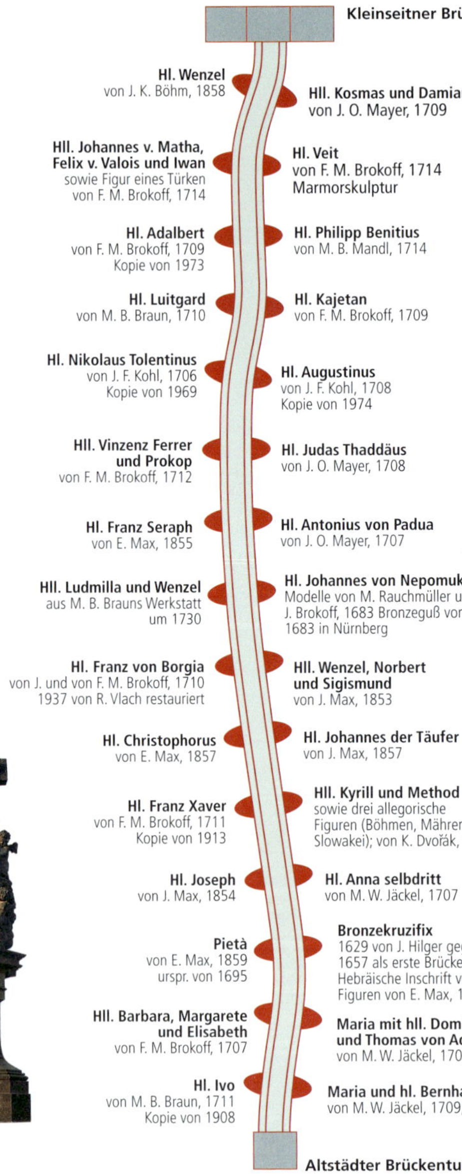

Hl. Johannes von Nepomuk

Hl. Luitgard

breit. Sie wurde 1357 unter Karl IV. von **J. Ottl** begonnen und Anfang des 15. Jh.s unter Wenzel IV. von **Peter Parler** vollendet. Die mächtigen Brückentürme an beiden Ufern sowie die Brücke selbst dienten einst der Verteidigung.
Hochwasserkatastrophen haben das Bauwerk zwar oftmals beschädigt – so mussten noch 1890 zwei Brückenbogen erneuert werden – doch niemals zum Einsturz gebracht. In jüngster Vergangenheit sind jedoch Schäden an der Statik der Brücke festgestellt worden.
Zurzeit werden hier Restaurierungsarbeiten durchgeführt, wobei die Brücke jedoch begehbar bleibt. Die für die Sanierung notwendigen Kosten von rund 11 Mio. Euro wurden z. T. durch Spenden aufgebracht. Ihre Wirkung verdankt die Karlsbrücke vor allem ihrem reichen Skulpturenschmuck. Diese **»Statuenallee«**, hauptsächlich in der Barockzeit entstanden, stellt eine der schönsten Kompositionen der Barockarchitektur Prags dar und verleiht ihr in Verbindung mit der streng gotischen Brückenarchitektur einen hohen künstlerischen Reiz. 1657 erneuerte man ein Bronzekruzifix, das hier bereits im 14. Jh. stand; zwischen 1706 und 1714 wurden 26 Skulpturen von berühmten Künstlern (**Matthias Bernhard Braun**, **Johann Brokoff** und **seinen Söhnen Michael Josef und Ferdinand Maximilian**) und anderen Bildhauern errichtet. Mitte des 19. Jh.s folgten fünf weitere Skulpturen (von **Josef Max** und **Emanuel Max**); 1938 wurde die Steingruppe der hll. Kyrill und Method (von **Karel Dvořák**) hinzugefügt. Die durch Zeit und Umwelteinflüsse stark angegriffenen Sandsteinfiguren sind mittlerweile fast alle durch Kopien ersetzt worden. Die einzige Skulptur aus Marmor stellt den hl. Benitius dar. Die künstlerisch wertvollste Figur ist die aus Sandstein gemeißelte hl. Luitgard, ein Abbild der Gnade und der Barmherzigkeit: Christus neigt sich vom Kreuz zur hl. Luitgard hinab und gestattet ihr, seine Wunden zu küssen.
Die einzige in Bronze gegossene Statue zeigt den hl. Johannes von Nepomuk (in der Mitte der Brücke). Sie wurde nach Modellen von **Matthias Rauchmüller** und **Johann Brokoff** 1683 in Nürnberg gegossen. Zwischen dem sechsten und siebenten Brückenpfeiler bezeichnet ein Relief die Stelle, an der der hl. Johannes von Nepomuk 1393 auf Befehl Wenzels IV. in die Moldau gestürzt wurde, weil er sich in einem kirchenrechtlichen Streit gegen den König gestellt hatte. Er wurde 1729 heiliggesprochen und gilt seither als der »Brückenheilige« des katholischen Europas.
An der Kreuzigungsgruppe befindet sich eine Tafel mit hebräischer Inschrift, deren Erstellung 1696 vom Landestribunal einem Juden wegen der Schmähung Christi als Strafe auferlegt wurde.

Altstädter Brückenturm

Der Altstädter Brückenturm (Staroměstská mostecká) bildet den östlichen Zugang zur Karlsbrücke und steht bereits auf dem ersten Brückenpfeiler. Der Bau wurde 1357 begonnen und Anfang des 15. Jh.s unter König Wenzel IV. nach einem Entwurf des berühmten Baumeisters **Peter Parler** von der Dombauhütte beendet. Er gilt als

Öffnungszeiten: Jan.–April, Okt. – Dez. tgl. 10.00 – 19.00, Mai – Sept. bis 22.00

einer der schönsten gotischen Türme Mitteleuropas. Der **Figurenschmuck** des Altstädter Brückenturms zählt zu den Meisterleistungen gotischer Bildhauerkunst in Böhmen (14. Jh.). Im 19. Jh. wurde der Turm von Josef Mocker restauriert und erhielt sein heutiges Dach; seine ursprünglich gotischen Malereien wurden von Peter Maixner renoviert. Auf der Ostseite über dem Torbogen sind die Wappenzeichen aller von den Luxemburgern regierten Länder zu sehen, ferner die Königswappen Böhmens, das Wappen des römischen Kaisers und der königliche Eisvogel, Symbol von Wenzel IV.

Die erste Etage zieren Statuen der thronenden Könige Karl IV. und Wenzel IV., in deren Mitte etwas erhöht die Figur des hl. Veit steht. Darüber zeigt ein Schild unter einem nichtheraldischen Löwen den St.-Wenzels-Adler. Zuoberst sieht man die böhmischen Schutzheiligen Adalbert und Sigismund.

Kleinseitner Brückentürme

Öffnungszeiten: April – Okt. 10.00 – 18.00

Auf der Westseite mündet die Karlsbrücke in die beiden Kleinseitner Brückentürme, die durch einen Torbogen verbunden sind. Der niedrigere Turm (er stammt aus dem letzten Viertel des 12. Jahrhunderts) gehörte einst zur Befestigung der ehemaligen Judithbrücke; 1591 bekam er seine Renaissancegiebel und einen Außenwandschmuck. Der höhere Turm wurde 1464 auf Geheiß König

Die Karlsbrücke einmal aus der Vogelperspektive gesehen

Georgs von Podiebrad an der Stelle eines älteren romanischen Turms erbaut. Seine spätgotische Architektur ähnelt jener des gegenüberstehenden Altstädter Brückenturms, an dessen Bildhauerschmuck er anknüpft.
Das schöne Renaissancehaus **»Zu den drei Straußen«** (U tří pštrosů) am Ende der Karlsbrücke auf der Kleinseite wurde 1597 erbaut; Reste alter Fassadenmalerei von Daniel Alexius von Květná (1606) sind noch erhalten. Das obere Stockwerk im frühbarocken Stil schuf der Baumeister **Cril Geer** (1657), die sehenswerten Balkendecken in den Gasthofsälen stammen aus dem 17. Jahrhundert. Im Haus sind ein Hotel und ein inzwischen als eher mäßig eingestuftes Restaurant untergebracht.

Karlsgasse (Karlova)

E 4

Lage: Praha 1, Staré Město
U-Bahn: Staroměstská, Můstek
Straßenbahn: 17, 18

Teil des Krönungwegs

Die Karlsgasse (Karlova) führt als ein Teilstück des historischen Krönungswegs vom ►Altstädter Ring zur ►Karlsbrücke.
Eines der Prunkstücke der Gasse ist das Haus **»Zum goldenen Brunnen«** (Nr. 3). Dass hier ursprünglich ein romanischer Bau stand, belegen Mauerwerkreste im Untergeschoss. Die heutige Renaissancefassade ziert ein prächtiges barockes Stuckrelief von Johann Ulrich Mayer aus dem Jahr 1701, das die hll. Wenzel, Rochus, Sebastian, Ignatius von Loyola, Franciscus Xaverius und Rosalia darstellt. Im Erdgeschoss lädt eine gemütliche Weinstube zur Einkehr.
Ein hochmodernes Interieur und die älteste Prager Kaffeehausgeschichte kennzeichnen das hübsche Renaissancehaus **»Zur goldenen Schlange«** (Nr. 18). Hier wohnte einst der Armenier Deodatus Damajan, der in den Altstadtgassen Kaffee verkaufte und im Jahr 1714 auf der Kleinseite in seinem Haus das allererste Prager Café eröffnete.
Im **Palais Pötting** (Nr. 8), an dessen Bauherren ein Allianzwappen am Portal der Barockfassade erinnert, ist das Theater »Ta Fantastika« untergebracht. Im Haus Nr. 26 hat das sogenannte Theater »Disk«, die Experimentierbühne des Staatlichen Konservatoriums, seine Heimstatt.
Das erste Prager Kino wurde ab 1907 von Viktor Ponrepo beziehungsweise Dismas Šlambor im Haus **»Zum blauen Hecht«** (Nr. 20) betrieben. Mehrere Läden an der Karlsgasse bieten eindrucksvolle böhmische Glaswaren, Klöppelarbeiten und anderes Kunsthandwerk an, während hervorragende Antiquariate, wie beispielsweise im **Palais Colloredo-Mansfeld** (Nr. 2) und im Haus **»Zur steinernen Seejungfrau«** (Nr. 14), zum ausgiebigen Stöbern in seltenen Publikationen einladen.

★ Karlsplatz (Karlovo náměstí)

E 5/6

Lage: Praha 1, Nové Město **U-Bahn:** Karlovo náměstí
Straßenbahn: 3, 4, 6, 14, 18, 22, 24

Mit einer Länge von 530 m und einer Breite von 150 m ist der Karlsplatz der größte Prager Platz. Bis 1848 wurde hier der Viehmarkt abgehalten. Heute ähnelt der Platz mit seinen Grünanlagen und den Denkmälern tschechischer Wissenschaftler und Schriftsteller eher einem Park. Die Apotheke an der Südseite des Platzes wird allgemein als Fausthaus bezeichnet; an seiner Ostseite steht die Kirche St. Ignatius, an seiner Nordostecke erhebt sich der Turm des ehemaligen Neustädter Rathauses. In der in Richtung Moldau und zum ► Tanzenden Haus führenden Resslova liegen zwei weitere sehenswerte Sakralbauten, St. Kyrill und Method und St. Wenzel am Zderaz.

Fausthaus (Faustův dům)

Sagenhaftes Chemielabor

Das Fausthaus, ursprünglich ein Spätrenaissancepalais, erhielt 1606 bis 1617 während des Ausbaus der Befestigungsanlagen eine Eckbastion und wurde im 18. Jh. barock umgebaut. Unter Rudolf II. (1576 bis 1611) führte hier der englische Alchimist Edward Kelley Experimente zur Goldherstellung durch. Als im 18. Jh. mit Mladota von Solopysky (daher auch: Palais Mladota) ein weiterer Chemiker sein Laboratorium in diesem Haus einrichtete, entstand die Sage, Doktor Faust habe hier seine Seele dem Teufel verschrieben und sei durch die Labordecke in die Hölle entführt worden. Heute ist hier – Tradition? – eine Apotheke untergebracht.

St. Ignatius (Kostel svatého Ignáce)

Oppulent ausgestattete Jesuitenkirche

Diesen barocken Sakralbau schuf der kaiserliche Baumeister **Carlo Lurago** zwischen 1665 und 1668 als Kirche des ehemaligen Jesuitenkollegs, in dem heute eine Klinikabteilung der ersten medizinischen Fakultät der Karlsuniversität untergebracht ist. Das prunkvolle Portal (1697 – 1699) mit einer am Vordergiebel aufgestellten Statue des hl. Ignatius im Strahlenkranz (1671) entwarf **Paul Ignaz Bayer**. Die anderen Statuen sind Werke von Tommaso Soldatti.

Sehenswert ist vor allem das Innere der Saalkirche mit reicher Stuckatur und Heiligenfiguren von Soldatti. Der barocke Hochaltar aus Kunstmarmor (18. Jh.) zeigt die »Glorifizierung des hl. Ignatius von Loyola« (1688), eine Arbeit von **Johann Georg Heintsch**. Ihm verdankt die Kirche auch mehrere der bemerkenswerten Altarbilder. Von seinem Lehrer **Karel Škréta** stammt das Gemälde »Christus im Kerker«, von **Ignaz Raab** der »Hl. Liborius«. Die Kalvariengruppe unter dem Orgelchor schuf Johann Anton Quittainer.

Die Fassade des Neustädter Rathauses wurde im 20. Jh. rekonstruiert.

Neustädter Rathaus (Novoměstská radnice)

Der ursprünglich gotische Bau des Neustädter Rathauses an der Nordostecke des Karlsplatzes wurde um 1348 als Verwaltungszentrum für die Neustadt errichtet. Nach der Zusammenfassung von Hradschin, Kleinseite, Alt- und Neustadt zu einer Verwaltungseinheit und der gleichzeitigen Verlegung der Amtssitze in die Altstadt (1784) diente das ehemalige Neustädter Rathaus als Gefängnis, Gerichtsgebäude und Standesamt. Heute wird das Gebäude für repräsentative und kulturelle Zwecke genutzt.

Öffnungszeiten:
Mai – Sept.
tgl. 10.00 – 18.00,
bei Ausstellungen:
tgl. 10.00 – 18.00

Im 1452 – 1456 errichteten und mehrmals umgebauten Eckturm befindet sich eine Kapelle. Anfang des 16. Jh.s wurde die zum Platz ausgerichtete Fassade im Stil der Renaissance umgestaltet. Im 19. Jh. kamen Elemente des Empire hinzu; 1906 wurde schließlich der ursprüngliche Renaissancestil rekonstruiert.

In der Neustadt lebten früher überwiegend die armen Bevölkerungsschichten. Am 30. Juli 1419 kam es hier zum **Ersten Prager Fenstersturz**: Eine Volksmenge unter Führung des Predigers Jan Želivský stürmte das Neustädter Rathaus, befreite die gefangen gesetzten Hussiten und stürzte zwei katholische Ratsherren aus dem Fenster. Damit war das Signal für die Hussitenkriege gegeben.

Tschechische Technische Hochschule

Der Neorenaissancebau der Tschechischen Technischen Hochschule (Nr. 14) entstand 1867 nach Entwürfen von V. I. Ullmann. Allegorien von Arbeit und Wissenschaft aus der Werkstatt von A. Popp flankieren das Portal, die Plastiken antiker Genien über den Fenstern der zweiten Etage schuf **Josef Václav Myslbek** 1879. In der vom Karlsplatz abzweigenden Resslova liegen zwei weitere Kirchen: St. Kyrill und Method (Svatého Cyrila a Metoděje) und schräg gegenüber St. Wenzel am Zderaz.

St. Kyrill und Method

Öffnungszeiten: März – Okt. Di. – So. 10.00 – 17.00, Nov. – Feb. bis 16.00

Der ursprünglich dem hl. Karl Borromäus geweihte, um 1740 von Kilian Ignaz Dientzenhofer vollendete Barockbau (Nr. 9) wurde 1935 zum Gotteshaus der griechisch-orthodoxen Kirche. Das Innere zieren Stuckaturen von Michael Ignaz Palliardi.

In der Krypta hielten sich im Juni 1942 jene tschechischen Widerstandskämpfer verborgen, die das Attentat auf den »Stellvertretenden Reichsprotektor von Böhmen und Mähren«, Reinhard Heydrich, verübt hatten, worauf als grausame Vergeltung alle männlichen Bewohner von Lidice von der deutschen SS erschossen, die Frauen und Kinder getrennt in Konzentrationslager deportiert und das Dorf dem Erdboden gleichgemacht wurden. Keiner der Widerstandskämpfer überlebte den Verteidigungskampf in der Krypta (Gedenktafel und Ausstellung).

St. Wenzel am Zderaz

Seit 1926 gehört St. Wenzel am Zderaz (Kostel svatého Václava na Zderaze) der tschechischen Hussitischen Kirche. Die Kirche war ursprünglich Pfarrkirche der Gemeinde Zderaz, die später der Neustadt eingegliedert wurde. Der gotische Bau aus dem 14. Jh. weist noch Reste des romanischen Kirchenschiffs und Kirchturms auf.

Im Chor sind Fragmente gotischer Wandmalereien (Stammbaum Christi) aus der Zeit um 1400 erhalten. In den Jahren 1586 und 1587 erhielt die zweischiffige Kirche von K. Mělnický ihr spätgotisches Sterngewölbe. Die Wandfresken der Legende des hl. Wenzel (18. Jh.) werden Josef Hager zugeschrieben.

★ ★ Burg Karlstein (Hrad Karlštejn)

Ausflug

Lage: 40 km südwestlich von Prag **Internet:** www.hradkarlstejn.cz

Führungen: März, Nov., Dez. Di. – So. 9.00 – 15.00, April und Okt. bis 16.00, Mai, Juni, Sept. bis 17.00, Juli, Aug. bis 18.00, s. Tipp S. 204

Nördlich oberhalb der kleinen Weinbaugemeinde Karlštejn (1200 Einw.) thront die mächtige Burg Karlstein (Hrad Karlštejn; früher Karlův Týn), die berühmteste der mittelalterlichen Burganlagen Böhmens.

Vom Parkplatz vor der Ortschaft gelangt man zu Fuß nach ca. 2 km bergan zur terrassenförmig angelegten Festung, die auf einem von bewaldeten Hügeln umgebenen Kalksteinfelsen (319 m) am Hang eines Seitentals der Beraun (Berounka) aufragt. Die als Nationales Kulturdenkmal ausgewiesene und mit großer Sorgfalt erhaltene Burg wurde in der relativ kurzen Zeit von 1348 bis 1357 unter der Regierung Kaiser Karls IV. als Schatzhaus für die Kleinodien des Heiligen Römischen Reichs Deutscher Nation, die böhmischen

Kroninsignien, zahlreiche Reliquien und wichtige Staatsdokumente erbaut. Die Entwürfe lieferte wahrscheinlich der französische Architekt **Matthias von Arras**.
Durch die Hussitenstürme 1422 stark beschädigt, wenig später jedoch wieder instand gesetzt und in der zweiten Hälfte des 16. Jh.s restauriert und teilweise umgebaut, wurde die Festung von 1887 bis 1899 von Friedrich Schmidt und Josef Mocker mit mancherlei Änderungen wiederhergestellt.

Burggrafenhof

Durch zwei etwa 100 m voneinander getrennt stehende Torgebäude betritt man von Norden den Burggrafenhof (Purkrabský dvůr), den Ausgangspunkt der Besichtigung, die nur mit Führung möglich ist. Das vierstöckige **Haus des Burggrafen** (Purkrabství) liegt an der Südseite des Hofs; es stammt zum Teil noch aus dem 15. Jahrhundert.

◄ Besichtigung nur mit Führung!

Brunnenturm

Am äußersten Westende der Burganlage befinden sich die ehemaligen Wirtschaftsgebäude und der große Brunnenturm (Studniční věž) mit einem 90 m tiefen Brunnen und großem Schöpfrad.

Kaiserpalast

Vom Burggrafenhof gelangt man östlich durch ein großes Tor in den schmalen eigentlichen Burghof (Hradní nádvoří). Rechts liegt

Böhmens berühmteste gotische Festung: erbaut als Ort der Reliquien und Kroninsignien

der Kaiserpalast (Císařský palác), zu dessen erstem Stock ganz rechts eine Treppe hinaufführt. Nach einem Vorraum gelangt man an den **Versammlungsort der Lehnsherren**. Der zweischiffige Saal hat eine von vier Holzstützen getragene kassettierte Decke.

Im zweiten Stock sind von den einstigen kaiserlichen Gemächern nur das Arbeitszimmer Karls IV., sein Schlafzimmer mit einem Altarbild von **Tommaso da Modena** und das Kaiserzimmer mit wertvollen Holztäfelungen erhalten. Das oberste, ursprünglich den Frauen vorbehaltene Fachwerkgeschoss wurde bei der Restaurierung durch einen hölzernen Wehrgang ersetzt. An die Ostecke des Kaiserpalasts grenzt die **Nikolauskapelle** an.

Marienturm Gegenüber dem Kaiserpalast steht der Marienturm (Mariánská věž). Im zweiten Stock (Zugang über eine Treppe in der Mauer) befindet sich die **Kapitelkirche der hl. Maria**, deren Balkendecke bemalt ist und deren Wandmalereien z. T. noch aus dem 14. Jh. stammen; sie zeigen Themen aus der Apokalypse und Darstellungen Karls IV.

In der Südwestecke des Marienturms liegt die überwölbte **Katharinenkapelle**, deren ursprüngliche Bemalung Karl IV. durch in die Wände eingelassene Halbedelsteinplatten ersetzen ließ. Über dem Eingang zeigt ein Gemälde Kaiser Karl IV. und seine Gemahlin Anna. In der Altarnische ist ein Madonnenbild im Original erhalten.

Großer Turm Auf der obersten Felsstufe des Burgareals erhebt sich der mächtige, 37 m hohe Große Turm (Velká věž), der mit dem Marienturm durch einen hölzernen Gang – hier befand sich früher eine Zugbrücke – verbunden ist. Die im zweiten Stock gelegene **Hl.-Kreuz-Kapelle** (Kaple svatého Kříže) wurde um 1360 geweiht. Ein vergoldetes Eisengitter trennt sie in zwei Teile. Ihr tief herabgezogenes Gewölbe ist ganz vergoldet und mit Glassternen besetzt, sodass die Illusion eines Himmelsgewölbes entsteht. An den Wänden sind über dem

! *Baedeker* TIPP

Burgführung mit Highlight

Die Besichtigung der Hauptsehenswürdigkeit, der Hl.-Kreuz-Kapelle, ist nur von Juli bis November und nach Voranmeldung möglich. Wer den Aufwand nicht scheut, sollte sich dies jedoch nicht entgehen lassen. Da die Anzahl der Besucher eingeschränkt ist, empfiehlt sich die rechtzeitige Buchung schon von Prag aus (Státní památkový ústav středních Čech, Sabinova 5, Praha 3, Tel. 274 008 154 – 156, rezervace@stc.npu.cz).

Burg Karlstein *Orientierung*

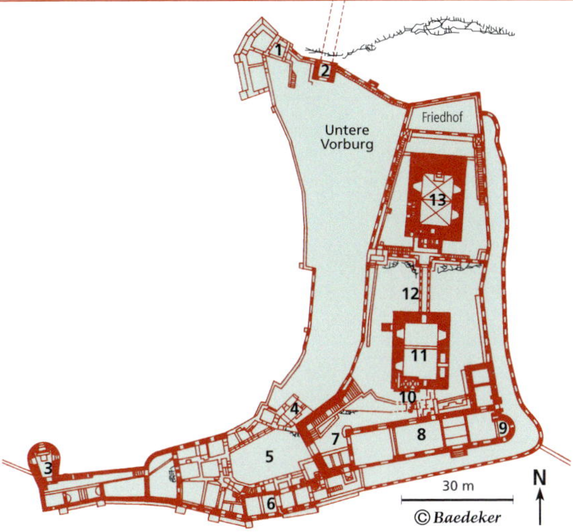

1 Erstes Tor (Ende 15. Jh.), heutiges Eingangstor
2 Altes Tor zur Burg
3 Brunnenturm
4 Zweites Tor (zum Burggrafenhof)
5 Burggrafenhof
6 Burggrafenhaus
7 Burghof
8 Kaiserpalast
9 Nikolauskapelle
10 Katharinenkapelle
11 Marienturm mit Kapitelkirche der hl. Maria
12 Hölzerner Gang
13 Großer Turm mit Kreuzkapelle

Kerzengeländer (für 1330 Kerzen) mehr als 2200 in vergoldeten Gips eingelegte Halbedelsteine und 128 hölzerne Bildtafeln (1348 bis 1367) des gotischen **Meisters Theoderich** angebracht, zum größten Teil in Kopie; sechs dieser Tafeln befinden sich heute im ► Agneskloster. Die Tafeln dienten der Aufbewahrung von Reliquien. Vom Meister Theoderich stammen ebenfalls die Ausmalungen in den Laibungen der Fenster. In einer Nische hinter dem Altar wurden die deutschen Reichskleinodien (heute in der Schatzkammer der Wiener Hofburg) und später auch die böhmischen Kroninsignien (heute in der Kronkammer des St.-Veits-Doms auf dem ► Hradschin) aufbewahrt.
Jedes Jahr wird am 29. November, dem Todestag von Karl IV., am frühen Abend eine große feierliche Gedenkmesse in der Burg abgehalten.

★ Kleinseitner Ring (Malostranské náměstí)

D 4

Lage: Praha 1, Malá Strana
Straßenbahn: 12, 22, 23
U-Bahn: Malostranská

Der Kleinseitner Ring ist seit der Gründung der Kleinseite das Zentrum des Stadtlebens. Angefangen hat er als Marktflecken unterhalb der Prager Burg. Heute ist er durch die Bauten um die Kirche

Kleinseitner Ring Orientierung

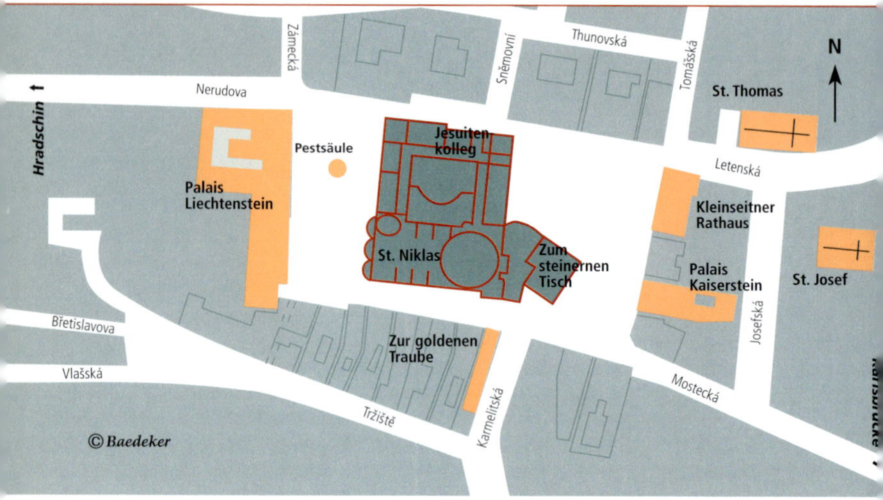

St. Niklas in zwei kleinere Plätze geteilt. So befinden sich hier beachtenswerte Bauten wie das Kleinseitner Rathaus und das spätbarocke Palais Kaiserstein an der Ostfront sowie das Rokokohaus »Zum steinernen Tisch« neben St. Niklas.

Beide Plätze besaßen früher einen Brunnen. Den oberen ersetzte 1715 eine **Pestsäule** mit der Statuengruppe der Hl. Dreifaltigkeit und der böhmischen Landespatrone von Johann Ulrich Mayer und Ferdinand Geiger. Die Stelle des unteren nahm ab 1858 ein Denkmal des österreichischen Marschalls Radetzky ein, das heute im Lapidarium des Nationalmuseums im ►Baumgarten zu sehen ist.

Palais Kaiserstein

Vorgängerbauten des Anfang der 1980er-Jahre rekonstruierten Palais Kaiserstein (U Petzoldů, Nr. 23) waren zwei gotische Häuser aus dem 15. Jh., die 1630 zusammengeschlossen und 1700 von Helfried Kaiserstein umgestaltet wurden. Die Attika schmücken Allegorien der vier Jahreszeiten von Ottavio Mosto; das Kaiserstein'sche Wappen ist über dem mittleren Fenster des ersten Stockwerks zu sehen. Zu Beginn des 20. Jh.s bewohnte die berühmte Operndiva Ema Destinnová (»Kittlová«, 1878 – 1930), Partnerin des legendären Tenors Enrico Caruso, die Räume des Palais, wo ein Destinnová-Zimmer an die Sopranistin erinnert.

Zur goldenen Traube

Anspruchsvoll rekonstruiert worden ist das Haus Nr. 4 (U Zlatého hroznu) an der Ecke des Kleinseitner Ringes und der Karmelitská. Sein barockes Aussehen verdankt es einem 1707 – 1710 vollzogenen Umbau. Es ist für die Öffentlichkeit zugänglich.

Palais Liechtenstein

Einen imposanten Blickpunkt des oberen Platzes – im 17. Jh. Welscher Platz und seit 1847 auch Stephansplatz genannt – bildet das Palais Liechtenstein. 1591 kaufte Johann von Lobkovic fünf Bürgerhäuser auf, um sie zu einem Gebäude zusammenzufassen. 1621 wurde Karl von Liechtenstein sein Besitzer. Seine klassizistische Fassade erhielt der Bau 1791. Heute ist im Lichtenstejnsky Palác die Prager Musikakademie untergebracht.

Kleinseitner Rathaus (Malostranská radnice)

Das ehemalige Kleinseitner Rathaus erhielt seine Funktion bereits Ende des 15. Jahrhunderts. 1660 wurde das Innere, im 19. Jh. das Äußere verändert. Hier fanden u. a. 1575 die wichtigen Verhandlungen um das Toleranzedikt der böhmischen Konfession statt. Sein jetziges Aussehen erhielt das Gebäude, in dem heute kulturelle Veranstaltungen stattfinden, während der Spätrenaissance (1617 bis 1622). Das Portal mit dem kunstvollen Stadtwappen wurde 1660 hinzugefügt.

Bei Bauarbeiten in den Kellergewölben des Rathauses wurden wertvolle Schriftstücke aus der Zeit vor 1600 entdeckt, u. a. das »Kleinseitner Gesangbuch« (1572), das heute in der Nationalbibliothek aufbewahrt wird.

Barock- und Rokokofassaden prägen den Kleinseitner Ring.

★ ★ St. Niklas (Chrám svatého Mikuláše)

Öffnungszeiten:
tgl. 9.00 – 16.00

Die ehemalige Jesuitenkirche wurde an der Stelle einer gotischen Kirche desselben Namens errichtet. Drei Generationen der besten Barockarchitekten Prags waren mit der Bauleitung beauftragt. Das mächtige Hauptschiff mit Seitenkapellen, Galerien und Gewölbe errichtete **Christoph Dientzenhofer** 1704 – 1711.

Die 1710 vollendete zweigeschossige Fassade gilt als Hauptwerk des böhmischen Barock. Sie vermittelt den, für den Barock typischen Eindruck von Lebendigkeit und Dynamik. Das Wappen der Grafen von Kolowrat über dem Hauptportal sowie die Statuen der Kirchenväter auf der Balustrade stammen aus der Werkstatt von Johann Friedrich Kohl. Den Chor mit der 75 m hohen Kuppel baute **Kilian Ignaz Dientzenhofer** 1737 bis 1751. Den Bau der Kirche beendete **Anselmo Lurago** mit dem 79 m hohen Glockenturm (1756).

! *Baedeker* TIPP

Big Brother hörte mit

Der Glockenturm diente während des Sozialismus als Horchposten der Geheimpolizei. Mit Peilsendern wurden die umliegenden Botschaften abgehört, mit Ferngläsern die Diplomatenfenster bespitzelt ... Die »Muschel« ist nun für den Aufstieg frei und bietet eine reizvolle Perspektive auf die Kleinstädter Dächer (April, Mai tgl. 10.00 – 18.00, Mai Fr., Sa. bis 22.00, Juni – Okt. bis 19.00, Dez. bis 17.00 Uhr).

Das reich ausgestattete **Innere** der Kirche gilt als Musterbeispiel des Hochbarock. Es bezieht seine überwältigende Gesamtwirkung von dem farbigen Stuckmarmor und dem reichen Skulpturenschmuck sowie von den hervorragenden Fresken. Das große Deckenbild über dem Hauptschiff, 1760 – 1761 von **Johann Lukas Kracker** gemalt, zeigt Szenen aus dem Leben des hl. Nikolaus. Das Kuppelfresko stellt die Verherrlichung des Heiligen sowie das Weltgericht dar und stammt von **Franz Xaver Palko** (1752 – 1753), der zusammen mit Joseph Hager auch die Wandmalereien des Chors ausführte.

Die Plastiken von Hauptschiff und Chor sowie die Figur des hl. Nikolaus auf dem Hauptaltar schuf **Ignaz Franz Platzer d. Ä.**; die gewaltige Orgel (1745) ist ein Werk von Thomas Schwarz. Die aus Kunstmarmor mit Goldschmuck gefertigte Kanzel von Richard und Peter Prachner (1765) zieren Rokokodekor, Allegorien von Glaube, Liebe und Hoffnung sowie die Darstellung der »Enthauptung Johannes' des Täufers«. Die Seitenaltäre im Querschiff sind mit Gemälden von Johann Lukas Kracker ausgestattet, der »Heimsuchung der

Jungfrau Maria« und dem »Tod des hl. Josef«, beide von 1760. Sehenswert sind auch die Altarbilder und Deckengemälde in den Seitenkapellen, u. a. von Ignaz Raab und Franz Xaver Palko.

Das 150 m² große **Deckengemälde** von Kracker ist eines der größten seiner Art in Europa. Bei der Nikolausgestalt, auf die sich die Szenen des Deckenbildes beziehen, handelt es sich um den Bischof von Myra in Kleinasien (4. Jh.), der im Mittelalter als Schutzpatron der Stadtverwaltungen und als Hüter der Gerechtigkeit galt.

Der hl. Nikolaus, von Engeln umgeben, beherrscht das Geschehen, den Bischofsstab in der Linken haltend, die Rechte zum Segen erhoben. In einer anderen Szene wird dargestellt, wie ein Priester Fläschchen mit wundertätigem Öl verteilt, das der Heilige gespendet hat. Ferner sieht man den hl. Nikolaus einem Armen Geld geben, der aus Not seine Tochter verkaufen will. Die Malerei auf der rechten Seite des Gewölbes nimmt Bezug auf eine kriegerische Auseinandersetzung im 14. Jh., bei der der hl. Nikolaus drei Römer durch seinen Einspruch vor der Hinrichtung bewahrte. Linker Hand wird durch eine Küstenlandschaft angedeutet, dass man den hl. Nikolaus auch als Beschützer der Seefahrer und Kaufleute verehrte. Küsten- und Hafenbilder wurden zu jener Zeit ganz besonders geschätzt.

An der Nordseite der Kirche schließt der Kreuzgang des ehemaligen **Jesuitenklosters** (13./14. Jh.) an, der im 17. Jh. teilweise barock umgestaltet wurde.

St. Thomas (Kostel svatého Tomáše)

An der nordöstlichen Platzseite, unmittelbar dort, wo die Letenská abzweigt, liegt St. Thomas. Die Kirche, deren gotischer Ursprung an den Stützpfeilern auf der Außenseite des Presbyteriums noch deut-

Deckenbild von St. Thomas mit den Szenen aus dem Leben des hl. Augustinus

lich erkennbar ist, wurde 1285 für den Orden der Augustinereremiten gegründet und zusammen mit dem anschließenden ehemaligen Augustinerkloster (jetzt Altersheim) und der Thomasbrauerei bis 1379 fertiggestellt.
Die Umgestaltung im Stil des Hochbarock nahm **Kilian Ignaz Dientzenhofer** 1727 – 1731 vor. Über dem Renaissanceportal von **Campione de Bossi** (1617) stehen in einer Nische die Statuen des hl. Augustinus und des hl. Thomas, die **Hieronymus Kohl** 1684 schuf.
Das reich ausgestattete Innere, das nicht zur Besichtigung zugänglich ist, zeigt Gemälde und Statuen berühmter böhmischer Künstler. **Wenzel Lorenz Reiner** malte 1730 das Deckengemälde im Hauptschiff mit Szenen aus dem Leben des hl. Augustinus. Ebenfalls von Reiner stammen die Bilder der Thomaslegende im Chorraum und in der Kuppel. **Karel Škréta** entwarf 1731 den Hauptaltar, dessen Heiligenfiguren von Johann Anton Quittainer, Ferdinand Maximilian Brokoff und Ignaz Müller gestaltet wurden. Weitere Arbeiten Karel Škrétas schmücken die Altäre von Querschiff (»Hl. Thomas«, 1671) und Chor (»Himmelfahrt der Jungfrau Maria«, 1644).

★ Kreuzherrenplatz (Křižovnické náměstí)

D/E 4

Lage: Praha 1, Staré Město, Křižovnické náměstí

Straßenbahn: 17, 18

Einer der schönsten Plätze Prags

Sieht man einmal vom durchbrausenden Autoverkehr ab, so ist der Kreuzherrenplatz in seiner architektonischen Anlage einer der schönsten Plätze Prags. Angelegt wurde er im 16. Jh. am Brückenkopf der ►Karlsbrücke. Über ihn führte auch der traditionelle Krönungszug der böhmischen Könige. An seiner Ostseite erhebt sich die Kirche St. Salvator, an seiner Nordseite die Kreuzherrenkirche St. Franziskus.
Der Militärorden der Kreuzherren mit dem Roten Stern hatte sich aus einer krankenpflegenden Bruderschaft zur Zeit der Kreuzzüge entwickelt und war vor allem in Schlesien, Böhmen und Mähren verbreitet.

St. Salvator

Öffnungszeiten:
Di. 18.30 – 20.30
Do. 19.30 – 22.00
So. 13.30 – 15.30
19.30 – 21.30

An der Ostseite des Kreuzherrenplatzes steht die ursprünglich in das ►Clementinum einbezogene Jesuitenkirche St. Salvator (Kostel svatého Salvátora). Sie entstand 1578 – 1601 im Stil der Renaissance. 1638 – 1659 fügten **Carlo Lurago** und **Francesco Caratti** den barocken Portalvorbau hinzu, für den **Johann Georg Bendl** die Vasen und Heiligenstatuen lieferte (1659). Die Christusstatue auf dem Dreiecksgiebel wird von je zwei Evangelisten flankiert. Die Figuren auf der Balustrade stellen die vier Kirchenväter, eingerahmt von zwei Ordensheiligen, dar. In der zentralen Nische steht eine Madonnenfigur. Die Türme wurden erst 1714 nach einem Entwurf von

Der Kreuzherrenplatz mit den Kirchen St. Franziskus und St. Salvator

František Maximilian Kaňka vollendet. Das Deckengemälde von **Karel Kovář** zeigt die vier damals bekannten Erdteile (1748).

Kreuzherrenkirche

Die barocke Kreuzherrenkirche (auch: St. Franziskus Seraphikus, Kostel sv. Františka Serafinského) wurde 1679 bis 1689 nach Entwürfen von **Jean Baptiste Mathey** auf den Fundamenten einer frühgotischen Kirche erbaut, von der noch Reste im Untergrund vorhanden sind. Die vom Kreuzherrenorden in Auftrag gegebene Kirche sollte der vis-à-vis der Karlsbrücke gelegenen, gut 80 Jahre älteren Kirche St. Salvator eine mindestens ebenbürtige Architektur entgegensetzen. Dies ist besonders durch die hohe Tambourkuppel, die bereits von weither sichtbar ist, gelungen.

Die Nischen in der Fassade im Stil der französischen Vorklassik sind mit Heiligenfiguren aus der Werkstatt von **Matthias Wenzel Jäckel** geschmückt. Die Engelsfiguren auf der Attika, die heute durch Kopien ersetzt sind, stammen von Jäckel selbst. Die Statuen der Muttergottes und des hl. Johannes von Nepomuk vor dem Eingang von **Johann Anton Quittainer** weisen bereits Rokokomerkmale auf. Seitlich neben der Kirche befindet sich die **Winzersäule Johann Georg Bendls** mit einer Statue des hl. Wenzel (1676).

Im reich ausgestatteten **Inneren** ist insbesondere das große Kuppelfresko des Jüngsten Gerichts von **Wenzel Lorenz Reiner** (1722) hervorzuheben. Das Altargemälde von Johann Christoph Liška zeigt die Stigmatisierung des hl. Franziskus, vom gleichen Künstler stammt auch die Ausmalung der Kuppel mit Szenen von der Geburt Christi.

Denkmal Karls IV.

Zwischen der Kreuzherrenkirche und dem Altstädter Brückenturm (►Karlsbrücke) steht ein gusseisernes Denkmal Karls IV., das 1848 anlässlich des 500-jährigen Bestehens der Prager Universität enthüllt wurde.

★ Kunstgewerbemuseum

E 4

Lage: Praha 1, Staré Město, 17. listopadu 2
Bus: 207
U-Bahn: Staroměstská
Straßenbahn: 17, 18

Öffnungszeiten:
Mi. – So.
10.00 – 18.00,
Di. bis 19.00

www.upm.cz

Das Kunstgewerbemuseum (Uměleckoprůmyslové muzeum) am Westrand des Alten Jüdischen Friedhofs (►Josefstadt) wurde 1884 gegründet und unter der Leitung des Architekten **Josef Schulz** 1897 – 1901 im Stil der Neorenaissance errichtet.
Es beherbergt eine weltberühmte Glas-, Porzellan- und Keramiksammlung sowie Möbel (16. – 19. Jh.) und Goldschmiedearbeiten (15. – 19. Jh.). Weitere Ausstellungsgebiete sind Textilien, Messgeräte, Bucheinbände, Gebrauchsgrafiken, Kleinbronzen und Münzen in ihrer historischen Entwicklung (teilweise bis 700 n. Chr. zurückgehend). Gelegentlich finden auch sehr gut vorbereitete Sonderausstellungen statt.
Zu der dem allgemeinen Publikumsverkehr freigegebenen Fachbibliothek über Kunstgeschichte und Kunsthandwerk gehört auch eine Sammlung von Pergamenten aus dem 15. Jahrhundert.

★ Laurenziberg (Petřín)

C / D 4 / 5

Lage: Praha1, Malá Strana
Standseilbahn: Lanovka
Straßenbahn: 6, 9, 12, 22, 23

! Baedeker TIPP

Prager Eiffelturm

Der 60 m hohe, eiserne Aussichtsturm mit 299 Stufen wurde anlässlich der Industrieausstellung in Prag 1891 nach dem Vorbild des Pariser Eiffelturms erbaut und diente bis 1990 als Fernmeldeturm. Von der oberen Galerie bietet sich ein herrlicher Blick auf die Stadt (Öffnungszeiten: April, Sept., Okt. tgl. 10.00 – 19.00, Mai bis Aug. bis 22.00, Nov. – März Sa. und So. 10.00 bis 18.00, Dez. tgl. 10.00 – 18.00).

Der 318 m hoch aufragende Laurenziberg (Petřín) bildet eine große Grünanlage, die zu erholsamen Spaziergängen einlädt. Vom 12. bis 19. Jh. wurde an den Hängen des Hügels Wein angebaut. Im Südteil entstand 1825 – 1830 der Kinskygarten mit einem kleinen Lustschlösschen.
Im Garten des Klosters ►Strahov beginnt ein ca. 2 km langer Aussichtsweg, der über den Seminargarten bis zum Kinskygarten führt.

Der Laurenziberg auf der Prager Kleinseite verlockt zu erholsamen Spaziergängen und gefälligem Nichtstun.

Alternativ kann man mit der Standseilbahn von der Straße Újezd (Hohlweg) auf den Laurenziberg hinauffahren. Neben der Haltestelle wurde ein altes Winzerhaus 1984 – 1985 in die Gaststätte »Nebozízek« umgestaltet, die man nach dem bereits 1433 erwähnten Weinberg benannte. Dort oben eröffnet sich dem Besucher eine einzigartige Aussicht auf Prag. Auf dem Laurenziberg, einem östlichen Ausläufer des ►Weißen Bergs, stehen der Prager Eiffelturm (Petřínwarte), St. Laurentius und die Volkssternwarte, daneben sind das Spiegellabyrinth und die »Hungermauer« zu sehen.

St. Laurentius

Die ursprünglich romanische Kirche St. Laurentius (Kostel svatého Vavřince), 1135 erstmals erwähnt, wurde 1735 – 1770 von **Ignaz Palliardi** im Barockstil als Kuppelbau mit zwei Türmen umgebaut. Auf dem Hauptaltar zeigt ein Gemälde von J. C. Monnos (1693) die Folterung des Heiligen.
Die Legende um die Gründung der St.-Adalbert-Kirche an der Stelle einer heidnischen Kultstätte im Jahr 991 ist auf dem Deckenfresko (1735) der Sakristei dargestellt. Auf den deutschen Namen des Kirchenpatrons geht auch der Name Laurenziberg zurück. Seit 1994 ist die Kirche im Besitz der Altkatholiken.

Spiegellabyrinth

In unmittelbarer Nähe der Laurentiuskirche steht ein Pavillon mit dem Diorama »Kampf der Prager Studenten gegen die Schweden auf der Karlsbrücke im Jahr 1648« von Karl und Adolf Liebscher und Vojtěch Bartoněk (1898).

Daneben beherbergt eine hölzerne Miniaturkonstruktion des ehemaligen Karlstors am ► Vyšehrad das Spiegellabyrinth (Bludiště), das zu gleicher Zeit wie der Aussichtsturm entstanden ist (Öffnungszeiten: Jan. – März und Nov. Sa. und So. 10.00 – 18.00, April, Sept., Okt. tgl. 10.00 – 19.00, Mai – Aug. tgl. 10.00 – 22.00, Dez. tgl. 10.00 – 18.00 Uhr).

Volkssternwarte

Im Sommer 1928 wurde der erste Teil der Volkssternwarte (Štefaniková hvězdárna) für die Öffentlichkeit zugänglich gemacht. Ebenso wie das Planetarium (►Baumgarten) veranstaltet auch die Sternwarte eine Reihe astronomischer Programme.
Regelmäßig finden Führungen, Ausstellungen und die populären »astronomischen Mittwochabende« statt sowie Lehrgänge über die Grundlagen von Astronomie und Raumfahrt, Schulkurse und geografische Vorträge. Zu den modernen Geräten der Sternwarte gehört u. a. ein 40-Zentimeter-Spiegelfernrohr (von Carl Zeiss, Jena); bemerkenswert sind aber auch das älteste große Fernrohr (»König«) und das ursprünglich »Kometensucher« genannte Lichtfernrohr. Sterngucker haben hier außer am Montag allabendlich Gelegenheit, ihrem Hobby zu frönen. Über die von Monat zu Monat variierenden Öffnungszeiten informiert die Website der Volkssternwarte: www.observatory.cz.

Hungermauer

Vom Gipfel des Laurenzibergs führt bis zum Hügelfuß hinunter die in den Jahren 1360 bis 1362 unter Karl IV. errichtete Stadtbefestigungsmauer. Der Herrscher ließ sie den Erzählungen nach von den Armen anlegen, denen sie somit als Broterwerb im Kampf gegen den Hunger diente. So ist wohl auch die Bezeichnung Hungermauer zustande gekommen.

Kinskyplatz

Unterhalb des Laurenzibergs liegt der Kinskyplatz (Náměstí Kinských), bis 1991 Platz der Sowjetischen Panzer (Náměstí sovětských tankistů). Er erhielt seinen Namen nach jenem Panzer Nr. 23, der hier als Monument an die Befreiung Prags durch die Panzertruppe General Dimitri Leljuschenkos am 9. Mai 1945 erinnern sollte. Auf Initiative des Bildhauers **David Černý** hatte man diesen Panzer 1991 symbolhaft mit rosa Farbe angestrichen, bevor man sich entschloss, ihn wieder zu entfernen.

Strahov-Stadion

Etwa 500 m südwestlich des Aussichtsturms befinden sich diverse Sportanlagen. Das älteste und größte ist das Strahov-Stadion (Velký strahovský stadion), das anlässlich des Sokol-Falke-Turnfestes im Jahr 1926 gebaut wurde.
Während der kommunistischen Herrschaft wurde das Stadion mehrfach vergrößert, da es Schauplatz der Spartakiaden war – so nannte man die großen Sportveranstaltungen der früheren kommunistischen bzw. sozialistischen Länder, die der Talentsichtung dienten.

★ Letnáanlagen (Letenské sady)

D/E 3

Lage: Praha 6, Hradčany, Na baště sv. Tomáše, Praha 7, Holešovice, Kostelní

Straßenbahn: 1, 8, 12, 17, 18, 22, 26

Ausgedehnte Parkanlage zwischen Expo-Gelände und Burg

Nordöstlich vom ►Hradschin erhebt sich über dem linken Moldauufer die Letnáhöhe (Sommerberg). Hier fand 1261 die Krönung von Ottokar II. statt. 1858 ging das Plateau an die Stadt über, die es in einen Park umwandeln ließ.
Von der Svatopluk-Čech-Brücke führen Treppen zur Aussichtsplattform auf dem festungsartigen Sockel des 1962 abgetragenen Stalindenkmals (einst 30 m hoch und 14 000 t schwer). Die Stalinskulptur, einst die größte der Welt, hatte nur eine kurze Lebensdauer: Bereits ein Jahr nach seiner Einweihung verurteilte Chruschtschow Stalin und das Riesenmonument wurde gesprengt. Heute steht an dieser Stelle ein gewaltiges Metronom von **Vratislav Novák** und es bietet sich ein weiter Blick auf Prag, den ►Laurenziberg und den St.-Veits-Dom (►Hradschin).

Hanaupavillon

Seinen Namen erhielt der Pavillon (Hanavský pavilon) nach den Gießereien des Fürsten Hanau, in denen der eiserne Pavillon nach einem Entwurf von Z. E. Fiala für die Weltausstellung 1891 gefertigt wurde; 1898 kam er auf die Letnáhöhe, wo man ihn zu einem Aussichtsrestaurant umgestaltete.

Einladung zu sportlicher Betätigung in den Letnáanlagen

? WUSSTEN SIE SCHON ...?

- ... welches Schicksal den Bildhauer des monumentalen Stalindenkmals ereilte? Das Modell – von Otokar Švec in Menschengröße entworfen – war so hoch wie ein sechsstöckiges Haus. Quälende Albträume des Künstlers angesichts dieser Moumentalität ließen ihn schließlich Selbstmord begehen.

Der zweite Pavillon ist derjenige für die Brüsseler **Weltausstellung** von 1958. Der Pavillon der Tschechoslowakei wurde nach dem Ende der Expo an dieser Stelle wieder aufgebaut. Der prämierte Pavillon, in dem sich ein Restaurant befindet, bietet derzeit nicht viel mehr als eine schöne Aussicht auf die Altstadt.

Loretoplatz (Loretánské náměstí)

C 4

Lage: Praha 1, Hradčany, Loretánské náměstí

Straßenbahn: 22, 23

So wohnte die Jungfrau Maria

Durch die von alten Bürgerhäusern gesäumte ► Loretogasse (Loretánska ulička) gelangt man vom ► Hradschiner Platz vor der Prager Burg (► Hradschin) zum Loretoplatz, der neben dem ► Kreuzherrenplatz und einigen anderen Plätzen zu den eindrucksvollsten Orten Prags gerechnet werden kann. Die Südwestseite des Loretoplatzes bildet die 150 m lange, durch 30 Pilaster gegliederte Front des Palais Černín; an der Ostseite liegt der steil nach Norden abfallende Bezirk des Wallfahrtsheiligtums Loreto.

✶ ✶ Loretoheiligtum

Öffnungszeiten:
Di. – So.
9.00 – 12.15
13.00 – 16.30

www.loreta.cz

Das Prager Loretoheiligtum ist die bekannteste Loretowallfahrtsstätte Böhmens. Der Kult von Loreto – Teil der Marienverehrung – kam bereits im 15. Jh. aus Italien in die übrigen Länder Mitteleuropas. Er hat seinen Ursprung in der biblischen Erzählung vom Haus der Heiligen Familie in Nazareth, in dem der Jungfrau Maria vom Erzengel Gabriel die Geburt Jesu verkündet wurde. Die Legende aus dem 13. Jh., nach der das Haus (Casa Santa) zum Schutz vor den Ungläubigen nach Italien transportiert worden ist, fand im Katholizismus des Barock weite Verbreitung. Während der Gegenreformation hatte man nach dem Vorbild des mittelalterlichen Loretoheiligtums mit der Casa Santa etwa 50 derartige Wallfahrtsstätten in Böhmen errichtet, um den Katholizismus wieder »populär« zu machen.

Baugeschichte

Unterschiedliche Baustile prägen das Loretoheiligtum. Die Casa Santa war bereits 1631 vollendet, der Kreuzgang von 1634 wurde nach 1740 um ein Stockwerk erhöht. Die nach 1721 datierte Fassade geht auf Entwürfe von **Christoph und Kilian Ignaz Dientzenhofer** zurück. Den Architekten war mit der Errichtung der Hauptfassade die Aufgabe zugefallen, den aus unterschiedlichen Epochen stammen-

den Gebäudekomplexen eine einheitliche Schaufront zu geben, die gleichzeitig dem gegenüberliegenden Palais Černín in seiner Monumentalität eine adäquate Architektur entgegensetzte.
Auftraggeber der Fassade waren Philipp Fürst Lobkowitz, Herzog von Sagan, und seine Gemahlin Eleonore Carolina, deren Allianzwappen von **Johann Friedrich Kohl** über dem Hauptportal eingesetzt ist. Der Bildhauer schuf 1721 zudem die Statuengruppe des hl. Felix von Cantalice, des hl. Nepomuk und wahrscheinlich auch die der hll. Franziskus und Antonius über dem Hauptportal.
Für den etwas älteren, frühbarocken Glockenturm, der die Fassade dominiert, richtete der Prager Uhrmacher P. Naumann 1694 ein **Glockenspiel** mit 27 Glocken (Gesamtgewicht rund 1540 kg) ein, das der wohlhabende Kaufmann Eberhard von Glauchau 1694 bei dem Amsterdamer Glocken- und Geschützrohrgießer Claude Fremy erworben hatte. Im Sommer erklingt darauf stündlich das tschechische Marienlied »Tisíckrát pozdravujeme Tebe« (Tausendmal grüßen wir dich, Maria).

Casa Santa

In der Mitte des durch Arkaden aufgestockten Kreuzgangs steht die Casa Santa, das bauliche und geistige Zentrum des Wallfahrtsortes,

Die Casa Santa ist eine Nachbildung der Wohnung der Jungfrau Maria.

Das Relief mit der Verkündigung Mariä aus dem 17. Jh. schmückt die Casa Santa.

eine Gründung der Gräfin Benigna Katharina von Lobkowitz (1626). Baumeister der Kapelle war **Giovanni Battista Orsi** aus Como, der sie 1631 vollendete. Die ursprüngliche Bemalung der Fassade wurde ab 1664 durch Skulpturen und Stuckreliefs, nach italienischem Vorbild mit Szenen aus dem Leben Mariä, alttestamentlicher Propheten und heidnischen Sibyllen ersetzt (G. Agosto, G. B. Colombo und Giovanni Battista Cometa; 1664). An der Ostwand der Kapelle ist die Legende der Casa Santa dargestellt.
Das Innere der Kapelle schmücken Bilderzyklen aus dem Leben Mariä, die 1695 von dem Kleinseitner Maler František Kunz geschaffen wurden, ein silberner Altar und eine aus Lindenholz geschnitzte Madonna. Ihren Rahmen bildet ein Silberkranz aus geflügelten Engeln, der dem Prager Goldschmied Markus Hrbek zugeschrieben wird. Das Gesamtgewicht des Silberschmucks der Casa Santa beträgt über 50 Kilogramm.

Brunnen Im Hof zu beiden Seiten der Casa Santa stehen zwei Brunnen von Johann Michael Brüderle (1739 – 1740). Richard J. Prachner hat sie nach dessen Tod vollendet, heute sind sie durch Kopien ersetzt. Sie stellen einerseits die Himmelfahrt Mariä, andererseits die Auferstehung Christi dar.

Kreuzgang Das Erdgeschoss des 1634 begonnenen Kreuzgangs ist mit Gewölbefresken von Felix Anton Scheffler aus dem Jahr 1750 versehen (1882 restauriert). Sie zeigen symbolische Darstellungen der Lauretanischen Litanei. An den Wänden der Arkaden stehen mehrere Altäre mit Heiligenbildern unbekannter Künstler der ausgehenden Barockzeit.

Schatzkammer

Die Schatzkammer des Loretoheiligtums befindet sich im oberen Umgang des Kreuzgangs im Westflügel. Hier sind neben Messgewändern und liturgischen Gegenständen wertvolle Monstranzen aus dem 16. bis 18. Jh. zu sehen, darunter die Kleine Perlenmonstranz, die außer Perlen noch 266 Diamanten und ein Rubin zieren (1680), die aus vergoldetem Silber 1748 gefertigte Ringmonstranz (492 Diamanten, 186 Rubine, ein Saphir, 24 Perlen sowie Smaragde, Amethyste und Almandine) und die berühmte strahlenförmige Diamantenmonstranz (über 6200 Diamanten aus dem Nachlass der Ludmilla Eva Franziska Kolowrat), die 1699 in Wien von den Hofjuwelieren Matthias Stegner und Johann Künischbauer angefertigt worden ist.

Kapellen

Insgesamt sieben Kapellen säumen den Kreuzgang. Beachtenswert sind die Kapelle des hl. Franz Seraph (1717) und die Antonius-von-Padua-Kapelle (1710 – 1712), beide von **Christoph Dientzenhofer**. Erstere besitzt einen Hauptaltar von **Matthias Wenzel Jäckel** mit einem Heiligenbild aus der Werkstatt des großen Prager Barockmalers Peter Johann Brandl. An der Antonius-von-Padua-Kapelle war Jäckel als Bildhauer maßgeblich beteiligt. Er lieferte den Altar, für den Sebastian Zeiler die Gemälde schuf. An der Ostseite des Loretoheiligtums steht in der Mitte des Kreuzgangs die Kirche Christi Geburt (Kostel Narození Páně). Sie wurde 1717 von Christoph Dientzenhofer begonnen, danach von seinem Sohn Kilian Ignaz weitergeführt und 1735 von Georg Aichbauer vollendet. Den hellen Kirchenraum beherrscht der Hochaltar mit einem Altarblatt (»Geburt Christi«) von **Johann Georg Heintsch**. Das in zarten Farbtönen gehaltene Deckengemälde »Christus im Tempel« (1735 – 1736) von **Wenzel Lorenz Reiner** lässt den Einfluss des venezianischen Illusionismus auf den Künstler spüren. Die Deckenfresken »Anbetung der Hirten« und »Anbetung der Könige« (1742) lieferte Johann Adam Schöpf, der 1740 – 1741 der Prager Malerzunft vorstand.

Palais Černín (Černínský palác)

Palais »a l'italiana«

Das monumentale Palais Černín liegt an der Südwestecke des Loretoplatzes. Seine 150 m lange Front mit hohem Diamantquadersockel und 29 Kolossalsäulen wurde 1669 nach dem Vorbild der palladianischen Architektur von Graf Humprecht Johann Černín von Chudenice in Auftrag gegeben, der kaiserlicher Botschafter in Venedig war. Sein Sohn, Hermann Černín, ließ den Bau 1697 vollenden. An den Bau- und Steinmetzarbeiten waren durchweg italienische Künstler beteiligt, allen voran **Francesco Caratti**. Nach 1720 gestaltete František **Maximilian Kaňka** den Palast um.

? **WUSSTEN SIE SCHON ...?**

- ... welche Anekdote über das Außenministerium im Sozialismus kursierte? Die Antwort auf die Frage »Wie viele Leute arbeiten eigentlich in diesem riesigen Kasten?« lautete: »Die Hälfte!«

Aus derselben Zeit stammen die nördlich anschließende französische Gartenanlage und der prachtvolle Treppenaufgang mit einem Deckenfresko (»Sturz der Titanen«, 1718) von **Wenzel Lorenz Reiner**. Während der französischen Okkupation Prags 1741/1742 erlitt das Gebäude schwere Schäden, die von **Anselmo Lurago** 1744 – 1749 behoben wurden. Hinzu kamen drei neue Frontportale und der Rokokoumbau der Orangerie im Garten. Mitte des 18. Jh.s schuf auch **Ignaz Franz Platzer** mehrere Plastiken für den Palast. 1851 wurde das Gebäude schließlich zur Kaserne umfunktioniert; Anfang der 1930er-Jahre erfolgte die Rekonstruktion. Heute ist das Palais Sitz des Außenministeriums.

Kapuzinerkloster

In einfachen Linien, wie es bei den Bauten der Kapuziner üblich war, bildet dieses erste böhmische Kapuzinerkloster (Kapucínský klášter, 1600 – 1602) die nördliche Front des Loretoplatzes, die auf einem niedrigeren Niveau liegt. Ein hängender, gedeckter Gang verbindet das Gebäude mit dem Loretokloster gegenüber. An das Kloster schließt die schlichte Marienkirche an, die mit 14 gotischen Tafelbildern unbekannten Ursprungs geschmückt wurde (heute in der Nationalgalerie).

Loretogasse (Loretánská ulička)

C 4

Lage: Praha 1, Hradčany **Straßenbahn:** 22, 23

Auf der Kleinseite verläuft zwischen dem ► Hradschiner Platz vor der Prager Burg und dem ► Loretoplatz die Loretogasse (Loretánská ulička) in ostwestlicher Richtung. Historisch von Interesse ist hier das Wohnhaus Nr. 1, bis 1784 Rathaus von Hradčany, das Anfang des 17. Jh.s von K. Oemichen von Oberheim erbaut wurde, nachdem das Viertel Hradčany 1598 zur königlichen Stadt avanciert war. Zeugen dieser glanzvollen Epoche sind sowohl die Reste des Kaiserwappens an der Sgrafittofassade wie auch das Wappen des Stadtviertels Hradčany über dem Portal.

! *Baedeker* TIPP

Neue Welt

Nördlich vom Loretoheiligtum führt ein Weg zur »Neuen Welt« (Nový Svět), einem Hradschiner Winkel einzigartiger Poesie, der zunehmend von Künstlern und Studenten bewohnt wird. Das Haus »Zum goldenen Horn« gehörte um 1600 dem Astronomen Johannes Kepler.

Palais Hrzán

Besondere Erwähnung verdient auch das Palais Hrzán (Nr. 9), ursprünglich ein gotisches Haus im Besitz des Baumeisters Peter Parler. Mitte des 16. Jh.s wurde das Gebäude im Stil der Renaissance umgebaut, Ende des 18. Jh.s erhielt es seine spätbarocke Fassade. Zu Beginn des 20. Jh.s war hier die Malerschule von Ferdinand Engelmüller (1867 – 1924) untergebracht, an den im Hof eine Büste erinnert. Mitte der 1950er-Jahre erfolgte eine letzte Umgestaltung des Palais, das heute staatliche Repräsentationszwecke erfüllt.

Mánes-Ausstellungssaal

D 5

Lage: Praha 1, Nové Město, Masarykovo nábřeží
Straßenbahn: 17, 21
U-Bahn: Karlovo náměstí

Schlicht statt ornamental

Der Mánes-Ausstellungssaal (Nr. 20) wurde zwischen 1923 und 1930 im Stil des Konstruktivismus nach Entwürfen von **Otakar Novotný** für den 1898 gegründeten Künstlerverband Mánes an der Stelle der ehemaligen Šítkamühlen errichtet. Der strenge Funktionalismus des Gebäudes hebt sich stark von den umliegenden Häusern des Jugendstils und des Klassizismus sowie vom nebenstehenden Wasserturm ab.
So kompromisslos modern wie die Architektur zu ihrer Zeit war auch die Rolle des Mánes-Künstlerverbands: entscheidend bei der Öffnung der tschechischen Kunst für die Moderne. Heute werden in dem Gebäude Wechselausstellungen mit zeitgenössischer Kunst gezeigt.

Šítkawasserturm

Neben dem Mánes-Ausstellungssaal erhebt sich ein aus dem 15. Jh. stammender, mehrmals durch Brände und Bombardierung in Mitleidenschaft gezogener und restaurierter Renaissanceturm (Šítkovská věž), der sich in schönem Kontrast von dem modernen Bau abhebt. Das Barockdach wurde Ende des 18. Jh.s aufgesetzt. Dieser Wasserturm ist nach dem Mühlenbesitzer Jan Šítka (geb. 1451) benannt; seit Ende des 15. Jh.s versorgte er die Brunnen der oberen Neustadt mit Wasser.

Sophieninsel

Die Sophieninsel (Žofín ostrov), auch Slawische Insel (Slovanský ostrov) genannt, entstand im 18. Jh. durch Anschwemmung. Seit den dreißiger Jahren des 19. Jh.s entwickelte sich die Insel zum Zentrum des Prager politischen und gesellschaftlichen Lebens. Hier fanden Konzerte, Bälle und Kongresse statt, Letztere insbesondere im Revolutionsjahr 1848. Berühmte Komponisten wie Louis Hector Berlioz und Franz von Liszt führten hier ihre Werke auf. Das restaurierte Neorenaissancegebäude auf der Insel entstand im Jahr 1884. Nachdem im gleichen Jahr das Rudolfinum eingeweiht wurde und gut 25 Jahre später das Repräsentationshaus fertiggestellt war, wurden diese beiden Gebäude allmählich immer mehr zum kulturellen Mittelpunkt.

Mariä Himmelfahrt und Karl der Große

F 6

Lage: Praha 1, Nové Město, Ke Karlovu 1 **U-Bahn:** Vyšehrad, I. P. Pavlova
Straßenbahn: 6, 11

Oktogon nach Aachener Vorbild

Die Kirche Mariä Himmelfahrt und Karl der Große (Kostel Nanebevzetí Panny Marie a Karla Velikého) befindet sich in der Ke Karlovu, südlich vom Dvořák-Museum in der Villa Amerika. 1358 ließ Karl IV. diese Kirche – nach dem Vorbild der Aachener Pfalzkapelle mit achteckigem Grundriss – erbauen. Als sie 1377 der Himmelfahrt Mariä und Kaiser Karl dem Großen geweiht wurde, war erst eine provisorische Decke fertiggestellt. **Bonifaz Wohlmut** vollendete 1575 das Sternrippengewölbe des Kirchenschiffs, das zu den glänzendsten Prager Bauleistungen zählt. Hieran knüpft die Sage von dem Baumeister, der seine Seele dem Teufel verschrieb, um sein Werk zu Ende führen zu können.

Ab 1720 erneuerte **Kilian Ignaz Dientzenhofer** den Sakralbau. Die Nutzung der ehemaligen Klosterkirche als Wallfahrtsstätte ab dem frühen 18. Jh. und die gleichzeitige Einrichtung mehrerer Kapellen ließen den ursprünglich gotischen Charakter des Baus gänzlich in den Hintergrund treten. Auch die Barockkuppeln wurden erst später aufgesetzt.

Marienplatz (Mariánské náměstí)

E 4

Lage: Praha 1, Staré Město **U-Bahn:** Staroměstská

Auf dem Marienplatz (Mariánské náměstí) stand früher die Kirche Maria auf der Pfütze, die während der deutschen Reformation eine bedeutende Rolle spielte. Nach den baulichen Veränderungen zu Beginn des 20. Jh.s blieben jedoch nur die Süd- und die Westseite des Platzes in ihrer ursprünglichen Gestalt erhalten.

Palais Clam-Gallas (Clam-Gallasův palác)

Im ehemaligen Palais Clam-Gallas (Eingang durch die vom Marienplatz nach Süden führende Straße Husova třída) ist heute das Stadtarchiv untergebracht. Das prachtvolle Barockpalais entstand 1707

Das beeindruckende Treppenhaus des Palais Clam-Gallas

nach Plänen des Wiener Architekten **Johann Bernhard Fischer von Erlach**, Auftraggeber war Johann Wenzel Graf Gallas. Steinerne Giganten hüten das Tor an der Husgasse (Husova ulice), die die zum Prager »Königsweg« gehörende ►Karlsgasse kreuzt.
Bei der Renovierung des Palais Ende der 1980er-Jahre wurde überraschenderweise festgestellt, dass die Köpfe der 3 m hohen Figuren zu Beginn des 20. Jh.s durch Kopien ersetzt worden waren. Die Portalgiganten, die Attikafiguren und die Statue auf dem Brunnen im ersten Hof schuf **Matthias Bernhard Braun**. Das Treppenhaus gestaltete Carlo Carlone 1727 – 1730 mit Fresken aus. Von ihm stammen auch die Deckengemälde in zwei Sälen des zweiten Obergeschosses (»Olymp«, »Krönung der Kunst und Wissenschaft«) und in der Bibliothek (»Luna, Helios und die Sterne«). An der Südostecke des Platzes befindet sich an der Mauer des Clam-Gallas-Hofs die Brunnenfigur »Moldau« von Václav Prachner (1812). An der Westseite des Marienplatzes erhebt sich der weitläufige Gebäudekomplex des ehemaligen Jesuitenkollegs ► Clementinum.

An der Ostseite des Marienplatzes steht das 1909 – 1912 im Spätjugendstil erbaute **Neue Rathaus** (Nová radnice), in dem sich seit 1945 die Kanzlei des Primators (Bürgermeisters) von Prag, der große Sitzungssaal und Büroräume der Stadtverwaltung befinden. Die beiden Statuen an den äußeren Enden der Fassade von Ladislav Šaloun stellen den Eisernen Ritter sowie den Hohen Rabbi Löw dar (►Josefstadt). Das allegorische Relief am Eingang des Rathauses stammt ebenso wie die Figuren »Revision« und »Buchhaltung« von Stanislav Sucharda, die Gruppen »Bescheidenheit«, »Kraft« und »Ausdauer« auf dem Balkon entwarf J. Mařatka.

! *Baedeker* TIPP

Blaues Zimmer

Prags kleinstes Museum. Gewidmet dem Prager »Mr. Ragtime«, Jaroslav Ježek (1906 – 1942), berühmt durch den legendären Bugatti Step. Sein Arbeitszimmer mit Klavier ist im Stil des Funktionalismus der 1930er-Jahre eingerichtet und – da in einer Privatwohnung – nur dienstags von 13.00 bis 18.00 Uhr zu besichtigen (Kaprova 10/Ecke Marienplatz, www.nm.cz).

Messepalast (Veletržní palác)

F 2/3

Lage: Praha 7, Holešovice, Dukelských Hrdinů 47

Straßenbahn: 5, 12, 17
Internet: www.ngprague.cz

Öffnungszeiten:
Di. – So.
10.00 – 18.00

Erbaut wurde der riesige Palast mit seinen acht Geschossen und einer Nutzfläche von rund 40 000 m³ schon 1924 bis 1928 von den Architekten **Oldřich Tyl** und **Josef Fuchs**. Das Gebäude entstand im Rahmen eines geplanten Messekomplexes, dem weitere Bauten folgen sollten. Obwohl es bei dem einen Gebäude blieb, stellte der funktionalistische Bau einen Superlativ seiner Zeit dar. Le Corbusier fand 1928 bewundernde Worte für den Messepalast, dessen Ausstellungsetagen sich um eine riesige Industriehalle mit Glasdach ziehen. Besonders beeindruckend ist die »Kleine Halle« – immerhin siebenstöckig mit offener Galerie und ebenfalls verglastem Dach. Seit Beginn der 1950er-Jahre diente der Messepalast als Verwaltungsgebäude. Nachdem der Bau in den 1970er-Jahren ausgebrannt war, entschloss man sich zur Rekonstruktion, um große Teile der Kunstsammlungen der ►Nationalgalerie hier unterzubringen.

Präsentiert wird im Messepalast **Kunst des 20. und 21. Jahrhunderts**. Die Ausstellung ist breit angelegt: Neben der Malerei liefern verschiedene architektonische und filmische Zeugnisse sowie Designobjekte ein Bild geistigen und kulturellen Schaffens dieser Zeit. Ein Großteil der Ausstellung entfällt auf tschechische Malerei und Bildhauerkunst, die mit Werken von Alfons Maria Mucha, Josef Šíma, František Kupka, Emil Filla, Jindřich Štýrský, Stanislav Kolíbal, Otto Gutfreund, Vincenc Makovský, Hana Wichterlová u. a. vertreten sind.

Aber auch die französische Kunst wird in einzigartiger Weise gewürdigt: Die im Messepalast ausgestellte Sammlung ist eine der umfangreichsten der Welt. Sie wurde teilweise bereits 1923 vom tschechoslowakischen Staat nach einer Ausstellung des Künstlerverbandes Mánes erworben. Neunzehn Bilder von Picasso und viele impressionistische Werke bilden den Schwerpunkt, darunter Bilder von Renoir, Gauguin, van Gogh, Pissarro, Monet, Cézanne, Rous-

✔ NICHT VERSÄUMEN

- František Kupka: »Fuge in Blau und Rot«, Vertreter der »Prager Wilden« (3. Stock)
- Jan Zrzavý: »Kleopatra II«, der »Picasso von Prag« (3. Stock)
- Pablo Picasso: »Violine, Weingläser, Pfeife und Anker« (1912), erstes Bild im Stil des Kubismus (3. Stock)
- Josef Svoboda, Szenograf und Bühnendesigner, Oscar für »Amadeus« (2. Stock)
- František Drtikol, Avantgarde in der Fotografie der 1920er-Jahre (2. Stock)
- Gustav Klimt: »Jungfrau« in Gold (1. Stock)
- »Trpaslík«: Prags größter Zwerg, fast 3 m, im Internetcafé (Erdgeschoss)

Die »Kleine Halle« zeigt alle sieben Stockwerke auf einmal und vermittelt einen Eindruck von der Größe des Messepalasts. →

seau, Matisse und Sisley. Mehrere Plastiken von Auguste Rodin sind ebenfalls im Besitz der Nationalgalerie. Viele weitere herausragende Skulpturen sowie Gemälde von Kokoschka, Klimt, Schiele, Klee, de Chirico, Miró, Munch u. a. bereichern das Museum.

Im zweiten Stock des Messepalasts ist die **Sammlung Lidice** mit Arbeiten von insgesamt 52 deutschen Künstlern ausgestellt. 1967 organisierte der damalige Berliner Galerist René Block die Ausstellung »Hommage à Lidice« für das geplante dortige Museum. Block brachte die von namhaften Künstlern wie Joseph Beuys, Dieter Roth, Wolf Vostell u. a. gestifteten Kunstwerke im Juli 1968 nach Prag, wo sie in einer Galerie gezeigt wurden.

Kubistische Möbelentwürfe

Nach den Wirren des Einmarschs der Truppen des Warschauer Pakts galten sie 30 Jahre lang als verschollen. Im Frühjahr 1997 wiederentdeckt, wurden sie, ebenfalls auf Initiative von Block, durch die Arbeiten von 31 Künstlern der jüngeren Generation ergänzt. Beide Sammelblöcke werden nun hier gezeigt, da das geplante Museum in Lidice aus finanziellen Gründen wohl noch einige Zeit auf seine Fertigstellung warten muss.

Museum der Hauptstadt Prag

F 4

Lage: Praha 8, Karlín, Na poříčí 52
U-Bahn: Florenc
Straßenbahn: 3, 5, 8, 24
Internet: www.muzeumprahy.cz

Öffnungszeiten: Di. – So. 9.00 – 18.00

Das Museum der Hauptstadt Prag (Muzeum hlavního města Prahy) wurde 1898 nach Entwürfen von Antonín Balšánek und Antonín Wiehl fertiggestellt. Der Fassadenschmuck des Neurenaissancebaus stammt von verschiedenen Bildhauern.

Im Treppenaufgang hängt die Monatsscheibe, die **Josef Mánes** für die Astronomische Uhr am Altstädter Rathaus (► Altstädter Ring) schuf. Auf den inneren Rundbildern sind die Tierkreiszeichen dargestellt; die zwölf äußeren Bilder geben den Jahreslauf wieder. Das 1884 gegründete Stadtmuseum beherbergt eine ständige Ausstellung über die wirtschaftliche, baugeschichtliche und kulturelle Entwicklung Prags. Neben kompletten Wohnungseinrichtungen, historischen Trachten, Keramiken und Skulpturen ist auch eine Sammlung von Prager Hauszeichen zu sehen. Eindrucksvoll ist das 20 m² große Stadtmodell (1826 – 1834) des Lithografen Antonín Langweil.

Nationalgalerie (Národní galerie)

Die Nationalgalerie ist aus der ersten, seit 1804 öffentlich zugänglichen Prager Galerie entstanden. Sie ist nach dem Louvre in Paris die zweitälteste in Europa. Die Sammlungen sind auf verschiedene Standorte innerhalb der Stadt verteilt:
Palais Schwarzenberg auf dem Hradschiner Platz (»Barock in Böhmen«),
►Messepalast (Kunst des 20. und 21. Jh.s),
►Agneskloster (Mittelalterliche Kunst aus Böhmen und Mitteleuropa),
►St.-Georgs-Kloster auf dem ►Hradschin (Tschechische Kunst des 19. Jahrhunderts),
► Palais Sternberg (Sammlung europäischer Kunst von der Antike bis zum Ende der Barockzeit),
► Palais Goltz-Kinsky am ► Altstädter Ring (Kunst der Antike und Asiens),
► Haus der schwarzen Madonna (Dauerausstellung zum tschechischen Kubismus),
Waldstein-Reitschule (► S. 242) in der Waldsteingasse am ► Palais Waldstein (Wechselausstellungen).

? WUSSTEN SIE SCHON ...?

- wie umfangreich die Sammlungen der Tschechischen Nationalgalerie sind? Sie besitzen rund 14 000 Gemälde, 7600 Plastiken, 243 000 Grafiken, 61 000 Zeichnungen und 12 000 Exponate orientalischer Kunst.

Nationalmuseum (Národní muzeum)

F 5

Lage: Praha 1, Nové Město, Václavské náměstí 68
Straßenbahn: 11
U-Bahn: Muzeum
Internet: www.nm.cz

Das Nationalmuseum wurde 1818 gegründet. In diesem Jahr verfasste eine Gruppe böhmischer Aufklärer – darunter Graf Kašpar Maria Šternberk, Josef Dobrovský und František Palacký – einen Appell für die Gründung eines Museums, das zunächst aus verschiedenen »Privatsammlungen« bestand und im Palais Sternberg am ► Hradschiner Platz untergebracht war. Erst gegen Ende des 19. Jh.s bekamen die Sammlungen ein eigenes Gebäude.
Das Nationalmuseum ist das älteste Museum der Tschechischen Republik und verfügt über mehr als 13 Mio. Exponate. Es umfasst u. a. das **Ethnografische Museum**, das **Náprstekmuseum** mit Sammlungen asiatischer, afrikanischer und amerikanischer Kulturen sowie das **Tschechische Museum der Musik** (► Smetana-Museum, ► Villa Amerika), die in eigenen Gebäuden untergebracht sind.
Das Hauptgebäude mit der neu vergoldeten Kuppel bildet den oberen Abschluss vom ►Wenzelsplatz. Es wurde 1885 – 1890 nach Ent-

Öffnungszeiten:
Mai – Sept.
tgl. 10.00 – 18.00
Okt. – April
tgl. 9.00 – 17.00
1. Di. im Monat geschlossen

Nationalmuseum Orientierung

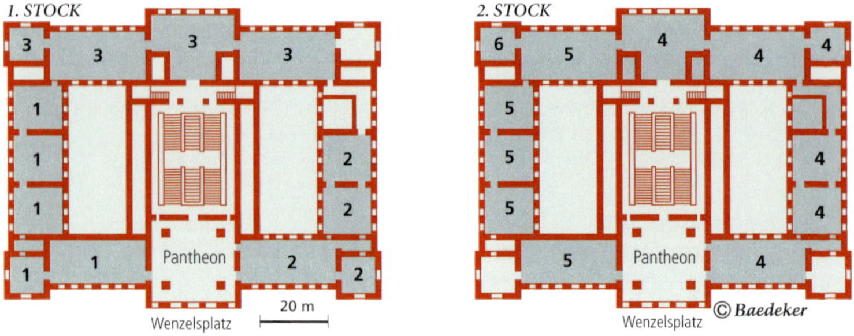

1 Urgeschichte und Archäologie
2 Mineralogie
3 Wechselausstellungen
4 Zoologie
5 Paläontologie
6 Anthropologie

würfen von **Josef Schulz** im Stil der Neorenaissance erbaut. Der rechteckige Bau erhebt sich über einer doppelten Anfahrtsrampe und einer dreiarmigen Freitreppe. Die Fassade ist mit korinthischen Säulen und Pilastern vertikal gegliedert. Der Mittelrisalit und der Turm mit einer vierseitigen Segmentkuppel betonen die Mitte des Gebäudes, die Eckrisalite werden jeweils von kleineren, oktogonalen Kuppeln überhöht.

Im Inneren des Gebäudes beeindruckt das sechsarmige Treppenhaus mit Arkadenumgang. Im Pantheon, das über zwei Etagen geht, ist den bedeutendsten tschechischen Persönlichkeiten gewidmet, deren Statuen und Büsten hier aufgestellt sind, darunter Josef Václav Myslek, Ladislav Šaloun und Karel Dvořák. In den Bögen unter der Kuppel sind die Allegorien der Wissenschaft, Kunst, Inspiration und Macht dargestellt.

Sammlungen

Das Nationalmuseum beherbergt das **Naturwissenschaftliche Museum** und das **Historische Museum** sowie die Bibliothek des Nationalmuseums (über 3,6 Mio. Bände).

Die umfangreiche Ausstellung der mineralogischen Sammlung ist in alten Vitrinen ausgestellt und etwas für Kenner und Liebhaber. Außerdem werden Grundarten von Edelsteinen und Halbedelsteinen sowie Meteoriten gezeigt.

Die zoologische Ausstellung zeigt u. a. das über 20 m lange Skelett eines Finnwals. Die paläontologische Ausstellung dokumentiert die Entwicklung der Flora und Fauna in den verschiedenen geologischen Zeitaltern.

Die historisch-archäologische Abteilung widmet sich ausführlich der Bronze- und Eisenzeit und umfasst Funde und Rekonstruktionen, die aus Böhmen, Mähren und der Slowakei stammen. Als kleine Kuriosität gibt es eine Ausstellung von Orden und Ehrenzeichen des 19. und 20. Jahrhunderts.

barocken Bürgerhäusern gehört zu den schönsten Gassen in Prag. Im Haus **»Zu den zwei Sonnen«** (U Dvou slunců; Nr. 47), an dessen frühbarocker Fassade eine Gedenktafel angebracht ist, wohnte der Erzähler Jan Neruda 1845 – 1857.

Palais Morzin

Das Palais Morzin (Morzinský palác; Nr. 5) ist einer der schönsten Barockpaläste auf der Kleinseite. In diesem 1714 aus drei Häusern entstandenen Bau – heute Sitz der rumänischen Botschaft – verschmelzen die Barockarchitektur des **Giovanni (Johann Blasius) Santini-Aichl** mit den Bildhauerarbeiten von **Ferdinand Maximilian Brokoff** zu einem harmonischen Ganzen. Den Balkon stützen heraldische Mohrengestalten – ein Wappenmotiv der Adelsfamilie Morzin (Mohr); über dem Portal die Allegorien Tag und Nacht.

Gegenüber ziert die Hausfront das barocke Zeichen eines roten Adlers, der von zwei Englein getragen wird. Drei gekreuzte kleine Geigen bilden das schöne Hauszeichen von Nr. 12, in dem 1667 bis 1748 die Prager Geigenbauerfamilie Edlinger wohnte und heute eine Weinstube zur Einkehr einlädt. Das ursprünglich gotische, später im Renaissancestil umgebaute **Valkoun'sche Haus** (Valkounský dům; Nr. 14) verdankt sein spätbarockes Aussehen ebenfalls **Giovanni Santini-Aichl**. Sehenswerte Hauszeichen besitzen auch das Renaissancehaus **»Zum goldenen Pokal«** (U Zlaté číše; Nr. 16) und das barocke Haus **»Zum hl. Johannes von Nepomuk«** (U svatého Jana Nepomuckého; Nr. 18).

Norbert Vinzenz Kolowrat ließ zwischen 1710 und 1725 das barocke **Palais Thun-Hohenstein** (Thun-Hohenštejnský palác; Nr. 20) wiederum nach Plänen von **Giovanni Santini-Aichl** errichten. Der aus Italien zugewanderte Sohn eines Steinmetzen gehörte seit 1700 zu den führenden böhmischen Architekten des Hochbarocks, zu seinen Kennzeichen zählt die radikale Verschmelzung gotischer und barocker Elemente. Heute ist das Palais Sitz der italienischen Botschaft. Der Palast, mit dem Palais Slavata in der Thungasse (Thunovská) verbunden, besitzt ein schönes Portal mit zwei heraldischen Adlern, die ihre Schwingen ausbreiten (Familienwappen Kolowrat), und den römischen Göttergestalten Jupiter und Juno.

In Richtung des ►Hradschin steht die nach Plänen von Jean Baptiste Mathey und wahrscheinlich Santini errichtete Kirche St. Kajetan (1691 – 1717), die auch Theatinerkirche genannt wird. Im benachbarten Haus **»Zum Wiegenesel«** (Osel u kolébky) spielt Nerudas Erzählung »Eine Woche in einem stillen Haus«. Hübsch ist die alte, 1980 restaurierte Kleinseitner Apotheke im Haus **»Zum goldenen**

◄ weiter auf S. 236

! *Baedeker* TIPP

Kleinseitner Geschichten

Die Nerudagasse war im 19. Jh. Kulisse für die Erzählungen des tschechischen Schriftstellers Jan Neruda. Die »Kleinseitner Geschichten« schildern in liebevoller Weise den Alltag im 19. Jh. mit seinem Aberglauben, Tratsch und Klatsch der Kleinbürger. Jan Neruda, Kleinseitner Geschichten, Vitalis 2005 – lesenswert!

ZEICHEN AUS DEM MITTELALTER

Wenn im hohen Mittelalter ein Fremder auf der Suche nach dem Haus seines Freundes durch die Straßen Prags lief, musste er sich mit ganz anderen Problemen befassen als mit dem verzwickten Auseinanderklappen eines patentgefalteten Stadtplans und dem nervenaufreibenden Suchen nach dem Straßennamen in einem überfüllten Planquadrat. Nein, der mittelalterliche Fremde musste nicht nur ohne Stadtplan, sondern auch ohne Hausnummern und gar ohne Straßennamen auskommen.

In einer Zeit, in der selbst Familiennamen noch unbekannt waren, wäre die Einführung dieser Orientierungshilfen auch recht merkwürdig gewesen, abgesehen davon, dass wenige Straßen überhaupt fest angelegt waren und sich Straßenverläufe rasch ändern konnten. Erbliche Familiennamen wurden in Europa erst notwendig, als der Handel im 12. Jh. aufblühte und sich größere Städte bildeten, in denen man besonders bei Rechtsangelegenheiten eine genaue Unterscheidung der Personen benötigte. In dieselbe Zeit fiel das Bestreben, auch seinem Haus eine unverwechselbare Bezeichnung zu geben, die einen Besitzerwechsel überdauerte. Damit war der Startschuss für die individuelle und fantasievolle Gestaltung der sogenannten Hauszeichen gegeben, bildlicher Darstellungen aus Stein, Holz oder Metall, die wie Wappen über den Hauseingängen angebracht wurden, um es zu kennzeichnen. Zunächst überwogen Darstellungen von der Umgebung des Hauses, **»Zum Kastanienbaum«** oder **»Zur Brücke«**, und vom Beruf des Besitzers, dem Handel oder Handwerk. Beispielsweise betrieb der Besitzer des Hauses **»U tří pštrosů« (Zu den drei Straußen)** an der Karlsbrücke einen schwunghafeten Handel mit Straußenfedern. Es entstanden nun in Prag sowohl Hauszeichen wie **»Zur Mühle«** und **»Zum Salzhaus«** als auch symbolhafte Darstellungen der Berufe wie ein Schlüssel für Schlosser, eine Schere für einen Schneider oder die berühmten **»Drei kleinen Geigen«** in der Nerudagasse für einen Geigenbauer.

Fantasie gefragt

Symbole aller Art hatten im Mittelalter sowieso eine sehr wichtige Funktion, da die Verständigung durch Schrift in einer analphabetischen Gesellschaft praktisch ausge-

In der Altstadt trifft man auf eine Vielzahl von Hauszeichen, die die Geschichten früherer Bewohner erzählen. Gelegentlich berichten sie ganze Legenden; es sind Zunftzeichen, Schutzpatrone, und manchmal ist die Bedeutung vergessen.

schlossen war. Die Kenntnis der Bedeutung von Zeichen und Symbolen war daher unter der Bevölkerung viel verbreiteter als heute.

Würde ein Besucher der Gegenwart etwa in das Haus **»Zum goldenen Kelch«** in der frohen Hoffnung einkehren, hier nun seine trockene Kehle loswerden zu können, hätte der Fremde des Mittelalters gleich gewusst, dass er hier einen Goldschmied antreffen wird. Auch bei einem gedrehten Handtuch würde unsereins wohl auf eine Wäscherei, der Fantasievolle vielleicht noch auf eine Sauna tippen, es handelte sich hierbei jedoch um das Haus eines Barbiers. Daneben erfreuten sich biblische Darstellungen großer Beliebtheit. So findet der aufmerksame Betrachter heute noch Hauszeichen wie **»Zum goldenen Engel«** oder **»Zur schwarzen Mutter Gottes«** in der Zeltnergasse.

Als Hauszeichen dienten außerdem Darstellungen von Tieren wie **»Zu den drei kleinen Bären«** oder **»Zum grünen Frosch«**, von Pflanzen, z. B. **»Zu den drei roten Rosen«**, und von Himmelskörpern wie das Haus **»Zu den zwei Sonnen«**. Wichtig war auch die magische Bedeutung der Zahlen Drei, Sieben usw.

Die heutigen Hausnummern, alles andere als fantasievoll oder gar magisch, wurden 1770 unter Kaiserin Maria Theresia eingeführt, die hierin dem französischen Vorbild nacheiferte. Nach und nach geriet die Bedeutung bestimmter Zeichen und Symbole nun in Vergessenheit, sodass man sich heute über Hauszeichen wie **»Zur goldenen Schlange«** unklar ist. Man weiß jedoch, dass manche Familien- und auch einige Straßennamen auf bestimmte Hauszeichen zurückzuführen sind, was auch umgekehrt der Fall sein konnte.

Zwei Nummern

Eine Eigenheit haben die Prager jedoch heute noch vorzuweisen: An ihren Hauswänden prangen statt einer immer gleich zwei Zahlen. Dabei gibt die unscheinbarere Zahl auf blauem Grund stets die »normale« Hausnummer an, während jene auf einem roten Schild die Nummer des Hauses ist, unter der es im Grundbuch eingetragen ist. Darunter steht die Bezeichnung des jeweiligen Stadtviertels.

So wie der mittelalterliche Fremde wohl an diesem komplizierten System verzweifelt wäre, so entsetzt wäre wohl der Mensch unserer Tage, wenn man ihn in Prag kommentarlos auf die Suche nach dem Haus **»Zum goldenen Geier«** losschicken würde. Heute sind die Hauszeichen noch immer eine schöne Erinnerung an die Vergangenheit.

Die Nerudagasse mit barocken Bürgerhäusern und Palais

Löwen« (U Zlatého lva; Nr. 32). »Sommer und Winter« wird das barocke **Palais Bretfeld** (Bretfeldský palác; Nr. 33) genannt, in dem einst so illustre Gäste wie Wolfgang Amadeus Mozart und Giacomo Casanova logierten. Die erste Kleinseitner Apotheke befand sich im Haus **»Zum goldenen Hufeisen«** (U Zlaté podkovy; Nr. 34). Ein kunstvoller weißer Schwan ist Hauszeichen des barocken Bürgerpalais Nr. 49 (U Bílé labutě). Von hier sind es nur wenige Schritte über die Schlossstiege »Ke Hradu« hinauf zur Prager Burg.

Palais Lobkowitz (Lobkovický palác)

C 4

Lage: Praha 1, Malá Strana, Vlašská 19 **Straßenbahn:** 12, 22

Das Palais Lobkowitz ist heute Sitz der deutschen Botschaft. Errichtet wurde das frühbarocke Gebäude zu Beginn des 18. Jh.s von Giovanni Battista Alliprandi, 1769 wurde es nach Plänen von Michael Ignaz Palliardi umgebaut und an den Seitenflügeln erhöht. Seit 1753 befand sich das Palais im Besitz der Familie Lobkowitz, deren Wappen im Giebel zu finden ist. Die schön gegliederte Fassade mit beeindruckendem Portal ist mit einem Dachtympanon mit Wappen und Symbolen und einer statuenbesetzten Attika an der Vorderseite geschmückt. Im Treppenhaus zeigt ein Deckenfresko den Sieg des

Friedens über den Krieg, das Johann Jakob Steinfels zugeschrieben wird, der auch weitere der kunstvollen Malereien (um 1720) im Interieur geschaffen haben soll. Die Gartenseite zieren ein zylindrischer Vorbau und die Sala terrena, eine Pfeilerhalle, die sich in drei Rundbogenarkaden zum Ehrenhof hin öffnet. Von dem dreiflügeligen Ehrenhof auf der Rückseite besteht Zugang durch ein mit Skulpturen (Entführung der Proserpina und der Oreithyia) bereichertes Gittertor zum Terrassengarten, der zur selben Zeit wie das Palais angelegt und Ende des 18. Jh.s nach dem Muster englischer Naturparks gestaltet wurde.

Im Oktober 1989 war das Gebäude historischer Schauplatz, als hier über 4500 fluchtwillige Bürger der DDR um Aufnahme suchten. Mit ihrem Durchhaltewillen erzwangen sie schließlich die Ausreise in die Bundesrepublik, mussten dabei aber ihre Trabis zurücklassen. An dieses Ereignis erinnert im Hof der **Bronzetrabi »Quo Vadis?«** (1989) von **David Černý**.

! *Baedeker* TIPP

Ausblick

Vis-à-vis vom Palais Lobkowitz liegt das Familienhotel »Dům U velke boty«. Nicht nur wegen der aussichtsreichen Lage ist das Haus in dem Gebäude des 17. Jh.s empfehlenswert; die Zimmer sind individuell und geschmackvoll eingerichtet (Vlašská 30, Tel. 57 53 32 34, Fax 57 53 13 60, www.dumuvelkeboty.cz).

Palais Schönborn

Folgt man der abschüssigen Vlašská am Fuße des ► Petřín, so geht die Straße in die Tržiště über. Hier steht das breit angelegte Palais Schönborn (Schönbornský palác, Nr. 15) mit einer verhältnismäßig schlichten und dennoch imposanten Fassade. Das Palais ist heute Sitz der Botschaft der USA und deshalb ebenso wenig zugänglich wie das Palais Lobkowitz. **Giovanni Santini-Aichl** schmückte das vierflügelige Gebäude um 1715 mit Giebeln und Dacherkern, den Durchgang zum Hof mit vier Gigantenstatuen. Bereits um 1650 war der Garten des Palais Schönborn weithin berühmt. Er steigt terrassenartig von dem schachbrettförmigen Parterre bis zur Arkadengloriette (ehemalige Weinpresse) an.

Palais Podiebrad (Palác Jiřího z Poděbrad)

E 4

Lage: Praha 1, Staré Město, Řetězová 3 **U-Bahn:** Můstek
Straßenbahn: 17, 18

Eines der besterhaltenen romanischen Häuser Prags steht an der Kettengasse (Řetězová). Erbaut wurde das Haus der Herren von Kunstadt und Podiebrad (Dům pánů z Kunštátu a z Poděbrad) Ende des 12. oder Anfang des 13. Jahrhunderts. Erhalten blieben von dem palastartigen romanischen Vorgängerbau die Kreuzgewölbe im Kellergeschoss. Als Eigentümer ist 1406 urkundlich ein Herr Boczko von Kunstadt nachgewiesen, der Oheim Georgs von Podiebrad (1420 – 1471), der Mitte des 15. Jahrhunderts Landesverweser des böhmischen Königreiches war. Der in der Geschichtsschreibung auch gern als »Hussitenkönig« bezeichnete König Podiebrad zog nach seiner Wahl (1458) in den Königshof um, der sich beim heutigen Platz der Republik befand und 1902 abgerissen wurde. Seither wechselte das Palais Podiebrad mehrfach den Besitzer. Schließlich wurde es seit den Fünfzigerjahren des vorigen Jahrhunderts vom Prager Zentrum für Denkmalschutz genutzt. Heute dient das renovierte Gebäude wieder seinem ursprünglichen Zweck – dem Wohnen. Geplant ist, im Erdgeschoss ein Weingeschäft und Ausstellungsräume einzurichten.

★ Palais Sternberg (Šternberský palác)

C 4

Lage: Praha 1, Hradčanské náměstí 15
Straßenbahn: 12, 22
U-Bahn: Hradčanská, Malostranská
Internet: www.ngprague.cz

Öffnungszeiten:
Di. – So.
10.00 – 18.00

Auf dem ►Hradschiner Platz führt ein Durchgang im linken Portal des Erzbischöflichen Palais auf eine enge, steil abfallende Gasse zum Palais Sternberg, das die **Sammlung europäischer Kunst** von der Antike bis Ende der Barockzeit (Sbírka evropského umění od antiky do závěru baroka) beherbergt.

Der Palast wurde im Hochbarock nach einem Entwurf von **Domenico Martinelli** durch **Giovanni Battista Alliprandi** vollendet (1698 bis 1707). Er ist ein vierflügeliger Gartenbau mit zylindrischem Risalit, einem von stuckverzierten Mauern umschlossenen Innenhof und Deckengemälden von Pompeus Aldovrandini im Inneren.

In der Sammlung sind vorwiegend Werke alter italienischer, niederländischer und deutscher Maler ausgestellt. Das Palais wurde nach der Restaurierung u. a. eines Deckengemäldes im Erdgeschoss wiedereröffnet. Dabei hat man die Sammlung umstrukturiert.

✔ NICHT VERSÄUMEN

- Albrecht Dürers »Rosenkranzfest«: Prachtstück der Nationalgalerie (Erdgeschoss)
- Jan »Mabuse« Grossaerts »Der hl. Lukas, die Madonna malend«: monumentales Altarbild (1. Stock)
- Pieter Bruegels »Die Heuernte«: eines der fünf erhaltenen Monatsbilder (2. Stock)
- Löwe im Innenhof: böhmisches Wappentier in eindrucksvoller Gestalt
- Deckenfresken und Wandmalereien, die den ausgestellten Meisterwerken in nichts nachstehen

Im **Erdgeschoss** des Palais Sternberg findet man vor allem **deutsche und österreichische Maler des 16. bis 18. Jahrhunderts**. Das wohl schönste Bild ist das im Jahr 1506 von **Albrecht Dürer** für deutsche Kaufleute in Venedig geschaffene »Rosenkranzfest« (siehe Abb. rechts): Die heilige Jungfrau mit dem Kind, von Engeln gekrönt, erteilt Kaiser Maximilian (rechts im

»Das Rosenkranzfest« von Albrecht Dürer gehört zu den schönsten Exponaten der Prager Nationalgalerie.

Bild kniend) ihren Segen. Auch Dürer selbst hat sich in dem Gemälde verewigt (rechts am Bildrand stehend mit einem Blatt Papier in der Hand). Weitere Personen der damaligen Zeit wie Papst Julius II. sind ebenso dargestellt, ihre Identifikation ist jedoch schwierig. Bedeutung erlangte das Bild, das Kaiser Rudolf ankaufen und nach Prag bringen ließ, dank Dürers Fähigkeit, italienische Anregungen wie großzügige Komposition und strahlendes Kolorit mit einem Sinn für Details zu verbinden.

Auch einige Werke **Lucas Cranachs d. Ä.** (1472 – 1553) befinden sich im Palais Sternberg, darunter das kleine Bild des »Verliebten Alten«, der Gattung des Erotisch-Satirischen zuzuordnen, in der die ungleiche Liebe ins Lächerliche gezogen wird. Deutsche und österreichische Malerei des 17. und 18. Jh.s ist etwa durch den Stilllebenmaler **Georg Flegel** (1566 – 1638) vertreten, der in seinem »Schrankbild mit Blumenstrauß, Früchten und Pokalen« äußersten Realismus schafft. **Jakob Marell** (1614 – 1681), ein Schüler Flegels, geht sogar so weit, sein eigenes Porträt als Widerspiegelung in der »Vase mit Blumenstrauß« zu integrieren. **Johann Michael Rottmayrs** virtuose Farbgebung in seiner Darstellung des »Tod des Seneca« (vor 1695) kontrastiert die ruhige Ergebenheit Senecas im Angesicht des Todes mit der erregten Mimik der übrigen Beteiligten.

Erster Stock Im ersten Stock sind vornehmlich Maler der Florentiner Schule des 14. Jh.s ausgestellt. Hierzu zählt der Giottoschüler **Bernardo Daddi** (tätig seit 1327 – um 1348), der u. a. einen kleinen tragbaren Altar zur privaten Andacht hinterlassen hat. **Pietro Lorenzetti** (Ende 13. Jh. – 1348) gehörte zu den führenden sienesischen Meistern der ersten Hälfte des Trecento. Von ihm stammen zwei Tafeln mit dem unbekannten »Hl. Märtyrer« und dem »Hl. Antonius«. Hervorzuheben sind auch zwei Terrakottaplastiken **Andrea della Robbia**s (1435 – 1525). Es folgen niederländische Meister des 15. – 16. Jh.s: **Geertgen tot Sint Jans**, dessen Triptychon mit der »Anbetung der Hl. Drei Könige« (um 1490 – 1495) zu den wichtigsten Beispielen niederländischer Malerei zählt. Jan Gossaert, genannt Mabuse, weist in »Der hl. Lukas, die Madonna malend» (um 1513) deutlich italienische Anklänge auf. Gossaert hatte dort die antike Bildhauerei und Renaissancearchitektur studiert.

Zweiter Stock Im zweiten Stock befinden sich die Werke italienischer, spanischer, französischer, flämischer und holländischer Künstler des 16. bis 18. Jahrhunderts. Zu den Vertretern der Franzosen zählt **Simon Vouet** mit dem Bild vom »Selbstmord der Lukretia« (um 1624/1625), das stark am Helldunkel Caravaggios orientiert ist. Die italienische Malerei ist z. B. mit der Darstellung des »Hl. Hieronymus« von **Tintoretto** (um 1500 entstanden) präsent. Tintoretto verleiht dem Kirchenvater ein individuelles Gesicht und stellt ihn in einem Kardinalsgewand dar. Die Flamen sind mit so bedeutenden Künstlern vertreten wie **Jacob Jordaens** oder den Meistern der Landschaftsmalerei des 17. Jh.s wie **Joos de Momper** (Berglandschaft mit der Versuchung Christi) und **David Tenniers der Jüngere.** Besonders hervorzuheben ist das umfangreiche Werk von **Peter Paul Rubens**, so u. a. das »Porträt des Oberbefehlshabers Ambrosius Spinola« (um 1627), der sich in voller Rüstung verewigen ließ. Weitere Porträts, etwa von Rembrandt und Franz Hals, zeugen von der Meisterschaft der Holländer und Flamen. Von **Pieter Bruegel d. Ä.** steht die »Heuernte« für den Einklang von Landschaft und Mensch im Juli, das Bild gehört zu den fünf erhaltenen Monatsbildern von 1565, weitere befinden sich in Wien und New York.

★ Palais Waldstein (Valdštejnský palác)

D 4

Lage: Praha 1, Malá Strana, Valdštejnské náměstí

U-Bahn: Malostranská
Straßenbahn: 12, 22

Die großzügig angelegte, prunkvollste Prager Adelsresidenz entstand 1624 – 1630 für Albrecht von Waldstein (den Schiller'schen Wallenstein), einen der reichsten Adeligen der damaligen Zeit, kaiserlichen Generalissimus und späteren Herzog von Friedland (1634 ermor-

Im italienischen Barockstil erbautes Palais Waldstein

det). Waldstein ließ 25 Häuser, drei Gärten und ein Stadttor abreißen, um gegenüber dem ► Hradschin das erste Barockpalais der Stadt zu errichten. Die Pläne stammten von **Andrea Spezza** und **Giovanni Pieroni,** die Leitung des Bauvorhabens war **Giovanni Battista Marini** übertragen worden. Im zentralen Rittersaal zeigt ein Deckenfresko Albrecht von Waldstein als Gott Mars auf seinem Triumphwagen (B. Bianco, 1630). In den anderen Sälen sind u. a. ein Reiterporträt Waldsteins (F. Leux, 1631) und Gemälde mit antiken Motiven von Peter Maixner aus dem 19. Jh. zu sehen. Die Palastkapelle birgt Prags ältesten Barockaltar, den E. Heidelberger schuf. Heute ist das Palais Waldstein Sitz des Tschechischen Senats und nur am Wochenende für Besucher zugänglich (Öffnungszeiten: Sa., So. 10.00 – 16.00 Uhr). Die Worte Golo Manns in »Wallenstein« verdeutlichen Prunk und Dimension der Waldsteinresidenz:

»Die Front ist böhmisches Italienisch; dem Palazzo Farnese nachgebildet ... Die wahren Dimensionen des Wallenstein-Schlosses erfasst man erst, wenn man Innenhöfe und Park inspiziert. Vom Platz her ist nur die Fassade zu sehen ... Der Rest, das Ganze, war kein gewöhnlicher Herrensitz. Es war ein autarkes Stück Land, ein Klein-Reich inmitten des Gehudels der Großstadt, umfriedet von Nebengebäuden und einer festungsartigen Parkmauer. Wenn Wallensteins Equipage in den Hof zur Linken der Front gerollt war, hatte er alles, wessen er bedurfte; eine Kapelle für seine Andacht; eine Reitbahn am unteren Ende des Parks; eine Badegrotte mit Kristallen, Muscheln und Tropfstein, das war schier das Wichtigste; Promenadenwege zwischen Statuen und Springbrunnen.«

! *Baedeker* TIPP

Himmel voller Geigen

Der kriegslüsterne Feldherr liebte auch Musik. Die Sala terrena nach florentinischem Vorbild im 17. Jh. erbaut, schützt das Kammerorchester und funktioniert wie ein Lautsprecher. Zur Traumkulisse gehört abends der beleuchtete Hradschin. Der Garten ist bestuhlt. Beginn 19.00 Uhr. Karten: Tel. 257 010 401.

Waldsteingarten (Valdštejnská zahrada)

Der im italienischen Barockstil entworfene Waldsteingarten mit Grotten, Teich und Voliere ist von der Letenská her zugänglich. Die

Öffnungszeiten: April, Mai, Sept., Okt. Mo. – Fr. 7.30 – 18.00, Sa. So. ab 10.00, Juni – Aug. Mo. – Fr. 7.30 – 19.00, Sa., So. ab 10.00

Wege und der Brunnen sind mit Kopien von Bronzestatuen des damals in Prag arbeitenden Niederländers Adriaen de Vries geschmückt. Die Originale wurden von den Schweden während des Dreißigjährigen Kriegs verschleppt und befinden sich auf Schloss Drottningholm bei Stockholm. Vom Garten hat man eine hübsche Aussicht auf den ►Hradschin mit dem Veitsdom. Auf der Westseite befindet sich die Sala terrena, die Giovanni Pieroni entwarf. Sie ist mit Fresken von Baccio del Bianco ausgeschmückt. Im Sommer finden hier Konzerte statt (►Baedeker Tipp, S. 241).

Waldsteingasse (Valdštejnská)

An der vom Palais Waldstein nordwärts verlaufenden Waldsteingasse (Valdštejnská) ist das barocke Prag noch vollkommen gegenwärtig. Linker Hand erhebt sich das **Palais Pálffy** (Nr. 14), das heute als Konservatorium dient, zwei Häuser davor (Nr. 12) befindet sich der Eingang zu den ►Palastgärten unter der Prager Burg.
Ein paar Schritte weiter (Nr. 10) steht das **Palais Kolovrat** (18. Jh., jetzt Dependance des Kulturministeriums), gefolgt von dem 1743 bis 1747 erbauten Palais Fürstenberg (Nr. 8; jetzt polnische Botschaft). Schräg gegenüber, auf der rechten Seite der Waldsteingasse, befindet sich die ehemalige **Waldstein-Reitschule** (Valdštejnská jízdárna), in der Wechselausstellungen der Nationalgalerie gezeigt werden.

Palastgärten (Palácové zahrady)

D 4

Lage: Praha 1, Malá Strana, Valdštejnská **U-Bahn:** Malostranská
Straßenbahn: 12, 22

Öffnungszeiten: April tgl. 10.00 – 18.00 Mai tgl. 10.00 – 19.00 Juni, Juli bis 21.00, Aug. bis 20.00, Sept. 10.00 – 19.00 Okt. 10.00 – 18.00

www.palacovezahrady.cz

Die Palastgärten sind durch die Waldsteingasse (Valdštejnská 12 bis 14), das Palais Ledebour (Waldsteinplatz 3, Valdštejnské náměstí) und über den Wallgarten zugänglich.
Nachdem zu Beginn des 16. Jh.s der zumeist von Weinreben und Obstbäumen bestandene Südhang unter der Prager Burg seinen Verteidigungscharakter verloren hatte, wurden die Grundstücke z. T. mit darauf stehenden Gebäuden von verschiedenen Adelsfamilien erworben, um italienische Renaissancegärten anzulegen. Nach der Belagerung der Kleinseite im Jahr 1648 gestaltete man die zerstörten Gärten im Barockstil – es entstanden symmetrisch angeordnete monumentale Treppen mit balustradenverzierten Terrassen sowie Loggien, Pavillons und Galerien, von denen man einen wunderschönen Blick über die Kleinseite hat.
Die einzelnen Gärten werden durch Mauern abgegrenzt und sind über steile Treppen begehbar, im oberen Teil sind die verschiedenen Gärten miteinander verbunden.

Als Architekten des westlich gelegenen **Ledebourgartens** (Ledeburská zahrada) mit dem gleichnamigen Palais am Waldsteinplatz gelten Giovanni Battista Alliprandi oder František Maximilian Kaňka. Die gegenüber der Sala terrena liegende Wand mit auslaufenden Treppen ermöglicht den Zugang zum Garten. Hier befindet sich auch eine Statue des Herkules im Kampf mit Zerberus. Die steilen Treppen des Gartens – streng geometrisch mit einer Mittelachse angelegt – enden vor einem fünfeckigen Pavillon. Östlich davon liegt der Kleine Pálffygarten.

Steil ansteigende Terrassen unterhalb des Hradschin

Die heutige Gestalt des **Großen Pálffygartens** geht auf das Jahr 1751 zurück und wurde von Maria Anna von Fürstenberg angelegt. Die untere Terrasse mit einem Springbrunnen erreicht man über eine Treppe. Die Treppe in der Mittelachse führt weiter zur höher gelegenen Aussichtsterrasse.

◀ Kolowratgarten

Wiederum östlich des Großen Pálffygartens befindet sich der Kolowratgarten. Im Gegensatz zu den anderen Gärten hat er als Einziger keine Nutzung erfahren und ist nach Abriss zweier Häuser im Jahr 1858 terrassenartig als Obstgarten angelegt worden.

◀ Kleiner Fürstenberggarten

Der Rokokogarten ist nur teilweise zugänglich, da das Kleine Fürstenbergische Palais am Fuß des Gartens dem Tschechischen Senat gehört. Er wurde 1784 bis 1788 nach Entwürfen des Architekten Michael Ignaz Palliardi gestaltet. Die zentral ausgerichtete Treppe führt von einer Gloriette am Fuß der Gärten, vorbei an einer Loggia, zu einem Pavillon mit Aussichtsterrasse. Von hier geht ein Weg weiter zum Wallgarten der Prager Burg.

Repräsentationshaus (Obecní dům)

E/F 4

Lage: Praha 1, Staré Město, náměstí Republiky 5
Straßenbahn: 5, 8, 14, 26
U-Bahn: Náměstí Republiky
Internet: www.obecni-dum.cz

An dem historischen Ort, an dem sich der 1380 gegründete und 1547 aufgelassene Königshof befand, entstand 1906 – 1911 nach Plänen von Antonín Balšánek und Osvald Polívka das Gemeindehaus

(Obecní dům), auch »Repräsentationshaus« (Reprezentační dům) genannt. Dieser wohl schönste Jugendstilbau mit traditionsreichem Restaurant, Café, Weinstube, Ausstellungssälen, Büros und dem größten Musiksaal Prags (Smetana-Saal, mit Orgel) ist ein typisches Beispiel für die tschechischen Sezessionsbauten des späten 19. und frühen 20. Jh.s mit ihrem Hang zur Ornamentik, der Vorliebe für geometrische Formen und kunstvolle Details, Pflanzendarstellungen und dem immer wiederkehrenden Thema der Jugend.
An der äußeren und inneren Gestaltung war eine ganze Künstlergeneration beteiligt. Der Fassadenschmuck und die Träger der Balkonpfeiler stammen ebenso wie die Deckenplastiken im Smetana-Saal von **Karel Novák**; **Ladislav Šaloun** entwarf die Allegorien »Demütigung« und »Auferstehung der Nation« an der Frontseite sowie »Böhmische Tänze« und »Vyšehrad« am Podium des Smetana-Saals. Die symbolischen Wandfresken der schönen Künste im Primatorensaal kamen von **Alfons Mucha**, im Riegersaal hängen Gemälde von **Max Švabinský**, im Palacký-Saal steht eine Büste von Josef Václav Myslbek. Allegorischer Schmuck ziert auch den Grégr-Saal, der Sladkovský-Saal ist mit Landschaftsbildern von V. I. Ullmann ausgestattet.

✶ Pulverturm (Prašná brána)

Öffnungszeiten:
April – Okt.
tgl. 10.00 – 18.00

Dieser 65 m hohe spätgotische Turm, durch den die südliche Handelsroute nach Prag führte, wurde nach dem Vorbild des Altstädter Brückenturms (► Karlsbrücke) angelegt und bildete einen Teil der Altstädter Befestigungsanlagen. Der Baubeginn wird auf 1475 datiert, doch befand sich hier bereits im 13. Jahrhundert ein befestigtes Tor. Baumeister M. Rejsek errichtete den Turm für König Vladislav Jagiello. Nachdem Vladislav, der zuerst im benachbarten Königshof (nicht mehr vorhanden) residierte, dann aber seinen Amtssitz auf den ► Hradschin zurückverlegte, ging auch die Bedeutung des Pulverturms zurück.
Seinen jetzigen Namen erhielt der Turm im 18. Jh., als er als Pulvermagazin diente. Bei der Belagerung 1757 durch Friedrich den Großen wurde der Skulpturenschmuck schwer beschädigt. Josef Mocker führte 1875 eine Umgestaltung im neugotischen Stil durch. Die Plastiken zeigen u. a. Porträts böhmischer Könige und Landespatrone. Im Innern ist auf drei Stockwerken die **Ausstellung »Königshof«** zum Leben im mittelalterlichen Prag zu sehen. Hat man die Wendeltreppe mit den 186 Steinstufen überwunden, bietet sich eine sehr schöne Aussicht auf Prag.

Hibernerhaus

Das Hibernerhaus (U Hybernů) liegt vis-a-vis vom Repräsentationshaus und war ursprünglich eine Spätbarockkirche, die 1652 – 1659 von dem Kloster der irischen Franziskaner (Hiberner) erbaut wurde, die hier seit 1629 ansässig waren. Im 18. Jh. kamen der Ost- und Nordflügel des Klosters hinzu.

Nachdem das Kloster 1786 aufgehoben und die Kirche vier Jahre später geschlossen worden war, baute J. Zobel diese 1808 – 1811 nach Entwürfen von **Georg Fischer** zu einem Zollamtsgebäude mit klassizistischer Fassade um; der plastische Schmuck stammt von Franz Xaver Lederer (1811). Anfang der 1940er-Jahre wurde das Innere des Hibernerhauses für Ausstellungszwecke und kulturelle Veranstaltungen neu gestaltet. Derzeit finden in dem frisch renovierten Gebäude Vorstellungen des **Musical-Theaters »Hybernia«** statt.

Rudolfinum

E 4

Lage: Praha 1, Staré Město, náměstí Jana Palacha
Bus: 207
U-Bahn: Staroměstská
Straßenbahn: 17, 18

Das Rudolfinum, auch »Haus der Künstler« (Dům umělců) genannt, ist Sitz der Tschechischen Philharmonie (Česká Filharmonie), außerdem finden Ausstellungen und Konzerte statt, vor allem während der international bekannten Veranstaltung «Prager Frühling«.
Das Rudolfinum wurde von 1876 bis 1884 von den Architekten des ►Nationaltheaters, **Josef Zítek** und **Josef Schulz**, entworfen und ist nach dem österreichischen Kronprinzen Rudolf benannt worden. Zusammen mit dem ►Nationaltheater und dem ►Nationalmuseum

Das Rudolfinum beeindruckt durch die weit ausladende Freitreppe.

gehört es zu den wichtigsten Prager Neorenaissancebauten. Zwischen 1919 und 1939 befand sich hier der Sitz des Parlaments sowie eine Gemäldegalerie, (jetzt ►Palais Sternberg).
Die Ausstattung des Dvořák-Saals wurde nach Gabriels Theaterinterieur von Schloss Versailles gestaltet. Den Haupteingang schmückt eine Allegorie der Musik von A. Wagner aus dem Jahr 1885, die Löwen- und Sphinxstatuen stammen von B. Schnirch. Auf der Attika sieht man Plastiken von berühmten Künstlern und Komponisten.

Smetana-Museum (Muzeum Bedřicha Smetany)

D 4

Lage: Praha 1
U-Bahn: Staroměstská
Straßenbahn: 17, 18

Öffnungszeiten:
Mi. – Mo.
10.00 – 12.00,
12.30 – 17.00

www.nm.cz

Die Promenade auf der Uferstraße führt am Kaiser-Franz-I.-Denkmal vorbei zum Altstädter Wasserturm (15. Jh.). Westlich davon steht das zum ►Nationalmuseum gehörige Smetana-Museum, das 1936 im ehemaligen Prager Wasserwerk, einem Neorenaissancebau aus dem Jahr 1883, eingerichtet wurde und mit Sgraffitodekor versehen ist. Zu den Ausstellungsstücken gehören Originalhandschriften, Briefe, der Flügel des berühmten Komponisten und zahlreiche Kostüme aus seinen Opern. Im großen Saal werden Konzerte und Vorträge veranstaltet. Auf dem Novotný-Steg vor dem Museum steht das 1984 eingeweihte Smetanadenkmal von J. Malejovský.

! *Baedeker* TIPP

Hradschin im Blick

Die nach dem Komponisten Bedřich Smetana benannte Uferstraße (Smetanovo nábřeží) zieht sich vom Nationaltheater bis zu einer kleinen Halbinsel vor der Karlsbrücke und bietet eine wunderschöne Aussicht auf die Karlsbrücke und den Hradschin.

Smíchov (Stadtteil)

B – D 6 – 7

Lage: Praha 5
U-Bahn: Anděl
Straßenbahn: 4, 6, 7, 9, 12, 16

Aufwertung eines Stadtteils

Im 18. Jh. vom Adel entdeckt, entstand im westlich der Moldau gelegenen Stadtteil Smíchov eine Reihe von Lustschlössern mit blühenden Gärten. Hierzu zählen die ►Villa Bertramka, die Villa

Kinsky mit den Kinskygärten, die sich südlich der Hungermauer (► Laurenziberg) erstrecken, oder das Lustschloss Dientzenhofer.
Im 19. Jh. veränderte sich das Stadtbild, im Zuge der Industrialisierung wurde Smíchov nun nachhaltig geprägt von einer Mischung aus Arbeiterquartieren und leichter Industrie. Das gerade entstandene Viertel kam jedoch mit der bald darauf folgenden Abwanderung und Schließung der Fabriken immer mehr und mehr herunter. Erst seit den 1990er-Jahren bemüht man sich um eine Aufwertung des vernachlässigten Stadtteils, der nun eine Wandlung zum Shopping- und Ausgehviertel durchlebt: Leicht zu erreichen durch die U-Bahn, Station Anděl, lockt hier das **größte Einkaufszentrum Prags** »Obchodní centrum Nový Smíchov« mit mehr als 130 Markengeschäften, einem riesigen Supermarkt, Restaurants, Cafés, Bars und Multiplex-Kino, das am Standort einer ehemaligen Waggonfabrik entstand.
Nicht minder gigantisch ist die **»Engel City«** (Anděl City), ein Komplex aus Büros, Wohnungen, Geschäften, Restaurants, Bowling sowie einem Kino mit mehreren Sälen. Stararchitekt **Jean Nouvel** schuf an der Stelle des früheren Hauses »U Zlatého anděla (Zum Goldenen Engel) das Büro- und Geschäftsgebäude Zlatý Anděl (Goldener Engel) mit mehr als 13 000 m^2 Büro- und etwa 7000 m^2 Verkaufsfläche. Die auffällige Glasfassade an der zentralen Hauptverkehrsstraße zierte Nouvel mit einer überdimensionalen Ansicht des Schauspielers Bruno Ganz aus dem Wim-Wenders-Film »Der Himmel über Berlin«, der, ähnlich wie in der filmischen Vorlage, von oben auf die vorbeiströmenden Passanten blickt. Der »Engel« fungiert auch als Namensgeber des Einkaufszentrums. Daneben finden sich Zitate von Dichtern, deren Namen eng mit der Stadt Prag verknüpft sind – darunter Franz Kafka, Rainer Maria Rilke, Gustav Meyrink – die in roter Schrift vor dem Hintergrund von weißen und grauen Wolken aufgetragen wurden.

Einkaufen im »Goldenen Engel« (Zlatý Anděl)

Lustschloss Dientzenhofer

Für die eigene Familie errichtete **Kilian Ignaz Dientzenhofer** 1725 dieses barocke Lustschloss (Portheimka) in der Štefánikova 12, dessen prachtvolles Fresko der »Bacchusfeier« (1729) an der Decke des zentralen Saals von **Wenzel Lorenz Reiner** stammt.
1758 ging das Lustschlösschen in den Besitz des Grafen Franz Buquoy über, im 19. Jh. erwarb es der Prager Industrielle Porges von Portheim. Ein Teil des Lustschlosses wurde 1884 abgerissen, um für den Bau der Kirche St. Wenzel Platz zu schaffen. Heute ist in dem Gebäude die »Galerie Portheimka« (►Museen) untergebracht.

St.-Longinus-Rotunde

E 5

Lage: Praha 1, Nové Město, Na Rybníčku **U-Bahn:** I.P. Pavlova Karlovo náměstí
Straßenbahn: 4, 6, 10, 16, 22

Die im romanischen Stil erbaute Rotunde St. Longinus (Rotunda svatého Longina) wurde ursprünglich als Dorfkirche von Rybníček erbaut. Das Dorf, von dem nur noch der Straßenname zeugt, ging nach 1257 in der Neustadt auf. Bis zum 14. Jh. war die Rotunde dem hl. Stephan geweiht, der Name ging jedoch mit dem Bau der gotischen Pfarrkirche (s. u.) an diese über. Im 17. Jh erhielt die Rotunde eine Laterne, die das bis dato vorhandene Türmchen ersetzte. Sehenswert sind der Barockaltar und die Kreuzigungsdarstellung mit dem hl. Longinus. Apokryphen Pilatusakten zufolge war Longinus jener römische Soldat bzw. Hauptmann, der dem gekreuzigten Christus mit einer Lanze in die Seite stach. Nach seiner Bekehrung soll Longinus in Kappadozien als Bischof gewirkt und den Märtyrertod erlitten haben.

St. Stephan (Kostel svatého Štěpána)

Von der Na Rybníčku ist es nicht weit bis zur Štěpánská, in der sich die St.-Stephans-Kirche befindet. Karl IV. gründete sie 1351 als Pfarrkirche der oberen Neustadt; 1394 erfolgte die Fertigstellung. Der Turm kam erst Anfang des 15. Jh.s hinzu. Das gotische Äußere der Kirche blieb trotz Restaurierung (1876 und 1936) erhalten.
Neben der barocken Innenausstattung sind beachtenswert: das gotische Zinntaufbecken von B. Kovář (1462), das gotische Madonnenbild (1472), die spätgotische steinerne Kanzel (15. Jh.) und die drei Gemälde »Hl. Rosalie« (um 1660; zweiter Pfeiler rechts), »Hl. Wenzel« (um 1650; linke Chorseite) und »Taufe Christi« (1649; Ende des linken Seitenschiffs) von **Karel Škréta** sowie das Grabmal des Barockbildhauers **Matthias Bernhard Braun** (1684 – 1738).

St. Maria de Victoria

D 4

Lage: Praha 1, Malá Strana, Karmelitská **Straßenbahn:** 12, 22

Öffnungszeiten:
Mo. – Sa.
8.30 – 19.00
So. bis 20.00

Unweit westlich vom Malteserplatz, an der Karmelitergasse (Karmelitská, Nr. 9), steht die Kirche St. Maria de Victoria (»Maria vom Siege«, Kostel Panny Marie Vítězné). Sie wurde an der Stelle einer Hussitenkirche nach der für die Kaiserlichen siegreichen Schlacht am Weißen Berg als Karmeliterklosterkirche im frühen Barockstil errichtet. Die Kirche ist im Grundriss nach dem Vorbild der römischen Jesuitenkirche »Il Gesù« angelegt. Der Altar von Franz Lauermann stammt aus dem Jahre 1776. Ihn zieren Statuen von **Peter Prachner** und ein Silberkästchen des Jesuskindes (1741) von Jan Pakeni. Drei der Altarbilder stammen von **Peter Johann Brandl**, der hl. Simon, der hl. Joseph und die hll. Joachim und Anna. Der Hauptaltar (1723) stammt aus der Werkstatt von Johann Ferdinand Schor. In den unzugänglichen Katakomben unter der Kirche befinden sich die wegen der Luftzirkulation gut erhaltenen mumifizierten Leichname von Karmelitern und deren Wohltätern.

Prager Jesuskind

An der rechten Seitenwand der Kirche hängt das bis heute tief verehrte »Prager Jesuskind«, eine aus Spanien stammende, 50 cm hohe Wachsfigur, die die Fürstin Polyxena Lobkowitz dem Kloster 1628 geschenkt hat. Es soll die Stadt schon in vielerlei Hinsicht beschützt haben, zum Beispiel vor der Pest und vor Plünderungen im Siebenjährigen Krieg. Dementsprechend wurde das Kind nicht nur hoch geachtet, sondern auch reich beschenkt: nicht zuletzt mit einem wertvollen Kleid aus Gold und Samt von Maria Theresia. Damals fand sich in allen Karmeliterklöstern ein Abbild des Prager Jesuskindes, heute gibt es mehr oder weniger gelungene bis kitschige Kopien in zahlreichen Geschäften zu erstehen.

Der Vrtba-Garten mit seinen barocken Skulpturen und St. Maria de Victoria

Palais Vrtba mit Vrtbagarten

Öffnungszeiten: Garten April – Okt. tgl. 10.00 – 18.00

www.vrtbovska.cz

Geht man die Karmelitergasse weiter in Richtung des ►Kleinseitner Rings, so stößt man auf das Palais Vrtba (Vrtbovský palác, Nr. 18). Durch das nach 1631 im Stil der Spätrenaissance umgebaute Palais gelangt man zum Vrtba-Garten (Vrtbovská zahrada), eine der hervorragendsten Leistungen barocker Gartenarchitektur in Mitteleuropa, der nach Entwürfen von **František Maximilian Kaňka** angelegt wurde.

Wenzel Lorenz Reiner führte die Malereien für die Sala terrena aus, am Eingang zum ehemaligen Weinberg stehen die Statuen Bacchus und Ceres von **Matthias Bernhard Braun** (um 1730). Auf der Doppeltreppe wechseln barocke Vasen mit mythologischen Skulpturen. Von der obersten Terrasse hat man eine herrliche Aussicht auf die St.-Niklas-Kirche (►Kleinseitner Ring) und die Altstadt.

Ständetheater (Stavovské divadlo)

E 4

Lage: Praha 1, Staré Město, Železná 11 **U-Bahn:** Můstek

www.stavovskedivadlo.cz ►

Den ersten und ältesten Theaterbau im Moldautal ließ Graf Anton von Nostitz-Rieneck 1781 – 1783 nach einem Entwurf von Anton Haffenecker im klassizistischen Stil errichten. Ostfront und Inneneinrichtung stammen von dem Architekten Achill Wolf (1881). Ende des 18. Jh.s wurde das Nostitztheater vom böhmischen Adel als »Ständetheater«, ab Mitte des 19. Jh.s als »Deutsches Landestheater« betrieben. 1945 benannte man es um in Tyltheater nach dem tschechischen Dramatiker und Schauspieler Josef Kajetán Tyl (1808 bis 1856). Nach siebenjähriger Renovierungszeit wurde es im November 1991 als Ständetheater vom damaligen Präsidenten der Republik, Václav Havel, wiedereröffnet. Heute ist das kleine Theater dem tschechischen Nationaltheater angeschlossen.

Prunkvoll seit dem 18. Jahrhundert

Drei Opern Antonio Vivaldis, zwei Opern von Gluck, Werke von Jommelli, Rutini und Boroni hatten am Prager Ständetheater ihre

Premieren. Am 29. Oktober 1787 fand hier die Uraufführung von Mozarts Oper »Don Giovanni« statt, die einen rauschenden Triumph feierte. Literarisch festgehalten hat dieses Ereignis u. a. Eduard Mörike in seinem Werk »Mozarts Reise nach Prag«. In den Jahren 1813 – 1816 residierte der Komponist Carl Maria von Weber (1786 – 1826) als Kapellmeister an diesem Theater, später leiteten Gustav Mahler und Carl Muck das Haus.
Nebenan in der Železná 9 liegt das ►Carolinum, die älteste Universität Mitteleuropas.

✶ Kloster Strahov (Strahovský klášter)

C 4

Lage: Praha 1, Hradčany, Strahovské nádvoří 132

Straßenbahn: 22

Das zweitälteste Prager Mönchskloster ließ Herzog Vladislav II. auf Wunsch des Olmützer Bischofs Jindřich Zdík um 1143 für den Prämonstratenserorden errichten. Aus dem Standort des Klosters auf einer Anhöhe über der Kleinseite am Zugang zur Prager Burg leitet sich der Name Strahov (strahovat = bewachen) ab. Nach einem Großbrand im Jahr 1258, dem die erste Bibliothek zum Opfer fiel, wurde der Klosterbau im gotischen Stil erneuert. Karl IV. bezog das damals vor den Toren Prags gelegene Kloster 1360 in die Stadtmauer ein. Unterbrochen wurde die Zeit der Gotisierung im 15. Jh. von den blutigen Hussitenkriegen. Seine große Blütezeit erlebte das Kloster unter den Äbten Jan Lohel, Kašpar von Questenberk und Kryšpín Fuck, die sich für den großzügigen Umbau der Anlage im Stil der Renaissance einsetzten.
Am Ende des Dreißigjährigen Kriegs wurde das Kloster von schwedischen Soldaten verwüstet. Nach dem Westfälischen Frieden konnte aufgrund zusätzlich erworbener Buchbestände 1671 eine neue Bibliothek – der Theologische Saal – eingerichtet werden. Zwischen 1682 und 1689 erfolgte die Barockisierung des Areals, die unter der Leitung des Architekten **Jean Baptiste Mathey** vollzogen wurde. Weite Parkanlagen, Gärten und Obsthaine verliehen dem Gesamtbild einen würdigen Rahmen.
Durch die österreichischen Erbfolgekriege erlitt das Kloster 1741 erneut schwere Schäden, deren Beseitigung über vier Jahrzehnte beanspruchte. Ihren Abschluss bildete der klassizistische Bau mit dem Philosophischen Saal, dem bedeutendsten Prager Baudenkmal der Josefinischen Ära. Reste der ursprünglich romanischen Fundamente wurden während der sorgsamen Restaurierung des Areals in den Jahren 1950 bis 1954 freigelegt.

Klosteranlage

In den Klosterhof gelangt man entweder direkt durch einen Hausdurchgang (Nr. 8; Treppe) oder lohnender, indem man diesen hin-

Auf einer Anhöhe über der Kleinseite liegt Prags zweitältestes Mönchskloster.

ter sich lässt und auf einer am Westende des Platzes beginnenden kurzen Rampenstraße durch ein Barocktor (1742) geht, dessen Mitte die 1719 von **Johann Anton Quittainer** geschaffene Statue des hl. Norbert krönt, dem Gründer des Prämonstratenserordens.
Im Hof gleich links steht die ehemalige Kapelle St. Rochus (Kaple svatého Rocha). Rudolf II. hatte diese 1603 – 1617 zum Dank dafür errichten lassen, dass die Stadt 1599 von der Pest verschont worden war. Heute befindet sich dort eine Galerie, in der auch Konzerte stattfinden.

Kirche Mariä Himmelfahrt

Geradeaus hinter der St.-Norbert-Säule (17. Jh.) erblickt man die dreischiffige Kirche Mariä Himmelfahrt (Kostel Nanebevzetí Panny Marie) aus dem 17. Jh. mit reich ausgestattetem, barockem Inneren aus der Mitte des 18. Jh.s (in den 1970er-Jahren restauriert). Die Stuckkartuschen von **Michael Ignaz Palliardi** beinhalten Marienbilder von **Josef Kramolín** und **Ignaz Raab**; den Hauptaltar aus dem Jahr 1768 gestaltete Jan Lauermann mit einem Heiligenrelief von Ignaz Franz Platzer dem Älteren. In der Pappenheimerkapelle des rechten Seitenschiffs ist der kaiserliche Reitergeneral Gottfried Heinrich zu Pappenheim (1594 – 1632, bei Lützen gefallen) beigesetzt. An die Kirche schließen sich die teilweise romanischen Klosterbauten mit der Bibliothek und dem Kreuzgang an.

Klosterbibliothek

Die historische Klosterbibliothek befindet sich wieder im Besitz des Prämonstratenserordens. Zu den kostbaren Beständen dieser einzigartigen Bibliothek, die mit etwa 280 000 Bänden die Buchkultur vom 9. bis 18. Jh. repräsentiert, gehören ca. 2500 Wiegendrucke, 5000 Handschriften und zahlreiche historische Landkarten.
Die umfangreichen, bereitwillig der wissenschaftlichen Öffentlichkeit zur Verfügung gestellten Werke bewogen u. a. Kaiser Josef II. Ende des 18. Jh.s, die Klosterkommunität zu wahren.

Öffnungszeiten:
tgl. 9.00 – 12.00
13.00 – 17.00

www.strahovsky klaster.cz

Besondere Beachtung verdienen der reich stuckierte, 1723 – 1727 von dem Strahover Mönch Siard Nosecký ausgemalte Theologische Bibliothekssaal, dessen Tonnengewölbe von **Giovanni Domenico Orsi de Orsini** im Stil des Frühbarock ausgeführt wurde, und der in einem 1782 – 1784 von **Michael Ignaz Palliardi** geschaffenen klassizistischen Anbau (Westflügel) untergebrachte Philosophische Bibliothekssaal.
Bei der Ausschmückung des Theologischen Saals ließ sich der Mönch Siard Nosecký von dem Werk »De typo generis humani« des Abtes Hieronymus Hirnheim (1670 – 1679) und durch biblische Zitate inspirieren. Die 25 Fresken symbolisieren das Ringen um Weisheit im Zusammenhang mit der Liebe zu Wissenschaft und Literatur. Im südlichen Teil des Gewölbes ist die »Himmelfahrt Mariens« zu sehen, dann folgt eine Würdigung des Bibliotheksbaus. Anschließend wird der lehrende Christus im Tempel gezeigt sowie die Erschaffung der Erde und schließlich folgt eine Darstellung der Grenzen menschlicher Vernunft angesichts der Komplexität der Welt, dargestellt durch fünf Menschen, die fragend um eine Weltkugel versammelt sind.
Ein Selbstporträt des Künstlers befindet sich rechts in einer Fensternische. An der Längsachse des Saals wechseln Erd- und Sterngloben einander ab, von denen drei aus der Werkstatt des berühmten niederländischen Kartografen Wilhelm Blaeus stammen.

★★ Theologischer Bibliothekssaal

Der Philosophische Bibliothekssaal wurde in seinen schönen Abmessungen – 32 m lang, 10 m breit und 14 m hoch – den reich geschnitzten Bücherschränken (Jan Lachhofer) angepasst, die aus dem Kloster Louka (Brück) in Südmähren stammen. Der Saal ist von einem gewaltigen Deckenfresko überwölbt, in dem der aus Langenargen am Bodensee stammende **Franz Anton Maulbertsch** (1724 bis 1796) im allegorischen Stil der Wiener Akademie Szenen aus der Geistesgeschichte der Menschheit schildert. In der Saalmitte birgt ein wertvoller alter Schrank das sechsbändige Botanikwerk »Les Liliacées« und die vierbändige Abhandlung »Le Musée Francais«, beides Geschenke der französischen Kaiserin Marie Louise aus dem Jahr 1812. Die Marmorbüste von Kaiser Franz I. schuf Franz Xaver Lederer um das Jahr 1800. Derzeit wird dieser Saal erstmals seit 300

★★ Philosophischer Bibliothekssaal

Jahren restauriert. Beide Bibliothekssäle sind nicht direkt zugänglich, sondern nur von der Tür aus zu betrachten.

Bibliotheksbestände Zu den wertvollsten Handschriften der Bibliothek zählt das Strahover Evangelienbuch (9./10. Jh.), ein Kunstwerk der ottonischen Renaissance aus dem Kreis der Trierer Schule. Dieses in lateinischer Sprache verfasste Dokument wurde in goldener Unzialschrift auf 218 Pergamentblätter niedergeschrieben und später mit vier kunstvollen Evangelienbildern verziert. Es gehört zusammen mit den St.-

Bücher über Bücher unter einem gewaltigen Deckenfresko

Markus-Torsi und dem berühmten **Codex Vyšehradiensis** zu den ältesten erhaltenen Schriften in Mitteleuropa. Besondere Erwähnung verdienen auch die Chronik »Historia Anglorum«, die Schilderung des Italienfeldzugs von Friedrich Barbarossa, die teilweise erhaltene Dalimilchronik, die Doxaner Bibel, die spätgotische Schelmenberger Bibel (Pontifikale Albrechts von Sternberg aus der Zeit Karls IV.) sowie Schriften von Tomaš von Štítné und von Jan Hus. Aus dem 15. Jh. stammen u. a. das Herbarium von Strahov, ein lateinisches Lexikon und die medizinischen Bücher des Magisters Ambrož. Das 16. und 17. Jh. sind u. a. mit Werken der Utraquisten, der Brüderunität und der katholischen Literatur vertreten. Reisebeschreibungen, Atlanten, alchimistische Schriften, astronomische Abhandlungen von Tycho Brahe, Johannes Kepler und Nikolaus Kopernikus, orientalische Handschriften und andere Buchkuriositäten setzen die lange Liste der umfangreichen Bestände fort.

Strahover Bildergalerie

Die Strahover Bildergalerie (Strahovská obrazárna) im ersten Stock des Kreuzgangs umfasst eine der bedeutendsten Klostersammlungen von der Gotik bis ins 19. Jahrhundert. Zu den Exponaten zählen Zeugnisse der gotischen Kunst Böhmens und Mährens; so z. B. die Strahover Madonna aus der Werkstatt des Meisters von Hohenfurth und das Strahover Retabel des Meisters des Altars von Leitmeritz, der mit den Tafeln der Verkündigung, Christi Geburt und der Flucht nach Ägypten jedoch nur teilweise erhalten ist.
Zu den Malern am Hof Rudolfs II. gehörten Joseph Heintz d. Ä. und Bartholomäus Spranger, deren Werke ebenso sehenswert sind wie die Vertreter des Barock und Rokoko sowie die Werke aus der ersten Hälfte des 19. Jahrhunderts.

★ Tanzendes Haus · Ginger & Fred (Tančící dům)

D/E 5

Lage: Praha 1, Nové Město, Rašínovo nábřeží 80/Ecke Resslova

U-Bahn: Karlovo náměstí

Zu den wenigen Gebäuden zeitgenössischer Architektur in Prag gehört das 1996 fertiggestellte und von den Pragern liebevoll »Tanzendes Haus« oder »Ginger & Fred« – nach Ginger Rogers und Fred Astaire, dem Traumpaar des amerikanischen Musicals – genannte Bürohaus an der Moldau. Seine zwei Türme aus Glas und Beton, lange Zeit kontrovers diskutiert, gehören zum Prager Besichtigungsprogramm wie der Hradschin oder der Altstädter Ring.
Der Architekt **Vlado Milunič** – der jahrelang ebenso wie Václav Havel in einem Haus neben der Baulücke wohnte – fand mit seiner Idee in einer niederländischen Versicherung einen Investor und in

Im Volksmund »Ginger & Fred«

dem kalifornischen Architekten **Frank O. Gehry** einen Partner, der den Entwürfen des Kroaten noch einmal eine stärkere Prägnanz verlieh.
Der gerade Turm akzentuiert die Straßenecke und verhält sich wie das Stand- zum Spielbein, das in dem sich gläsern anschmiegenden Gebäudeteil sein Pendant findet. Die fließende Bewegung erinnert an den in der Stadt so verbreiteten Barockstil. Die hervorstehenden Fenster sorgen ebenso wie der wellige Fassadenputz für Abwechslung und gleichzeitige Integration in die umstehenden Häuserzeilen. Leichtigkeit vermitteln die luftigen Stelzen, durch die das Erdgeschoss zurückgesetzt ist. Im wahrsten Sinne bekrönt wird der Bau durch eine Kugel aus Lochblech, das sogenannte »Haupt der Medusa«, ein Zitat der Weltkugel auf Havels Haus nebenan, aber auch eine moderne Form der Zwiebelhelme auf den neogotischen Türmchen und Erkern der Nachbarbauten. So spektakulär das Gebäude von außen erscheint, so konventionell ordnet es sich im Innenbereich seiner Funktion als Bürogebäude unter.

Technisches Nationalmuseum

E 3

Lage: Praha 7, Holešovice, Kostelní 42 **Straßenbahn:** 1, 8, 25, 26

Öffnungszeiten:
Di – So
10.00 – 18.00
1. Do im Monat
bis 20.00

Dem technisch interessierten Besucher Prags hat das Museum (Národní technické muzeum)einiges zu bieten. Das am Nordhang der Letnáhöhe (► Letnáanlagen) gelegene Museum vermittelt ein anschauliches Bild der Entwicklung der Kinematografie, der Rundfunk- und Fernsehtechnik, des Verkehrswesens und des Bergbaus. Besonders beachtenswert ist ein etwa 600 m langer Musterstollen.
In der großen Halle sind Automobile, Flugzeuge und Lokomotiven ausgestellt sowie der Hofzug (zwei Wagen) Kaiser Franz Josephs, mit dem der österreichische Thronfolger Franz Ferdinand und seine Frau am 28. Juni 1914 nach Sarajevo fuhren, wo es zu dem verhängnisvollen Attentat kam, das über die Julikrise zum Ausbruch des Ersten Weltkriegs führte. Im Hof rechts vom Museum sind einige Flugzeuge ausgestellt.

✶ Teynhof (Týnský dvůr · Týn · Ungelt)

E 4

Lage: Praha 1, Staré Město, Týnský dvůr (Ungelt)

U-Bahn: Staroměstská, Můstek
Straßenbahn: 5, 14, 26

Das mittelalterliche »Messegelände« des Teynhofs – es wurde seit den 1920er-Jahren mehrfach umfangreich renoviert und 1996 der Öffentlichkeit zugänglich gemacht – heißt nach dem hier einst zu entrichtenden Zoll (Ungeld) auch »Ungelt«. Das Fürstengehöft entstand bereits im 11. Jahrhundert. Unter dem Schutz des Herrschers, dem sie dafür eine Gebühr entrichteten, lagerten, verkauften und verzollten hier auswärtige Kaufleute bis 1773 ihre Waren.
Der wertvollste Bau im Teynhof ist das **Palais Granovský**, ein Renaissancepalast mit offener Loggia im ersten Stock (1560), der den durchreisenden Kaufleuten als Quartier diente. Die Wandmalereien der Loggia stellen biblische und mythologische Szenen dar. Das Portal trägt die Jahreszahl 1560 und das Wappen der Familie Granovský. Sehenswert sind auch die anschließenden Bürgerhäuser aus dem 14. bis 19. Jahrhundert.

✶ St. Jakob (Kostel svatého Jakuba)

Östlich des Teynhofs in der Malá Štupartská an der Ecke Jakubská liegt die Kirche St. Jakob – 1232 als Kirche des ehemaligen Minoritenklosters (auf der Nordseite) gegründet. 1366 brannte die Kirche aus und wurde danach gotisch umgebaut; die jetzige Barockarchitektur erhielt der Kirchenbau zwischen 1689 und 1739, verantwortlich hierfür ist der Baumeister Jan Šimon Pánek, dem damit ein Musterbeispiel für eine barocke Umgestaltung einer gotischen Architektur gelang. Die Stuckfront mit den hll. Jakob, Franziskus und Antonius von Padua stammt von Ottavio Mosto.
Sehenswert ist vor allem der durch überaus fein modellierte Pilaster geteilte Kirchenraum mit 21 Altären. St. Jakob ist nach dem Veitsdom (►Hradschin) die längste Kirche Prags und aufgrund ihres reichen Schmucks auch eine der schönsten. **Wenzel Lorenz Reiner** malte das »Martyrium des hl. Jakob« für den Hochaltar, Franz Guido Voget schuf die Deckenfresken (»Leben Mariä«, »Verherrlichung der Dreifaltigkeit«). Das Barockgrabmal für den Grafen Vratislav von Mitrovic entwarf **Johann Bernhard Fischer von Erlach**; es wurde in den Jahren 1714 bis 1716 von **Ferdinand Maximilian Brokoff** ausgeführt. Im Arrangement erinnert das Grabmal an eine Pietà, der Graf ruht auf dem Sarkophag an den Schultern einer weiblichen Gestalt. Da die Kirche über eine sehr gute Akustik verfügt, finden hier häufig Konzerte statt.
An der Nordseite der Kirche schließt der Kreuzgang des Minoritenklosters an, das gotisch und später barock umgebaut wurde. Heute ist hier eine Kunstschule untergebracht.

Schloss Troja (Letohrádek Troja · Trojský zámek)

D 1

Lage: Praha 7, Trója **Bus:** 112

Öffnungszeiten:
April – Okt.
Di. – So.
10.00 – 19.00,
Fr. ab 13.00
Nov. – März
Sa. und So.
10.00 – 17.00

Nördlich vom ► Baumgarten – im Stadtteil Troja – steht das Barockschloss Troja (Letohrádek Trója), das 1679 – 1685 von **Jean Baptiste Mathey** erbaut wurde. Die prächtige Freitreppe kam später hinzu; ihr Figurenschmuck (eine Gigantomachie = Kampf der Giganten) stammt von den Brüdern Johann Georg und Paul Herrmann aus Dresden sowie von den Brüdern **Johann Josef und Ferdinand Maximilian Brokoff**. Figuren und Treppe bilden eine Einheit, dennoch muss keine Figur ihre Eigenständigkeit aufgeben. Im inneren Verlauf erheben sich die Figuren parallel zu der Bewegungsrichtung von unten nach oben immer mehr, bis sie schließlich aufrecht stehen. Auf dem äußeren Geländer finden sich Büsten, Allegorien der Tageszeiten, Erdteile und Elemente.

Barocklust vor den Toren Prags

Beachtenswert sind im Inneren der Kaisersaal mit Wand- und Deckengemälden (1691 - 1697) des Niederländers Abraham Godin sowie die mythologischen Fresken der Italiener Giovanni und Giovanni Francesco Marchetti in den Seitenräumen. Die Terrasse schmücken frühbarocke Vasen und Büsten aus dem 17. Jahrhundert. Heute birgt das restaurierte Schloss eine Ausstellung der **Galerie der Hauptstadt Prag** (www.citygalleryprague.cz) unter anderem mit tschechischer Malerei des 19. Jahrhunderts.

Westlich an das Schloss Troja schließt sich unmittelbar der Prager **Zoologische Garten** (Zoologická zahrada, Praha 7, U Trojskeho zamku 3/120, www.zoopraha.cz) an. Er wurde 1931 auf einer Fläche von 45 ha angelegt, die Wiesen, Haine, Schluchten, Hügel und Felsen aufweist; den Höhenunterschied überwindet heute u. a. eine Sesselbahn (Lanovka).

Hier werden heute auf fast 60 ha über 3800 Tiere gehalten, die 540 verschiedene Arten – Säugetiere, Fische und andere Lebewesen –

aus aller Welt vertreten. Nachdem 2002 durch Hochwasser fast das halbe Areal zerstört worden war, wurden neue artgerechte Gehege und Gebäude angelegt. Mit den Przewalski-Urwildpferden, Vorfahren des Hauspferds, die in der freien Natur kaum mehr vorkommen, gelang dem Zoo ein besonderer Zuchterfolg. Im Terrarium sind Landschildkröten, Kobras, Klapperschlangen und seltene Krustenechsen zu sehen (Öffnungszeiten: März tgl. 9.00 – 17.00, April, Mai, Sept., Okt. bis 18.00, Juni – Aug. bis 19.00, Nov. – Feb. bis 16.00 Uhr).

Villa Amerika (mit Dvořák-Museum)

E 6

Lage: Praha 2, Nové Město, Ke Karlovu 20
Bus: 148
U-Bahn: I. P. Pavlova
Straßenbahn: 4, 6, 16, 22

Öffnungszeiten:
April – Sept. Di. – So. 10.00 – 13.30, 14.00 – 17.30,
Okt. – März 9.30 – 17.00

In der Villa Amerika (Letohrádek Amerika), die nach ihrem ursprünglichen Besitzer Jan Václav Michna von Vacínov auch **Lustschloss Michna** (Michnův letohrádek) genannt wird, ist heute das Dvořák-Museum untergebracht.

Kilian Ignaz Dientzenhofer errichtete das barocke Lustschloss 1717 bis 1720 für den Sommeraufenthalt des Grafen Michna. Die kunstvolle Architektur und die Aufgliederung der Stirnfront machen die Villa zu einem der schönsten Profanbauten des Prager Barock. Das ursprüngliche Barockgitter am Eingang wurde durch eine Kopie ersetzt. Die Fresken im Inneren wurden 1720 von Johann Ferdinand Schor geschaffen, die Werkstatt Anton Brauns lieferte um 1730 den Skulpturenschmuck für den Garten.

Das **Dvořák-Museum** zeigt Partituren und Dokumente des bedeutenden Komponisten Antonín Dvořák (► Berühmte Persönlichkeiten), vor allem seine Korrespondenz mit Hans von Bülow und Johannes Brahms.

Barockes Kleinod: Villa Amerika

St. Katharina, die ehemalige Kirche des Katharinenklosters (Bývalý kostel svaté Kateřiny), ist nicht weit von der Villa Amerika entfernt. Sie liegt in der Kateřinská, der Eingang befindet sich in der Vinicňá; die Kirche ist jedoch derzeit nicht zugänglich. **František Maximilian Kaňka** bezog bei der Umgestaltung der Kirche 1737 – 1741 den gotischen Turm in den barocken Neubau mit ein. Wegen seiner schlanken Form führt der achteckige Turm auch die Bezeichnung »Prager Minarett«. Das Kircheninnere schmücken Fresken von **Wenzel Lorenz Reiner** (»Leben der hl. Katharina«) und Stuckaturen von Bernardo Spinetti. Im Komplex des ehemalige Katharinenklosters ist die psychiatrische Landesklinik untergebracht.

Villa Bertramka (mit Mozart-Museum, Bertramka)

C 6

Lage: Praha 5, Smíchov, Mozartova 2/169
Internet: www.bertramka.com
U-Bahn: Anděl
Straßenbahn: 4, 7, 9

Die Geschichte dieser Residenz begann im 17. Jh., als der Kleinseitner Braumeister Jan František Pimskorn die Villa erbauen ließ. Anfang des 18. Jh.s kam sie in den Besitz von František Bertram von Bertram, nach dem sie ihren heutigen Namen erhielt.
Von 1784 – 1795 gehörte die Vorstadtvilla der Opernsängerin Josefa Dušková, Gemahlin des Komponisten und Musikpädagogen František Xaver Dušek. In dieser Zeit wohnte Wolfgang Amadeus Mozart während seiner häufigen Pragaufenthalte bei dem Musikerehepaar. Mitte des 19. Jh.s riefen Vater und Sohn Popelka die Mozart-Gedenkstätte ins Leben, für die der Bildhauer Tomáš Seidan im Garten eine Büste des Komponisten schuf.

Mozart in Prag

Wolfgang Amadeus Mozart (1756 – 1791) besuchte Prag nach dem dortigen großen Erfolg seiner Oper »Figaros Hochzeit« zum ersten Mal im Jahr 1787 und es folgten weitere Aufenthalte in der Goldenen Stadt. Der Hausherrin der Villa Bertramka, Josefa Dušková, widmete er unter anderem die Konzertszene »Bella mia fiamma, addio« (KV 528). Seine Oper »Don Giovanni« wurde am 29. Oktober 1787 im ►Ständetheater uraufgeführt.
Auf Bestellung des Impresarios Guardasoni komponierte Mozart vier Jahre später für die tschechischen Stände anlässlich der Krönung Leopolds II. zum König von Böhmen die Oper »La clemenza di Tito«, deren Premiere er noch kurz vor seinem Tod 1791 bei seinem letzten Pragbesuch beiwohnte.

Mozart-Museum

In der Villa Bertramka werden neben der Mozart-Ausstellung (u. a. Originalpartituren, Mozarts Schlaf- und Arbeitszimmer, Briefwechsel, z. B. mit G. Jacquin; historische Plakate – und 13 Haare von Mozart!) auch klassische Konzerte veranstaltet. Alljährlich im September präsentiert hier die Aktion »Spätsommer« extravagante Mode und ausgefallene Accessoires. Das ► Smetana-, das Dvořák- (► Villa Amerika) und das Mozart-Museum bilden eine selbstständige Musikabteilung des Nationalmuseums (Öffnungszeiten: April – Okt. tgl. 9.00 – 18.00, Nov. – März tgl. 9.30 – 16.00 Uhr).

Villa Richter (Richterova vila, Richterův letohrádek)

D 3

Lage: Praha 1, Malá Strana, Na Opyši 5
Straßenbahn: 12, 22
Internet: www.villarichter.cz

Öffnungszeiten:
tgl. 10.00 – 23.00

Nahe dem Hradschin, mitten im St.-Wenzels-Weinberg, von dem aus sich eine herrliche Aussicht auf die Stadt bietet, liegt die Villa Richter. Der Bau des Architekten J. Peschka aus dem Jahr 1832 gehört zu den bedeutendsten klassizistischen Villen Prags.

Nach dem Zweiten Weltkrieg hatte die kubanische Botschaft hier ihren Sitz. Seit 2008 sind Weinberg und Villa, in der drei Restaurants untergebracht sind, für die Öffentlichkeit zugänglich (von der Alten Schlossstiege aus oder durch das Tor am Schwarzen Turm). Der St.-Wenzels-Weinberg ist eines der ältesten Weinanbaugebiete in Böhmen, seine Anfänge gehen auf das 10. Jh. zurück. Über die Geschichte des Weinanbaus in Böhmen informieren vor Ort Tafeln. Und Weinfeste finden hier nicht nur im September statt.

★ Vyšehrad

E 6/7

Lage: Praha 1, Vyšehrad
U-Bahn: Vyšehrad
Bus: 148
Straßenbahn: 3, 7, 18, 24
Internet: www.praha-vysehrad.cz

Legendäre Königsresidenz

Der Legende nach war der Vyšehradfelsen (Vyšehrad = Hochburg) Sitz der Fürstin Libussa (tschechisch Libuše). Hier sollen auch die ersten Přemyslidenherrscher residiert haben (► Stadtgeschichte). In Adalbert Stifters Spätwerk »Witiko«, einem historischen Roman über die Frühzeit der böhmischen Geschichte, ist der Vyšehrad einer der Schauplätze. Herzog Soběslav liegt im Sterben und der junge Witiko ist in seinem Auftrag als Kundschafter in Prag, wo sich die Großen auf dem Vyšehrad versammelt haben, um die Nachfolge zu regeln:

»Da stand auf einem Felsen an der Moldau, ehe ihre Wasser nach Prag kommen, die Burg Wyschehrad. Als noch der anfängliche Wald alle diese Berge an der Moldau bedeckte, ist sie gebaut worden, lange, bevor der Held Zaboy lebte und der Sänger Lumir. Und dann ist Krok gekommen und hat auf der heiligen Burg seinen goldenen Sitz gehabt. Dann ist Libuscha gewesen, die unter allen

St. Peter und Paul hoch oben auf dem Vyšehrad: Einst hat hier und nicht auf dem Hradschin die Königsresidenz gestanden.

Schwestern sein liebstes Kind gewesen ist, und sie hat den Ackersmann Prschemysl geheiratet, und sie hat den ersten Holzpflock zu der Burg Prag aushauen lassen. Und von ihr ist ein zahlreiches Geschlecht gekommen und sie haben über die Völker gewaltet. Einer hat sich taufen lassen, da Christus geboren worden ist und den heiligen Glauben in die Welt gebracht hat. Er hat der Herzog Borschiwoy geheißen. Sein Enkel ist der heilige Wenzel gewesen und seine Hausfrau die heilige Ludmilla.«

Geschichte

Wahrscheinlich wurde der Vyšehrad im 10. Jh. als zweite Prager Burg gegründet. Historisch nachgewiesen ist die Festungsanlage erst ab **König Vratislav** (1061 – 1092), der seine Residenz vom ► Hradschin hierher verlegte. Zu jener Zeit war die Prager Burg Bischofssitz. Vratislav ließ auf dem Felsen über der Moldau eine Steinburg und mehrere Kirchen anlegen (St. Peter und Paul, St. Laurentius) und gründete das Kollegiatskapitel, das lange Zeit ein wichtiges Bildungszentrum war.

Hier entstand auch der **Codex Vyšehradiensis**, der heute in der Handschriftensammlung des ► Clementinums aufbewahrt wird. Von dieser Epoche zeugt nur noch die Rundkapelle St. Martin. Soběslav I. setzte die Bautätigkeit fort, doch nach seinem Tod im Jahr 1140 verlor der Vyšehrad rasch an Bedeutung.

Die böhmischen Herrscher verlegten ihre ständige Residenz wieder auf den Hradschin. Unter **Karl IV.**, der umfangreiche Renovierungen vornehmen ließ, setzte eine neue Blütezeit ein. Die Anlage wurde 1348 – 1350 mit einem gotischen Befestigungsring umgeben, der an die Stadtmauern anschloss.

Während der Hussitenkriege wurden 1420 fast alle Bauten auf dem Vyšehrad zerstört. In der zweiten Hälfte des 15. Jahrhunderts gründeten Handwerker die bürgerliche »Freistadt auf dem Berge Vyšehrad«. Im späten 17. Jahrhundert wurden der Vyšehrad dann in seiner heutigen Form zur Barockfestung ausgebaut, die Bürgerhäuser wurden abgerissen. Der Aufhebung der Festungsanlage im Jahr 1866 folgte die Angliederung als Prager Stadtviertel und der Ausbau des Friedhofs; 1911 wurde der Vyšehrad geschleift. Erhalten blieben nur die Festungsmauern.
Besonders während der Zeit der Romantik im 19. Jahrhundert war der sagenumwobene Vyšehrad ein beliebtes Thema bei bildenden Künstlern, Komponisten und Literaten. Bekannte Werke sind u. a. Bedřich Smetanas Oper »Libuše«, »Libussas Weissagung« von Felix Mendelssohn-Bartholdy und Franz Grillparzers Drama »Libussa«.

Den Vyšehrad erreicht man am besten über die Vratislavova und betritt die Anlage von Norden durch das Chotektor (1848); schlägt man den Weg nach rechts ein, kommt man zu einer Kopie der St.-Wenzel-Reiterstatue von Johann Georg Bendel aus dem Jahr 1678.

Die Gasse »V pevnosti« führt vorbei an der Kapelle Maria in den Schanzen zur romanischen Rundkapelle **St. Martin** (Rotunda svatého Martina), dem ältesten Prager Baudenkmal, das noch zu Zeiten König Vratislavs entstand. Die Kirche diente nach dem Ausbau des Vyšehrad zur Festung als Pulvermagazin und wurde 1878 renoviert. Durch die Straße »K rotundě« gelangt man zum Kapiteldekanat, hinter dem sich Fundamente der romanischen Laurentiusbasilika befinden.

! *Baedeker* TIPP

Sich zurückversetzen …

… in die Zeit der Přemyslidenherrscher kann man, wenn man auf den Befestigungsanlagen entlangwandert, um den Blick über das Moldautal schweifen zu lassen. Unterhalb der Befestigungswälle sind Mauerreste zu sehen, die auch als »Libussas Bad« bezeichnet werden – Überbleibsel des an dieser Stelle gelegenen mittelalterlichen Palasts. Der Sage nach hat sich Libussa hier mit ihren Liebhabern vergnügt, die sie bei Nichtgefallen durch eine Felsspalte in die Moldau stieß.

Kapitelkirche St. Peter und Paul

Öffnungszeiten:
Di. – So.
9.00 – 12.00,
13.00 – 17.00

Die Türme der Kapitelkirche St. Peter und Paul (Kostel svatého Petra a Pavla), erst 1902 nach Entwürfen von Josef Mocker und F. Mikš aufgesetzt, sind heute das Wahrzeichen des Vyšehrad. Die Kirche selbst stammt aus der zweiten Hälfte des 11. Jahrhunderts. Unter Karl IV. wurde sie zu einer gotischen Basilika mit drei Schiffen umgebaut, im 16. Jahrhundert folgte ein Umbau im Stil der Renaissance, Anfang des 18. Jahrhunderts leiteten **František Maximilian Kaňka** und **C. Canevale** die barocke Umgestaltung. Ihren neugotischen Stil erhielt die Kirche in den Jahren 1885 bis 1887. Sehenswert im Inneren sind ein romanischer Steinsarg aus dem 11. Jahr-

Vyšehrad Orientierung

1 Rundkapelle St. Martin
2 Kapitelkirche St. Peter und Paul
3 Ehrenfriedhof
4 Slavín
5 Laurentiuskapelle
6 Vyšehrader Anlagen
7 Hl. Wenzel
8 Chotektor (1841)
9 Kapelle Maria in den Schanzen
10 Leopoldstor
11 Tabortor

hundert (»Tumba des hl. Longinus«) und ein Tafelbild mit der sogenannten Regenmadonna zum Schutz vor Dürre von 1355; dieses Marienbild soll aus der Sammlung Kaiser Rudolfs II. stammen. Den Hauptaltar von Josef Mocker zieren vier Heiligenfiguren (hll. Peter und Paul, hll. Kyrill und Method), die F. Hrubeš Ende des 19. Jahrhunderts schuf. Die Wandfresken mit dem stilisierten Pflanzendekor wurden in den Jahren 1902/1903 von U. Urbanová und František Urban entworfen.

Im Norden grenzt an die Peter-und-Paul-Kirche der **Ehrenfriedhof** (Vyšehradský hřbitov). Als die Festung 1866 aufgelöst wurde, baute man den mittelalterlichen Kirchhof zu einer nationalen Kultstätte für Repräsentanten aus Kunst und Kultur aus. Auf dem Friedhof und in den Friedhofsarkaden sind u. a. die Komponisten Bedřich Smetana und Antonín Dvořák, die Schriftsteller Božena Němcová, Karel Čapek und Jan Neruda sowie der Maler Mikoláš Aleš beigesetzt. In der Ehrengruft »Slavín«, einem Werk von **Antonín Wiehl** und **Josef Maudr**, ruhen u. a. die Bildhauer Josef Václav Myslbek, Bohumil Kafka und Ladislav Šaloun, der Maler Alfons Mucha und der Violinist Jan Kubelík (Öffnungszeiten: Mo. bis Fr. 8.00 – 15.00 Uhr).

Vyšehrader Anlagen

Südlich der Kapitelkirche liegen die Vyšehrader Anlagen, die man durch ein Barocktor betritt. Vier Statuengruppen (geschaffen in den Jahren 1881 bis 1897) von **Josef Václav Myslbek** stellen Figuren aus verschiedenen tschechischen Sagen dar: Přemysl und Libussa, Lumír und das Lied, Slavoj und Záboj, Ctirad und Šárka. Die in Untersicht geschaffenen Skulpturen standen ursprünglich auf den Pylonen der Palackybrücke. Sie wurden 1945 teilweise beschädigt und haben nach Rekonstruktion und Restaurierung hier ihren neuen Aufstellungsort gefunden, an dem sie jedoch viel von ihrer ursprünglichen Wirkung verlieren.

Im Südosten des Vyšehrad stehen das **Leopoldtor** (Leopoldova brána) und als vorgeschobener ehemaliger Festungsposten das frühbarocke **Tábortor** (Táborská brána).

Unterhalb des Vyšehrad, in der Neklanova 30, findet sich eines der berühmtesten Beispiele für den kubistischen Stil in der Architektur. Das **Mietshaus von Josef Chochol**, einem der bekanntesten Architekten des Prager Kubismus, entstand zwischen 1911 und 1913. Das Haus steht in einem scharfen Winkel zweier Straßenfluchten und ragt wie ein Keil heraus. Die Fassade wird belebt in Vertikale und Horizontale, besonders durch die zackig hervorstehenden Akzentuierungen, die sich aus der Flächigkeit hervorheben. Die Bewegung läuft auf die Spitze zu und findet hier ihren Höhepunkt, der überdies durch das gewagt auskragende Dachgesims betont wird (siehe auch Baedeker Special S. 270).

Weißer Berg (mit Schloss Stern, Bílá Hora)

Ausflug

Lage: Praha 6, Břevnov, Bílá Hora
Straßenbahn: 1, 2, 18, 22
Bus: 108, 174, 179, 180, 191

Auf der kahlen Kalkhöhe (318 m), die sich über den westlichen Stadtrand erhebt und heute teilweise bebaut ist, fand am 8. November 1620 die Schlacht am Weißen Berg statt, die für das weitere Schicksal der böhmischen Länder unter den Habsburgern entscheidend war. Hier unterlag die von Graf Matthias von Thun geführte Söldnerarmee der böhmisch-protestantischen Stände innerhalb von einer Stunde in einer Schlacht gegen die Katholische Liga, an deren Spitze Maximilian von Bayern stand. Der von den Ständen aufgrund einer neuen Verfassung (Wahlkönigtum Böhmen) zum König gewählte Kurfürst Friedrich V. von der Pfalz (»Winterkönig« 1619 bis 1620) musste fliehen; so verlor das Land seine Selbstständigkeit (bis 1918!). Auf dem Schauplatz wurde später eine Kapelle errichtet, die K. Luna im 18. Jh. in die Kirche der Siegreichen Jungfrau Maria umbaute. Unweit nördlich erinnert ein Denkmal an die Schlacht am Weißen Berg.

Schloss Stern (Letohrádek Hvězda)

Im ehemaligen Stern-Tiergarten (Obora Hvězda) am Abhang steht das Lustschlösschen Stern. König Ferdinand I. hatte hier 1530 im Wald Malejov einen Wildpark anlegen lassen, in dem später auch königliche Festlichkeiten und Schießwettkämpfe stattfanden. 1797 wurde das Wildgehege in einen Naturpark mit breiten Promenaden umgestaltet; den Namen erhielt er nach dem hier errichteten Jagdschloss Stern.

Öffnungszeiten:
April, Okt. Di. – So. 10.00 – 17.00,
Mai – Sept. Di. – So. 10.00 – 18.00

Das Schloss liegt nördlich der Hauptallee. Der ungewöhnliche, äußerlich schlichte Renaissancebau auf sechsstrahligem Grundriss wurde von Erzherzog Ferdinand von Tirol als Jagdschloss in Auftrag gegeben und von italienischen Baumeistern ausgeführt (1555 bis

1558); er diente seiner zukünftigen Frau, der Augsburger Patriziertochter Philippine Welser, als Wohnsitz. Später wurde das Schloss als Pulvermagazin benutzt. Im Inneren des Schlosses sind reizvolle italienische Stuckdekorationen von Giovanni Campione und Andrea Avostali aus den Jahren 1556 – 1563 erhalten, die in 334 Deckenfeldern Szenen aus der griechischen Mythologie (Aeneas und Anchises, Bacchantinnen, Meeresgottheiten) sowie aus der römischen Geschichte (Mucius Scaevola, Horatius Cocles, Marcus Curtius) zeigen. Sehenswert sind ferner die glasierten Renaissancefliesen des ehemaligen Speisesaals in der zweiten Etage.

Museum der tschechischen Literatur

Nachdem das Schloss restauriert wurde, kann man neben einer historischen Ausstellung zur tschechischen Geschichte, die an die Schlacht am Weißen Berg erinnert (Unter-, Erdgeschoss) jährlich wechselnde Präsentationen sehen, die vom Museum der tschechischen Literatur kuratiert werden. Gelegentlich werden auch Konzerte und literarische Vorträge veranstaltet.

★ Wenzelsplatz (Václavské náměstí)

E/F 4/5

Lage: Praha 1, Nové Město, Václavské náměstí
Straßenbahn: 3, 9, 14, 24
U-Bahn: Můstek, Muzeum

Zentrum des modernen Prag

Karl IV. legte den Platz bei der Gründung der Neustadt als Rossmarkt an; 1848 erhielt er seinen jetzigen Namen. Der 750 m lange und 60 m breite Wenzelsplatz gleicht eher einem Boulevard als einem Platz.

Er ist eines der pulsierenden Zentren des modernen Prag, umgeben von traditionsreichen Hotels wie dem Jugendstilbau des »Evropa«, Läden und Geschäftspassagen, Restaurants und Cafés, Kinos und Kleinkunstbühnen. Zusammen mit den Straßen Na Příkopě (► Am Graben), Na Můstku, 28. října und Národní třída bildet er das »Goldene Kreuz«, in dem sich Geschäfts- und Gesellschaftsleben der Hauptstadt intensiv entwickelten.

Auf dem Wenzelsplatz spielten sich viele Begebenheiten der jüngsten politischen Geschichte ab (1969 Selbstverbrennungen von Jan Palach und Jan Zajíc; 1988 und besonders 1989 regimekritische Demonstrationen; ►Stadtgeschichte).

★ Wenzelsdenkmal (Pomník svatého Václava)

Am Südostende vom Wenzelsplatz steht vor dem ► Nationalmuseum das in den Jahren 1912 – 1913 von **Josef Václav Myslbek** geschaffene Wenzelsdenkmal. Wenzel, der 921 die Regierungsgeschäfte als Herzog von Böhmen übernahm, wurde 935 von seinem Bru-

der Boleslav I. erschlagen. Wunderberichte ließen ihn zum Landespatron Böhmens werden – ihm zu Ehren ist der 28. September in Tschechien ein Feiertag. Obwohl Wenzels Ermordung eher auf den sächsisch-bayerischen Machtkampf in Böhmen zurückzuführen ist, wird er auch als Märtyrer verehrt. Sein Name war bei den Tschechen so verbreitet, dass der Publizist Johann Fischart (1546 – 1590) nach einer seiner Reisen den Ausspruch tat: »Böhmen heißen Wenzel (Václav), Polen Stenzel (Stanislaw).«
Die Reiterstatue des Fürsten ist umgeben von den Figuren vier weiterer Landespatrone. Vorn rechts steht die hl. Ludmilla (»die dem Volk lieb ist«), Großmutter des hl. Wenzel und Frau des ersten getauften Herzogs von Böhmen. Nach ihrer Ermordung durch heidnische Gegner wurde sie zur ersten Märtyrerin Böhmens.
Vorn links sieht man den heiligen Prokop, auf der Rückseite die heilige Agnes (Anežka) und den heiligen Adalbert (Vojtěch) von Prag.
Eine weitere Wenzelstatue befindet sich auf dem ►Kreuzherrenplatz (Winzersäule mit Skulptur des hl. Wenzel), eine andere auf dem ► Vyšehrad (Reiterstatue).

Ehemaliges Parlament

Neben dem Nationalmuseum befindet sich der ehemalige Sitz des Tschechoslowakischen Parlaments, das nach 1945 eine vorübergehende Bleibe benötigte. Der Entwurf von Karel Prager aus dem Jahr 1966 sah vor, das Gebäude der ehemaligen Börse mit einem zweigeschossigen, stählernen Überbau zu versehen, eine aus heutiger Sicht nicht gerade geschickte Lösung der Verknüpfung unterschiedlicher Baustile.
Von 1995 bis 2008 hatte hier der Sender Radio Liberty/Radio Free Europe seinen Sitz. Es bestehen unterirdische Verbindungen zur Prager **Staatsoper** (Státní opera), die von den Wiener Architekten Ferdinand Fellner und Hermann Helmer im Neorokokostil errichtet wurde. 1888 fand die Eröffnung des Gebäudes des Deutschen Theatervereins mit Wagners »Meistersingern« statt.

! *Baedeker* TIPP

Hotel Evropa

Es gibt eine ganze Reihe traditionsreicher Hotels und Restaurants in Prag und das Hotel Evropa gehört ohne Zweifel dazu. Ein Besuch des Jugendstilcafés in dem um 1905 entstandenen Hotel ist etwas für Nostalgiker. Der stilvollen Atmosphäre kann man sich nur schwerlich entziehen, sodass der eher zweitklassige Service zur Nebensache wird (Václavské náměstí 29, Tel. 224 228 117, www.evropahotel.cz).

MUSEU · · GNI · BOHEMIAE

Mucha-Museum

Öffnungszeiten:
tgl. 10.00 – 18.00

Im **Palais Kaunitz** (Kaunický palác) in der Panská 7, einer Parallelstraße zum Wenzelsplatz, befindet sich das kleine, aber durchaus beachtenswerte Mucha-Museum. Der Name des Jugendstilkünstlers (1880 – 1939) ist untrennbar mit der Stadt verbunden, wenngleich der in Südmähren geborene Alfons Mucha erst nach Aufenthalten in Wien, München, Paris und Amerika nach Prag kam.
Die Ausstellung beginnt mit den »Panneaux Décoratifs«, mit denen Mucha bekannt wurde: erschwingliche, weil in hohen Auflagen produzierte Plakate der Pariser Zeit um die vorige Jahrhundertwende. Mucha machte auch Entwürfe für Sarah Bernhardt, die ihn zum exponierten Vertreter des Pariser Jugendstils werden ließen. Einen Einblick erhält man in das Handbuch für Kunsthandwerker, in dem Mucha seine dekorativen Entwürfe, die »Documents Décoratifs«, und die drei Jahre später folgenden »Figures Décoratives« (die Verwendung des menschlichen Körpers als dekoratives Element) festgehalten hat. Nach seiner Rückkehr nach Böhmen strebte Mucha die Schaffung eines slawischen Epos an; die Gemälde hierfür entstanden parallel zu weiteren Illustrationen und Entwürfen in seinem unverwechselbaren Stil. Neben den wenigen Ölgemälden werden Modellfotos, Skizzen, Notizen und Pastelle gezeigt.

★ Zeltnergasse (Celetná)

E 4

Lage: Praha 1, Staré Město,Celetná (Fußgängerzone)

U-Bahn: Staroměstská, Můstek, Náměstí Republiky

Nach den mittelalterlichen Semmelbäckern der »Zalten« (calty) benannt, war die Zeltnergasse (Celetná) seit jeher ein Verbindungsweg der Altstädter Marktplätze und der Moldaufurt mit dem Osten. Hier verlief einst auch der »Krönungsweg« vom ► Pulverturm über den ► Altstädter Ring und die ► Karlsbrücke zur Prager Burg (► Hradschin) hinauf.
Die bis 1987 hervorragend restaurierte Zeltnergasse wird größtenteils von bedeutenden Palästen romanischen und gotischen Ursprungs, die im Barock umgebaut wurden, gesäumt.
Nr. 12: Zu den künstlerisch wertvollsten gehört das ehemalige **Palais Hrzán**, das wohl von **Giovanni Battista Alliprandi** 1702 im hochbarocken Stil umgestaltet wurde. Die Plastiken an der Hausfront stammen wahrscheinlich aus der Werkstatt von **Ferdinand Maximilian Brokoff**.
Nr. 2: Die Attikafiguren des barocken **Sixthauses**, nahe beim Altstädter Ring, werden **Anton Braun** zugeschrieben.
Nr. 13: An den ehemaligen Besitzer des **Barockpalais Caretto-Millesimo** erinnert das Familienwappen über dem Portal.

◄ weiter auf S. 273

← Der heilige Wenzel am gleichnamigen Platz vor dem Nationalmuseum

Ein Paradebeispiel für kubistische Architektur ist das Haus »Zur schwarzen Mutter Gottes«.

VON SCHRÄGEN UND WINKELN ODER KUBISMUS AUF BÖHMISCH

Die Zeltnergasse mit ihren sorgfältig restaurierten Barock- und Rokokopalais gehört zu den schönsten Gassen in der Prager Altstadt. Eines der wenigen Gebäude, das in der Celetná aus dem Rahmen fällt, ist das Eckhaus an der Einmündung des Obstmarkts, nach der Marienfigur an seiner Fassade, dem Hauszeichen des barocken Vorgängerbaus, »Zur schwarzen Mutter Gottes« genannt.

Das auf den ersten Blick nüchtern-funktionalistische Gebäude entwarf Josef Gočár 1911/1912 als Kaufhaus für den Großhändler František Josef Herbst. Mit seiner Stahlskelett-Konstruktion – zu erkennen an den großen, beinahe durchgängigen Fensterflächen und der variablen Innenaufteilung – repräsentiert es die modernste Architektur in Prag zu Beginn des 20. Jahrhunderts.

Doch das ist nicht alles. Bei genauerer Betrachtung wird man an dem Gebäude verschiedene Details entdecken, die in keine Schublade der Baustilkunde zu passen scheinen, so zum Beispiel die vorgewölbten Fenster, die schrägen Dachgauben oder das tief eingeschnittene Eingangsportal, das von einem Paar spitz zulaufender Säulen mit sechseckigen Kapitellen gerahmt wird. Ungewöhnlich ist auch das runde, von einer Glaskuppel überdachte Treppenhaus wegen seines schmiedeeisernen Geländers, das mit seinen spiralförmig verdrehten kubischen Formen Plastizität schafft, wo es eigentlich keine gibt.

Prager Besonderheit

Nachbesserungen aus dem Zeitalter der Postmoderne? Keineswegs. Vielmehr sind diese kuriosen Details Ausdruck eines Stils, den man sonst nur aus der Malerei kennt – des Kubismus. In Prag – und nur hier – gab es ein paar Jahre lang eine kubistische Architektur und ein kubistisches Design. Entstanden war der neue Stil 1906/1907 in Paris, wo Picasso und Braque den Bruch mit den Konventionen der traditionellen Malerei herbeiführten.

Zu den wichtigsten formalen Neuerungen des Kubismus gehörte die Abkehr von der Zentralperspektive zugunsten einer Darstellung, die unterschiedliche Ansichten eines Gegenstands im Bild versammelte. Da

Die Steingutdosen entwarf Pavel Janák: Polygonalität und das Liniendekor rufen eine gewisse Dynamik hervor.

sich nach der Auffassung der Kubisten jeder Gegenstand auf ein paar wenige kubische Grundformen zurückführen ließ, lösten sie ihn in geometrisch-plastische Einzelformen auf, die ohne einen räumlichen Zusammenhang in der Bildfläche verankert wurden. Die Kubisten wollten nicht mehr abbilden, sondern eine neue Sicht auf die Dinge, auf ihr Wesentliches, ermöglichen.

Nachbesserungen aus dem Zeitalter der Postmoderne? Keineswegs. Vielmehr sind diese kuriosen Details Ausdruck eines Stils, den man sonst nur aus der Malerei kennt – des Kubismus.

Auch in Prag wurde die neue Kunst aus Frankreich heftig diskutiert. Man kannte die Gemälde eines Picasso oder Braque entweder durch Reisen nach Paris oder durch die Sammlung des Kunsthistorikers Vincenc Kramar, der seit 1910 die Werke der französischen Avantgarde systematisch ankaufte. Von den Prager Künstlern begeisterte sich vor allem die jüngere Generation für den Kubismus, darunter der Bildhauer **Otto Gutfreund**, die Architekten **Josef Gočár**, **Josef Chochol** und **Pavel Janák** sowie die Maler **Emil Filla, Bohumil Kubišta** und **Václav Špála**. Das Kaufhaus »Zur schwarzen Mutter Gottes« ist nicht das einzige architektonische Vermächtnis der Prager Kubisten.

Zwischen 1910 und 1925 wurden in Prag mehr als 30 kubistische Häuser gebaut, von denen heute noch 27 erhalten sind. Nur wenig außerhalb des unmittelbaren Zentrums, im Stadtteil Vyšehrad, entstanden nach Entwürfen von **Josef Chochol** mehrere Wohnhäuser und Villen mit kubistischen Fassaden (u. a. Neklanova 30 und Libušina 49).

Den Höhepunkt seines Schaffens markiert das 1914 fertiggestellte Mietshaus in der Neklanova 30. Wie die Gegenstände in einem kubistischen Gemälde verweigert dieses Gebäude die eindimensionale Ansicht. Die formale Mitte bildet die Gebäudeecke, an der die beiden Straßenseiten des Eckhauses wie bei einem Schiffsbug im spitzen Winkel aufeinander prallen. Wo immer das Auge die Ordnung des rechten Winkels und die Ruhe der glatten Wandfläche sucht, rutscht es ab an Schrägen und Diagonalen, stößt auf facettenartig zusammengesetzte Drei-

Josef Gočár, frühere Legiobank, Na poříčí 24, erbaut 1921 – 1923

ecke und Rhomben, die sich aus der Fläche herauswölben und durch Licht und Schatten belebt werden.

seinem gezackten Rahmen aus schwarz gebeizter Eiche. Pavel Janák fertigte eher ungewöhnliche Holzstühle – mit ihren Dreieckslehnen und den eingeknickten Stuhlbeinen

Ein Paradestück, das in den 1980er-Jahren von den postmodernen Möbeldesignern wiederentdeckt wurde, ist das expressiv-wuchtige Sofa von Josef Gočár.

Hausgebrauch

Ebenso wie die Architekten des Jugendstils entwarfen die Prager Kubisten ganze Inneneinrichtungen – vom Türgriff über Treppengeländer und Lampen bis zu Sitzmöbeln, Schränken, Schreibtischen und Teppichen. Auch vor Blumenvasen, Zuckerdosen und Kleiderhaken machte der Gestaltungswille der Avantgardisten nicht Halt. In den 1912 gegründeten Prager Kunstwerkstätten wurden die von ihnen entworfenen **Möbel** hergestellt. Ein Paradestück, das in den 1980er-Jahren von den postmodernen Möbeldesignern wiederentdeckt wurde, ist das expressiv-wuchtige Sofa von **Josef Gočár** mit

der Schreck eines jeden bürgerlichen Wohnzimmers. Ob man darauf sitzen möchte (oder könnte), ist allerdings eine andere Frage.

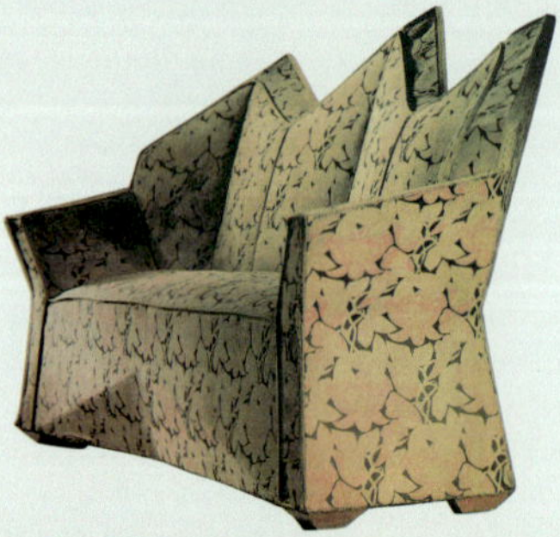

Dieses Sofa entwarf Gočár 1914

Nr. 17 und 20: Im Menharthaus ist die Weinstube **»Zur Spinne«** (U Pavouka) eingezogen, während das **Palais Buquoy** (Nr. 20) seit der Umgestaltung im 18. Jh. der Prager Karlsuniversität gehört.
Nr. 22: Auch das benachbarte klassizistische Haus **»Zum Geier«** (U Zlatého supa) birgt Räume der Prager Hochschule.
Nr. 23: Eine Madonnenstatue (um 1730) von **Matthias Bernhard Braun** ziert die barocke Fassade des Hauses **»U Schönfloku«**.
Nr. 31: Das **Palais Pachtovský**, Mitte des 18. Jahrhunderts im Stil des Dientzenhoferbarock umgebaut, dient heute als Verwaltungsgebäude.
Nr. 34: Beliebtes Fotomotiv ist das Hauszeichen der »Jungfrau hinter Gittern«, ein letztes Zeugnis der einstigen Barockfassade an dem 1911 – 1912 entstandenen kubistischen **Haus »Zur schwarzen Mutter Gottes«** (U Černé Matky Boží; ► Baedeker-Special S. 270). Das von Josef Gočár entworfene Haus mit zwei zurückspringenden Mansardetagen ist ein Zeugnis für den kubistischen Stil in Prag, der – anders als in Paris – auch vor der Architektur nicht Halt machte. Fast zeitgleich wie das dem Jugendstil verpflichtete, dekorativflächige ► Repräsentationshaus entstanden, wirkt es doch fortschrittlicher mit den großen Fenstern an der Vorderfront, die nur durch eine Stahlbetonkonstruktion möglich waren. Dennoch steht es mit seiner Betonung des Plastischen im architektonischen Einklang mit den umliegenden Barockhäusern. Im ersten Stock wurde – nach beinahe 80 Jahren – der einstige Künstler-Treff **»Grand Café Orient«** wiedereröffnet. Das »kubistische Café«, dessen Büfett-Bar, Kronleuchter und Lampen ebenfalls von Josef Gočár entworfen wurden, ist täglich bis 22.00 Uhr geöffnet. In den oberen Stockwerken ist eine **Ausstellung über den tschechischen Kubismus** untergebracht.

»Goldener Engel» als Hausemblem in der Celetná

◄ Zur Münze

Nr. 36: Wo im 14. Jh. ein Teil des böhmischen Königshofs gestanden hatte, war seit dem 16. Jh. eine Münze in Betrieb. Das jetzige Haus »Zur Münze« (U Mincovna) ließ der Münzermeister František Josef Pachta von Rájov im 18. Jh. erbauen. Ein Jahrhundert später wurde das Gebäude erweitert und neubarock umgestaltet. Den Abschluss der Zeltnergasse bildet der monumentale **Pulverturm** (► Repräsentationshaus) der ehemaligen Altstädter Befestigung.

Žižkov (Stadtteil)

G – J 4 – 5

Das ursprüngliche Prag

Der östlich des Zentrums gelegene Stadtteil Žižkov hat sich vom ehemaligen Arbeiterviertel zum Treffpunkt der Prager Mittelschicht entwickelt. Das Leben in der Großstadt verlagert sich auch in Tschechien immer mehr in die Außenbezirke, von denen Žižkov einer ist. Im Zentrum sind die Preise für Essen und Wohnen für kaum einen Tschechen mehr erschwinglich. Žižkov ist bekannt für seine Kneipen, deren Atmosphäre die der Innenstadt übertrifft. Den Stadtteil am Fuß des Veitsbergs (Vítkov), wo im Jahr 1420 die Hussiten unter Jan Žižka gegen die zahlenmäßig überlegenen Truppen unter König Sigismund siegreich aus der Schlacht hervorgingen, haben mittlerweile auch die Touristen entdeckt, besonders zwischen Husitská und Seifertova.

Gedenkstätte auf dem Veitsberg

Die Nationale Gedenkstätte auf dem Veitsberg (Národní památník na hoře Vítkově) erreicht man am besten durch die Straßen Wilsonova, Husitská třída und U Památníku (Am Denkmal) sowie zuletzt über Treppen. Das 1929 – 1932 errichtete Nationaldenkmal ist erst nach 1948 vollendet worden. Der monumentale Bau beeindruckt bereits aus der Ferne. Der hohe, granitverkleidete Quader ist das Grabmal des Unbekannten Soldaten. Zudem diente die Gedenkstätte bis 1990 als Ehrenfriedhof für hohe Funktionäre der Kommunistischen Partei.

Nach der Samtenen Revolution wurde das Mausoleum geschlossen. Zwischenzeitlich wurde in der Ehrenhalle sogar eine Disko veranstaltet. Das Hickhack um die Eigentumsrechte dauert fast zwei Jahrzehnte. Erst als das Nationalmuseum zum neuen Eigentümer bestimmt wurde, erfolgte in Rekordzeit eine Renovierung.

Seit November 2009 ist der Koloss öffentlich zugänglich und dient als Warnung vor allem Totalitären. Das Grabmal des unbekannten Soldaten wurde in den Katakomben untergebracht, einem neu aufpolierten zeremoniellen Bereich. Eher gespenstisch wirken die Räume, wo einst der einbalsamierte Körper des Kommunistenpräsidenten Klement Gottwald, im Zerfallsstadium begriffen, von Ärzten gepflegt wurde. Im gigantischen Festsaal steht eine gewaltige Orgel, die allerdings noch nicht zum Prager Konzertprogramm gehört. Mehr Leben in das historisch schwer belastete Objekt sollen wechselnde Ausstellungen bringen. Der Start mit der Exposition »Beatlemania« wurde zum Erfolg. Und das aufgemotzte Café auf dem Dach lohnt den Aufstieg auf den Hügel allemal, denn hier bietet sich eine ungewöhnliche Sicht auf Prag.

Auf der Terrasse steht das **Reiterdenkmal** des siegreichen hussitischen Feldherrn Jan Žižka von Trocnov. Bei dem monumentalen Denkmal handelt es sich um das größte bronzene Reiterstandbild der Welt, 9 m hoch und 16,5 t schwer. Es wurde 1930 von Bohumil Kafka geschaffen, jedoch erst 1950 gegossen.

Prager Fernsehturm

Öffnungszeiten:
tgl. 11.00 – 23.00

Die Prager Stadtsilhouette wird heute durch den 216 m hohen Fernsehturm bestimmt, der – in den Jahren 1987 bis 1990 erbaut – rund 800 m südlich vom Veitsberg in bizarren Bauformen aufragt. In 66 m Höhe befindet sich ein Aussichtsrestaurant (www.tower.cz). Seit 2000 schmücken stilisierte Plastiken von krabbelnden Kindern den Betonsockel des Turms – eine Arbeit des tschechischen Bildhauers David Černý.

Direkt am Fuß des Turms liegt **der zweitälteste jüdische Friedhof Prags**. Er wurde 1680 anlässlich der Pest angelegt, denn auf dem eigentlichen Friedhof durften Pestopfer damals nicht begraben werden, und in der zweiten Hälfte des 18. Jh.s noch einmal während einer Pestepidemie genutzt. Erst ab 1787, als der Friedhof in der Josefstadt definitiv zu klein geworden war, wich man komplett auf ihn aus.

Aber nur bis 1890, bis wiederum einige Straßenzüge weiter östlich ein neuer jüdischer Friedhof gegründet wurde, auf dem sich auch das Grab von Franz Kafka und seinen Eltern befindet (Metro A: Želivského, Zugang über die Izraelská-Straße).

Herz-Jesu-Kirche

Auf dem Platz Jiřího z Poděbrad an der gleichnamigen Metrostation wurde 1929 – 1932 die Herz-Jesu-Kirche erbaut. Sie gilt als Hauptwerk **Josip Plečniks** (1872 – 1957), der auf Wunsch des ersten Staatspräsidenten, Tomáš G. Masaryk, dem ► Hradschin ein neues Gesicht verlieh. Beim Sakralbau der Herz-Jesu-Kirche ließ der Eklektiker Plečnik sich von schlichter, frühchristlicher Architektur inspirieren und verknüpfte sie mit einer modernen Formensprache. Der Hauptraum der Saalkirche mit einer Höhe von 13 m erscheint nach außen als Kubus, der zu zwei Dritteln verklinkert und im oberen Drittel, in dem sich die Fenster befinden, weiß verputzt ist. Auffälligstes Merkmal ist der 42 m hohe, stelenartige Turm, der von einer Uhr in der Fensteröffnung (Durchmesser von 7,6 m) dominiert wird. Im Innenraum bringt eine betonierte Rampe den Besucher zur Spitze des »Uhrenturms«. Der Blick durch das gläserne Zifferblatt reicht bis zu den ebenfalls von Plečnik neu gestalteten südlichen Burggärten.

REGISTER

a

b

c

d

e

f

r

s

t

VERZEICHNIS DER KARTEN & GRAFISCHEN DARSTELLUNGEN

BILDNACHWEIS

AKG, Berlin S. 29, 51, 52, 57, 172, 204, 239
Baedeker-Archiv S. 83, 90, 95, 96, 272 (unten)
Blickle, Frieder/Bilderberg S. 4 (rechts), 13 (Mitte), 58/59, 267
Ginter, Peter/Bilderberg S. 15, U4
Horacek, Milan//Bilderberg S. 8 (oben), 16, 89, 112/113, 144, 181, 183, 236, U4 Klappe
Kallay, Karol/Bilderberg S. 13 (unten), 34, 133
Madej, Hans/Bilderberg S. 6, 13 (oben), 20, 22, 47, 124/125, 125, 175, 231 (links oben), 246
Modrak, Jerzy/Bilderberg S. 2 (unten), 3 (rechts), 14 (oben, unten), 48, 79, 188, 218, 273
POPPERFOTO/Bilderberg S. 31
Branscheid S. 129
Buness S. 105, 234 (rechts), 247
dpa – Bildarchiv S. 50
dpa – Fotoreport S. 8 (unten), 45 (oben), 59
DuMont-Bildarchiv S. 186
DuMont-Bildarchiv/Urs F. Kluyver S. 49, 65, 135, 146, 160, 177, 259, 268
DuMont-Bildarchiv/Martin Specht S. 2 (rechts), 5 (rechts), 6 (unten), 7 (unten), 11 oben, 12, 63, 69, 72, 76, 78, 98, 111, 149, 157, 173 links oben und rechts unten), 190, 191, 196 (2 x), 203, 207, 217, 229, 231 (links Mitte), 241, 243, 250
Four Seasons Hotel Prague S. 103
Holzbachová, R./Bénet, P. S. 3 (links), 42, 86, 100, 116, 118, 126, 151, 155, 164, 165 (oben rechts), 165 (oben Mitte), 165 (Mitte rechts), 166 (Klappe), 173 (unten links), 184, 208, 213, 220, 225, 226, 230 (2 x), 231 (rechts 2 x), 252, 262, 272 (oben)
Celentano/laif S. 44
Neumann/laif S. 254
RER/laif S. 92
Zanetti/laif S. 245
Zanettini/laif S. 14 (Mitte), U2
picture-alliance/akg-images S. 26, 56, 141, 171
picture-alliance/akg-images/Erich Lessing S. 9, 37, 165 (oben links), 165 (unten rechts), 168
picture-alliance/akg-images/VISIOARS S. 54
Reincke S. 173 (oben rechts)
Skupy S. 189
Studio R. Schmitz/www.stockfood.com S. 5 (links), 67
transit-Archiv/Christiane Eisler S. 164 (rechts)
transit-Archiv/Thomas Härtrich S. 1, 7 (oben links u. rechts), 10/11, 19, 38, 41, 47 (unten), 60, 70, 97, 113, 123, 131, 136, 138, 162, 167, 174, 179, 193, 198, 201, 209, 211, 215, 223, 232 Klappe, 234 (links), 235, 249, 256, 258
Wurth S. 4 (links), 270, 271

Titelbild: NordicPhotos – LOOK-foto: Die Karlsbrücke bei Dämmerung
Hintere Umschlagklappe: Milan Horacek/ Bilderberg – Barockfassaden am Altstädter Ring

IMPRESSUM

Ausstattung: 184 Abbildungen, 22 Karten und grafische Darstellungen, ein großer Cityplan

Text: Dr. Madeleine Reincke;
mit Beiträgen von Barbara Branscheid, Jutta Buness, Rainer Eisenschmid, Sabine Herre, Dr. František Kafka, Dr. Otakar Mohyla, Thomas Veszelits und Andrea Wurth

Überarbeitung: Olga Neřoldová, Thomas Veszelits
Bearbeitung: Baedeker Redaktion (Isolde Bacher)

Kartografie: Franz Huber, München; MAIRDUMONT/Falk Verlag, Ostfildern (Cityplan)
3D-Illustrationen: jangled nerves, Stuttgart

Gestalterisches Konzept: independent Medien-Design, München (Kathrin Schemel)

Sprachführer in Zusammenarbeit mit Ernst Klett Sprachen GmbH, Stuttgart, Redaktion PONS Wörterbücher

Chefredaktion: Rainer Eisenschmid

Baedeker Ostfildern
16. Auflage 2011

Urheberschaft: Karl Baedeker Verlag, Ostfildern

Nutzungsrecht:
MAIRDUMONT GmbH & Co KG; Ostfildern

Anzeigenvermarktung:
MAIRDUMONT MEDIA
Tel. 0049 711 4502 333
Fax 0049 711 4502 1012
media@mairdumont.com
http://media.mairdumont.com

Printed in China
Gedruckt auf 100 % chlorfrei gebleichtem Papier

i atmosfair

nachdenken • klimabewusst reisen
atmosfair

Reisen bereichert und verbindet Menschen und Kulturen. Jedoch wer reist, erzeugt auch CO_2. Dabei trägt der Flugverkehr mit bis zu 10% zur globalen Erwärmung bei. Wer das Klima schützen will, sollte sich somit nach Möglichkeit für die schonendere Reiseform entscheiden (wie z. B. die Bahn). Wenn keine Alternative zum Fliegen besteht, kann man mit atmosfair handeln und klimafördernde Projekte unterstützen.
atmosfair ist eine gemeinnützige Klimaschutzorganisation unter der Schirmherrschaft von Klaus Töpfer. Die Idee: Flugpassagiere spenden einen kilometerabhängigen Beitrag für die von ihnen verursachten Emissionen und finanzieren damit Projekte in Entwicklungsländern, die dort den Ausstoß von Klimagasen verringern helfen. Dazu berechnet man mit dem Emissionsrechner auf **www.atmosfair.de** wieviel CO_2 der Flug produziert und was es kostet, eine vergleichbare Menge Klimagase einzusparen (z.B. Berlin – London – Berlin 13 Euro). atmosfair garantiert die sorgfältige Verwendung Ihres Beitrags. Auch Karl Baedeker Verlag fliegt mit *atmosfair.* Unterstützen auch Sie unser Klima. Alle Informationen dazu auf www.atmosfair.de.

BAEDEKER VERLAGSPROGRAMM

- Ägypten
- Algarve
- Allgäu
- Amsterdam
- Andalusien
- Argentinien
- Athen
- Australien
- Australien • Osten
- Bali
- Baltikum
- Barcelona
- Bayerischer Wald
- Belgien
- Berlin • Potsdam
- Bodensee
- Brasilien
- Bretagne
- Brüssel
- Budapest
- Bulgarien
- Burgund
- Chicago • Große Seen
- China
- Costa Blanca
- Costa Brava
- Dänemark
- Deutsche Nordseeküste
- Deutschland
- Deutschland • Osten
- Djerba • Südtunesien
- Dominik. Republik
- Dresden
- Dubai • VAE
- Elba
- Elsass • Vogesen
- Finnland
- Florenz
- Florida
- Franken
- Frankfurt am Main
- Frankreich
- Frankreich • Norden
- Fuerteventura
- Gardasee
- Golf von Neapel
- Gomera
- Gran Canaria
- Griechenland
- Griechische Inseln
- Großbritannien
- Hamburg
- Harz
- Hongkong • Macao
- Indien
- Irland
- Island
- Israel
- Istanbul
- Istrien • Kvarner Bucht
- Italien
- Italien • Norden
- Italien • Süden
- Italienische Adria
- Italienische Riviera
- Japan
- Jordanien
- Kalifornien
- Kanada • Osten
- Kanada • Westen
- Kanalinseln
- Kapstadt • Garden Route
- Kenia
- Köln
- Kopenhagen
- Korfu • Ionische Inseln
- Korsika
- Kos
- Kreta
- Kroatische Adriaküste • Dalmatien
- Kuba
- La Palma
- Lanzarote
- Leipzig • Halle
- Lissabon
- Loire
- London
- Madeira
- Madrid
- Malediven
- Mallorca
- Malta • Gozo • Comino
- Marokko
- Mecklenburg-Vorpommern
- Menorca
- Mexiko
- Moskau
- München

- Namibia
- Neuseeland
- New York
- Niederlande
- Norwegen
- Oberbayern
- Oberital. Seen • Lombardei • Mailand
- Österreich
- Paris
- Peking
- Piemont
- Polen
- Polnische Ostseeküste • Danzig • Masuren
- Portugal
- Prag
- Provence • Côte d'Azur
- Rhodos
- Rom
- Rügen • Hiddensee
- Ruhrgebiet
- Rumänien
- Russland (Europäischer Teil)
- Sachsen
- Salzburger Land
- St. Petersburg
- Sardinien
- Schottland
- Schwäbische Alb
- Schwarzwald
- Schweden
- Schweiz
- Sizilien
- Skandinavien
- Slowenien
- Spanien
- Spanien • Norden • Jakobsweg
- Sri Lanka
- Stuttgart
- Südafrika
- Südengland
- Südschweden • Stockholm
- Südtirol
- Sylt
- Teneriffa
- Tessin
- Thailand
- Thüringen
- Toskana
- Tschechien
- Tunesien
- Türkei
- Türkische Mittelmeerküste
- Umbrien
- Ungarn
- USA
- USA • Nordosten
- USA • Nordwesten
- USA • Südwesten
- Usedom
- Venedig
- Vietnam
- Weimar
- Wien
- Zürich
- Zypern

BAEDEKER ENGLISH

- Andalusia
- Austria
- Bali
- Barcelona
- Berlin
- Brazil
- Budapest
- Cape Town • Garden Route
- China
- Cologne
- Dresden
- Dubai
- Egypt
- Florence
- Florida
- France
- Gran Canaria
- Greece
- Iceland
- India
- Ireland
- Italy
- Japan
- London
- Mexico
- Morocco
- New York
- Norway
- Paris
- Portugal
- Prague
- Rome
- South Africa
- Spain
- Thailand
- Tuscany
- Venice
- Vienna
- Vietnam

LIEBE LESERINNEN, LIEBE LESER,

ein herzliches Dankeschön, dass Sie sich für einen Baedeker Allianz Reiseführer entschieden haben. Er wird Sie zuverlässig auf Ihrer Reise begleiten und Sie nicht im Stich lassen.
Natürlich beschreibt er die wichtigen Sehenswürdigkeiten, aber er empfiehlt auch die nettesten Kneipen und Bars, dazu Hotels für den großen und kleinen Geldbeutel, gibt Tipps für Restaurants, Shopping und für vieles mehr, was eine Reise zum Erlebnis macht. Dafür haben unsere Autoren und die Redaktion Sorge getragen. Sie sind für Sie regelmäßig nach Prag gereist und haben all ihre Erfahrungen und Kenntnisse in diesen Reiseführer gepackt.

Trotzdem: Die Erfahrung zeigt, dass Fehler und Änderungen nach Drucklegung, für die der Verlag keine Haftung übernehmen kann, nicht ausgeschlossen werden können. Für Kritik, Berichtigungen und Verbesserungsvorschläge sind wir Ihnen außerordentlich dankbar. Schreiben Sie uns, mailen Sie uns oder rufen Sie an:

► **Verlag Karl Baedeker GmbH**
Redaktion
Postfach 3162
D-73751 Ostfildern
Tel. (0711) 4502-262, Fax -343
E-Mail: info@baedeker.com

Besuchen Sie uns auch im Internet unter www. baedeker.com. Hier finden Sie jeden Monat den aktuellen Reisetipp der Redaktion und das gesamte Verlagsprogramm. Hier können Sie auch lesen, wer Karl Baedeker war und wie er seinen ersten Reiseführer geschrieben hat. Mit seinen über 180 Jahren ist der Karl Baedeker Verlag der älteste Reiseführer-Verlag der Welt.

www.baedeker.com

ZU GEWINNEN: STADTREISE NACH LONDON

Unter allen Einsendungen verlost der Verlag am Jahresende – unter Ausschluss des Rechtswegs – eine Städtekurzreise für zwei Personen nach London.
Freuen Sie sich auf ein spannendes Wochenende in London. Natürlich ist ein Baedeker Allianz Reiseführer London auch dabei!